血書

余英時敬題

林昭的信仰、
抗爭與
殉道之旅

連曦 著　賈森、連曦 譯

Blood Letters

The Untold
Story of Lin Zhao,
a Martyr in Mao' s China

僅以此書獻給那些

爲保存林昭遺產、

爲使其自由精神之火光永不熄滅而不懈努力的人們。

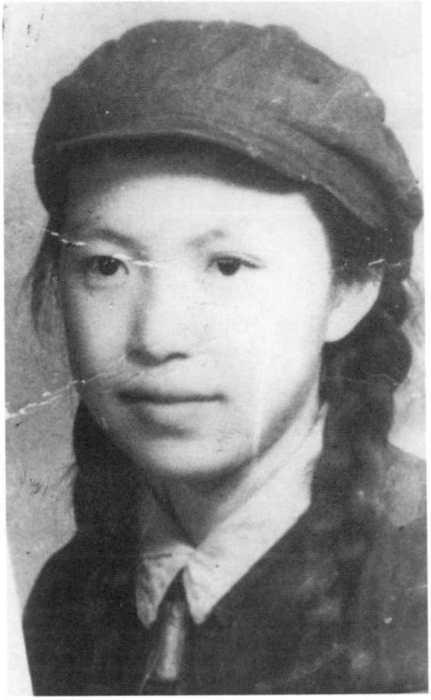

林昭（1932～1968）生平大事記

1932 年 1 月 23 日，生於江蘇蘇州，原名彭令昭。

1947 年，入讀基督教監理會創辦的蘇州景海女子師範學校，不久後受洗成為基督徒。

1948 年，秘密加入中國共產黨；翌年因未服從命令而失去黨籍。

1949 年，畢業於景海女師，之後不顧父母反對，入中共蘇南區委開辦的蘇南新聞專科學校受訓成為紅色記者。

1950 年，畢業於蘇南新專，加入蘇州農工團、投身「土改」，力求重新入黨。

1954 年，考入北京大學中文系新聞專業，就學期間曾任《北京大學校刊》、《北大詩刊》和學生文藝刊物《紅樓》編輯。

1958 年，因於 1957 年參加北大「五・一九」民主運動而被劃為「右派」，留校接受「監督改造」。

1960 年，因參與出版譴責中共苛政和「大躍進」的地下刊物《星火》被捕入獄。

1962 年，保外就醫，其間起草「政治綱領」，計畫創建「中國自由青年戰鬥聯盟」，同年第二次被捕入獄，先後在上海提籃橋監獄和上海市第一看守所受長達二年六個月的審前監禁，其間遭受酷刑並開始寫血書進行反抗。

1965 年 5 月 31 日，被上海市靜安區人民法院以「『中國自由青年戰鬥聯盟』反革命集團主犯」罪名判處 20 年有期徒刑。

1965～1968 年，監禁於提籃橋監獄；期間堅持其「上帝僕人的路線」，兼用筆墨和鮮血寫下致《人民日報》編輯部、聯合國和母親等共約五十萬，鞭撻中共「極權暴虐」的文字，宣告「奴役他人者同樣地不得自由！」

1968 年：改判死刑，於 4 月 29 日在提籃橋監獄內被槍決；時年 36 歲。

1980～1981 年，上海市高級人民法院撤銷對林昭的死刑判決，二次宣告她無罪。

BLOOD LETTERS

血書★目次

中文版序

二〇一八年林昭殉難五十週年前夕，本書英文版在紐約出版。經由《華爾街日報》、《紐約時報》、《紐約書評》、《洛杉磯書評》、《達拉斯晨報》、《今日基督教》等報刊的介紹，《血書》開始將林昭的故事帶給西方讀者。這位在毛澤東時代以桎梏之身、憑著「迷途重歸的基督徒的良心」公開反抗「暴政奴役」、鞭撻「極權暴虐」的女子，孤身抗爭並為自由殉道。「寧願讓滿腔沸騰的鮮血，灑上那冰冷的枯瘠的土地」——是其詩，也是其泣血人生。

向世界發聲，是林昭的心願與信念。鐵幕之後、囹圄之中、「紅太陽」炙灼之下，何以有此信念？半個世紀之後，它已成為現實。

《血書》出版後，陸培創作、紀念林昭的《悲歌》（Elegy），在杜克大學古德遜教堂（Goodson Chapel）由波士頓交響樂團幾位世界頂級演奏家首演。一曲遲到的輓歌，由華人作曲家創作，卻由西方音樂家為她在異鄉奏出，欣慰之餘不無遺憾。我等待，有一天，在中華大地上，驅走恐懼的人們可以公開紀念林昭，自由地在林昭墓碑前獻花。

繼英文版之後，《血書》西班牙語版於二〇二〇年在馬德里出版。胡傑在其紀錄片中曾尋找過的林昭的靈魂已飛越國界，與世界各地熱愛自由的靈魂同行。如林昭的長詩〈海鷗〉所昭告，掙脫了鐐銬的反抗者，其「靈魂已經化為自由——萬里晴空下到處是家鄉！」

但我心中更期待的是中文讀者。但願中文版的發行能讓更多林昭所摯愛的同胞——她所稱之為「這個古老而更優秀的民族」——認識這位二十世紀中國大陸極權時期僅有的先知性人物。六〇年代，當自喻是「冰山上一隻微細的蠟燭」的殷海光在臺灣為自由發聲時，林昭也在中國大陸為自由吶喊，並預言普羅米修士取自天庭的「半粒火點燃……千百萬億處」，帶來「自由的晨光」。她刺破手指用其鮮血——最終也用其生命——寫下了「自由無價，年命有涯，寧為玉碎，以殉中華」。

尼采說過：「所有的文字裡，我只愛讀以己之血寫就的篇章。」

《血書》中文版出版之際，中國大陸、港澳地區和臺灣海峽都在經歷毛時代之後的又一次歷史劇變：「諾貝爾和平獎」得主劉曉波因言獲罪死於監禁中；異議人士被噤聲、解除教職、遭受酷刑、失蹤、或被捕入獄；十字架被拆、教堂被封；數以百計的「再教育營」遍佈新疆；「國安法」出臺、香港監獄始現「新型罪犯」——親民主活動人士；臺海危機（一九五八年毛澤東曾一手炮製過）徵兆重現。一個似曾相識的年代正在回歸，林昭離我們已不再遙遠。

歷史之所以重演，一個重要原因是，流血的記憶已被沖走。林昭的故事，將幫助我們找回那一份記憶。

連曦

二〇二一年六月四日於美國北卡州教堂山

序

一九六五年五月三十一日，時年三十三歲的詩人、異見人士林昭在上海市靜安區人民法院受審，被控作為「中國自由青年戰鬥聯盟」反革命集團的主犯，參與出版了譴責中共苛政和「大躍進」的地下刊物《星火》。毛澤東發起的「大躍進」引發了一場史無前例的大饑荒，一九五九年到一九六一年間奪走至少三千六百萬人的生命。[1]

林昭在《星火》上發表了長詩〈普洛米修士受難的一日〉，將毛澤東刻畫為暴虐、奸詐的宙斯，徒然脅迫普羅米修士撲滅那取自天庭的自由之火。官方指控此詩「惡毒攻擊黨和社會主義制度」，煽動反革命同夥「公然提出『要在中國實現一個和平、民主、自由』」的社會。[2]

林昭被判二十年有期徒刑。

宣判次日，林昭在判決書背面用自己的鮮血寫下：「這是一個可恥的判決，但我驕傲地聽取了它！這是敵人對於我個人戰鬥行為的一種估價，我為之由衷地感到戰鬥者的自豪！我還作得太少，更作得非常不夠。是的，我應該努力作得更多，以符合你們的估價！除此以外，這所謂的判決於我可謂毫無意義！我藐視它！」[3]

這是毛的革命交響曲中，一個出乎意料的不和諧音。始於一九二一年的中國共產運動，從上世紀三〇年代開始就是由毛澤東領導，一九四九年建政後，共產主義成為全民宗教，配備了馬克思列寧主義和毛澤東思想的經典、神職人員（幹部）和革命儀式。

對毛澤東的個人崇拜可以追溯到二十世紀四〇年代。一九六四年出版的《毛主席語錄》——聞名西方的「紅寶書」——在其後十年裡共印製了十億多冊。「文化大革命」期間，在「偉大領袖」的畫像前曾有過每日高呼口號和揮動「紅寶書」的集體朝拜。「文革」中還生產了大約四十八億枚毛澤東紀念章，最大的與足球相當。[4]

在那個時代，褻瀆毛的行為難以想像也實為罕見。即使被判處死刑的「反革命分子」為逃避革命怒火、表達對革命的忠誠，在臨刑前也曾高呼「毛主席萬歲！」[5]

當時，舉國上下對黨的批評被全面封口，而林昭則選擇在獄中公開反共。她在致母親的血書家信裡這樣寫道：「就從被捕這一天起我在他們共產黨人面前公開了自己之作為反抗者的身分並且公開堅持我之反共抗暴的自由戰士基本立場。」[6]

林昭的政治異見似飛蛾撲火、徒勞無功。支撐其抗爭的是她所懷的堅定信仰。少女時代，她在家鄉蘇州的教會學校、由監理會（Methodist Episcopal Church, South）創建的景海女子師範學校（Laura Haygood Memorial School for Girls）受洗成為基督徒。一九四九年後她離開教會，投身共產革命，為要「解放」民眾，建立一個理想、公正的新社會。一九五八年因表達民主思想被劃為「右派」，成為反右運動中遭清洗的至少一百二十萬人中的一位。[7] 她對革命的幻滅由此而生。之後，她逐漸回歸到熾熱的基督教信仰。

作為一名基督徒，她相信自己所堅持的既是屬世的政治抗爭，也是一場屬靈的善惡之爭。獲刑後，她在獄中寫給黨的喉舌《人民日報》編輯部的信中，解釋自己之所以反共，是因為追尋「上帝僕人的路線，基督政治的路線」。她寫道：「我的生命屬於上帝……假如上帝要使用我而要我繼續活下去，我一定可以活得下去……假如上帝需要我成為一個自覺的殉道者，我也只會發自衷心地感激祂賜與我以這樣一份光榮！」[8]

在毛澤東時代，林昭抗拒中共政權之舉罕見無雙。中共統治奪去了數千萬人的生命，他們是無聲的受害者。毛澤東治下的中國，並未出現過任何公開、徹底的、沒有宗教信仰支撐的對共產主義意識形態的世俗性反叛。[9]林昭之所以能堅持反抗，是因為她的民主理想和基督教信仰，使其保持了道德獨立性和政治判斷力。是信仰使她抵制了等同宗教的毛主義，堅守自己的異見。

本書的書名來自林昭表達異議的慘烈之舉。官方文件記載：關押期間，林昭「用髮夾、竹簽（籤）等物，成百上千地戳破皮肉，用污血書寫幾十萬字內容極為反動、極為惡毒的信件、筆記和日記，瘋狂攻擊、謾罵、污蔑我黨和領袖」。[10]這些信分別寫給黨的喉舌《人民日報》、聯合國、監獄當局和母親。她稱之為「自由書」。

「作為一個人，我為自己之完整、正直而且乾淨的生活權利——生存權利而鬥爭那永遠是無可非議的！」她解釋道，「誰也沒有權利對我說：要求生存就必須套上頸鏈而忍受沒身為奴的恥辱。」[11]

林昭的獄中文字共約五十萬字，包括短文、詩作、書信，甚至還有一部劇本。她兼用墨水和鮮血書寫。紙筆被剝奪時或為表示抗議，她就以血為墨，用竹籤、髮夾，或在水泥地上磨尖的塑膠牙刷柄，在自己身上刺出鮮血。擠出的血盛在塑膠調羹裡，而後以小竹片或草莖為「筆」蘸寫。無紙時就寫在襯衣或撕開的床單上。[12]

左手指刺血過於頻繁，曾使她擠不出血而手指發麻。[13]一九六七年十一月十四日給母親的信中，她寫道：

擠出來的一汪血寫得差不多沒了。現在我的血好像稀薄了，凝血率很差，也可能有一部分是天冷了的關係。唉，親愛的媽媽！這就是我的生活！也就是我的鬥爭！[14]

林昭的政治信念，充分表達在一九六五年寫給《人民日報》編輯部的信中。她選在七月十四日，即「法國大革命首義的日子」、巴士底獄被攻占的紀念日作為動筆之日。這封長一百三十七頁，約十四萬字，耗費近五個月完成的信，用筆墨書寫，但她蘸著自己的血，在每頁多處加蓋了襯衫紐扣大小的「昭」字私章。

信中痛斥所謂人類歷史就是階級鬥爭史，這一放之四海而皆準的理論。中共從建黨開始就視之為顛撲不破的真理，並以此作為一九四九年之後「無產階級專政」的依據。上世紀六〇年代，毛澤東指示「階級鬥爭要年年講、月月講、天天講」，將此理論推至巔峰。[15]

林昭嗤之以鼻，稱之為「樓梯上打架之觀念」，聲明：「我總不相信在上帝為我們預備下的如此浩大的生存空間裡人類之間有非得性命相搏你死我活的必要！」[16]

她指出，中共專政是現代的「暴政奴役」，「只要生活中還有人被著奴役，則除了被奴役者不得自由，那奴役他人者同樣地不得自由！」同時強調，在為結束中共統治而進行的奮鬥中不應該「把自己鬥爭的目的貶低到只是企望去作另一種形式的奴隸主」，「我們所從事這場戰鬥之崇高的整體目的決定了我們不能泛泛地著眼於政權！——我們的戰鬥目的不應該更不可能單單是一個政權的轉移問題！」真正的目標是「政治民主化」——「我們為的是使中國從此永遠不要再有皇帝！」[17]

暴力是否可以作為達到此目的的正當手段？林昭在此道德問題上有過掙扎。基督信仰使她在抗爭中堅強。同時，信仰也制約了其反抗行為。她承認，即使在中共「最最血腥慘厲的權力中樞」也偶爾會有「人性的閃光」。「作為一個基督徒、一個奉著十字架作戰的自由志士在我看來：殺滅共產黨並非反對以至清除共產黨的最好方法。」她承認，若非「懷抱了一點基督精神」，自己完全有理由「對中國共產黨立下血的復仇之誓言」。[18]

由於林昭拒絕接受「思想改造」，並毫不收斂其對毛澤東和共產革命的褻瀆，其監禁判決被改為死刑。一九六八年四月二十九日，按中國人民解放軍上海市公檢法軍事管制委員會命令，林昭被執行槍決。時年三十六歲。

林昭離世時有許多未償的心願：因投身政治連累母親，帶給她太多痛苦，自己曾想在其晚年照顧她作為彌補。林昭在一九六七年十一月的一封血書家信中告訴母親：「等著有一天，那人權世紀自由晨光照臨祖國大地的一天，那時我們就可以敞懷傾訴了！」[19]與其它血書一樣，這封信也被獄方扣留，始終沒能送達。

她曾發誓有朝一日要前往美國總統約翰．甘迺迪的墓前獻上敬意，因他在一九六三年〈我是柏林人〉演說中給了她自由不可分割的啟示：「只要有一個人還受著奴役，就不能說人類是自由的」。[20]

一九六六年她曾寫了一份致聯合國的呼籲書，要求為其所遭受的酷刑和中國侵犯人權的案例親自出庭作證。信中寫道，如果她在被拘期間死亡，聯合國應「詳細、嚴密而確實地審查」其案件並將結果公之於眾。二十世紀六〇年代，蘇聯異見人士類似的呼籲書曾被遞交至聯合國人權委員會，但林昭的信卻始終沒能跨越獄牆。[21]

林昭的死刑判決書，以兩則毛主席的「最高指示」開篇：

> 不管什麼地方出現反革命分子搗亂，就應當堅決消滅他。
>
> 至死不變，願意帶著花崗岩頭腦去見上帝的人，肯定有的，那也無關大局。[22]

倘若林昭的獄中文字沒能留存下來，也許的確如此，本書也就不可能寫成。

林昭在無望中依舊心存盼望，相信其文稿會保存下來，而這居然成為現實。雖然她的文字「內容極為反動」，且暴露了駭人的監獄內情，但是沒有任何監獄或公檢法官員敢冒犯政治錯誤、承擔高昂代價的風險，在處決林昭之後下令將其銷毀。於是，她的文稿作為反革命罪證被收集歸檔。一九八一年，上海市高級人民法院撤銷對林昭的死刑判決，宣告她無罪。翌年，她的文稿被歸還家人。[23]

二十一世紀初，林昭於一九六五年寫給《人民日報》編輯部的信，電子版出現在網路上，並很快成為當今中國政治異見的普羅米修士之火。已故諾貝爾和平獎得主劉曉波稱林昭是「當代中國僅存的自由之聲」。[24]

過去十多年裡，無數的民主人士到蘇州城郊靈岩山上的林昭墓地祭奠她。近年來，隨著政府對異見人士的打壓不斷升級，每逢林昭的忌日就有便衣或配有防暴裝備的警察應時出現；封鎖通往墓園的道路，並驅散從全國各地前來紀念的維權人士。其結果是年復一年地上演警察在靈岩山腳抓捕和暴力驅趕祭奠者的一幕。[25]

縱觀當代中國，再沒有一位死者的亡靈遭受如此無情、驅魔般的對待。[26]相比生前，死後的林昭更成為了中共政權的剋星。

在林昭北大同學和摯友沈澤宜眼中，她是一盞「雪地之燈」。一九七九年這位詩人結束右派流放生涯後，聽到了林昭的死訊。他以此為題寫下了一首詩：

雪地之燈——懷念林昭

不知道爲什麼
我總懷念山那邊的一盞燈
在冷霧淒迷的夜晚
在白茫茫雪地中央
美麗地、孤獨地、凜然不可侵犯地亮著
在它光芒所及的地方
盡可能遠地擯棄著
風卷積雪的
濃深的夜[27]

那燈光見證了人類的尊嚴和追求自由的堅毅。在二十世紀的進程中，被極權主義制度的巨輪碾壓過的生命數以千萬計。像納粹時期的迪特里希・潘霍華（Dietrich Bonhoeffer）和蘇菲・

朔爾（Sophie Scholl），還有蘇聯的亞歷山大．索忍尼辛（Aleksandr Solzhenitsyn）和波蘭共產黨時期的耶日．波比耶烏什科（Jerzy Popieluszko）一樣，林昭竭盡全力——借用潘霍華的話——給那「滾動的車輪插上一個羈絆」。

宗教信仰在這些人的英勇抗爭中占有一席之地。它賦予潘霍華以清晰的道德觀，宣告納粹主義是異端邪說；它也激勵索忍尼辛反對他視為「精神奴役」的共產主義制度。在其看來，蘇聯不道德的極權統治要求「徹底交出我們的靈魂」。他借用《聖經》中耶穌的話「該撒的物當歸給該撒，神的物當歸給神」，回答：當該撒要我們「把神的物也歸給他時——我們斷不敢做出這樣的獻祭！」[28]

上世紀八〇年代初，波比耶烏什科神父站在團結工會一邊，反抗波蘭共產黨政府下達的戒嚴令，宣告「那些借助威脅和恐懼來管轄公民的政府有禍了」。他相信「侍奉上帝就意味著譴責一切形式的邪惡」——並為此信念付上了生命的代價。[29]

德國神學家、哲學家恩斯特．特勒爾奇（Ernst Troeltsch）曾預示宗教信仰與個人抵抗極權制度的超凡勇氣之間的聯繫。潘霍華還是一名學生時就曾讀過特勒爾奇的著作。特勒爾奇寫道，因基督教內在的革命性特質，即「無限的個人主義和普世精神」，它對「每一種純粹屬世的權威」都具有「瓦解作用」。[30]

二〇一三年，由林昭的摯友編輯注釋的《林昭文集》私下印製成冊。其中收入了其獄中文稿和其它尚存的作品和信件。[31]我得到了一份。

這是天賜之物。前一年，我開始從事林昭研究。自二〇一二年起，我追尋著林昭的生命足跡，從原蘇州景海女師——在那兒她經歷了兩次「歸信」，一次是走向基督教，另一次是投身共產主義——到風景秀麗的北大校園。在北大她經歷了政治覺醒之後與共產主義決裂。為更好地了解教會學校的教育在她心中留下的終身印記，我查閱了位於紐澤西州麥迪森市的聯合衛理公會檔案館的資料。

我也到了靈岩山，在林昭的墓前獻上我的敬意。二〇〇八年，林昭被處決四十周年紀念日前夕，當局在其陵墓上方安裝了一台監控攝影機，唯恐一場精神和政治瘟疫不知不覺地從其墳墓裡爆出。[32]

我逐漸走近林昭，靠的是細讀她留下的文字，並採訪或通信聯絡曾與她親密接觸過的人，包括她以前的未婚夫、同學、故舊、「反革命同夥」和她的胞妹，以及對林昭待過的牢房有切身體會的歷史見證人——曾被關押在上海第一看守所和提籃橋監獄的政治犯。

我專訪過那位在一九八一年負責重審林昭案件，並為她平反、現已退休的審判員。我詢問他有關歸還林昭獄中文字的決定，那些文字包括編了頁碼、打孔穿綫線成冊的獄中手稿，還有記錄了她的〈戰場日記〉、短文和以墨水謄錄的〈血書家信〉的四本筆記簿。林昭所寫過的血書在交給看守之前，都用筆墨細心謄錄在筆記本和紙張上，為要確保其文字能為後人存留。[33]

他告訴我，歸還的手稿屬於林昭案的副本（副檔）。留在正檔裡的是審訊紀錄和其它關鍵材料。文件大約能排滿一層三呎寬的書架。迄今為止，林昭案的正檔仍封存在上海市區外一個專門收藏機密檔案文件的地方。

他回憶道：「林昭詩寫得很好。」隨之臉上掠過一絲頑童般的微笑，補充道：「有些詩，我偷偷地帶回去，在家裡抄。」

「她的血書您看到了嗎？」我問。他看到了，但只是一部分。在發黃的紙上，血書的字跡已呈暗色。

我問他為何未將血書和其它監獄手稿一同歸還林昭的家人。

「太觸神經了。」他答道。[34]

林昭險些同數以百萬計、視為革命的敵人而被剝奪生命的人，一起被拋到歷史所遺忘的角落；她的故事險些失傳。不料，她持久執著的獄中寫作，竟得助於歷史的變幻莫測，令其手稿得以保存，也才有了後面的故事。

第一章
活在陽光下

林昭在少女時代就從父母的經歷中得知，二十世紀中國的政治凶險詭異。二〇年代，母親許憲民還是蘇州樂益女中的學生時，就和思想激進的舅舅許金元一起參加中共蘇州獨立支部領導的勞工運動，四處鼓動。有一次蘇州人力車夫罷工，未滿十五歲的許憲民就手持喇叭激情演講、高呼口號。許憲民後來回憶道：「我穿著一件紅衣，在街頭穿梭來往，真像瘋了似的。其實我並不真懂得革命，只知道跟著金元大哥搖旗吶喊，但此後卻得了一個『紅衣女郎』的名聲。」[1]

這位「紅衣女郎」很快就了解到革命需要付出怎樣的代價：一九二七年四月十一日凌晨，曾任中共蘇州獨立支部書記、時為國民黨江蘇省黨部委員的許金元正在中共南京地委召開緊急會議，國民黨偵緝隊突然衝入，逮捕了他們。第二天，蔣介石在上海發動對共產黨人的殘酷清剿。中共在上海的大本營上海總工會有數百名活動分子被殺，數千人在隨後的清剿中失蹤。「四一二」事件標誌著反軍閥的國共合作告終。被捕幾天後，許金元被害，屍體裝入一個大麻袋沉到河裡。其時年僅二十一歲。[2]

哥哥的暴死讓許憲民的英雄情懷明顯受挫。之後她與共產黨保持距離，投向國民黨內的改組派，擔任吳縣的黨部秘書，但在政治傾向上仍然矛盾重重。很大程度上，她還是同情革命者。[3]

★

林昭原名彭令昭，生於一九三二年一月二十三日。[4]十幾歲投身共產革命後棄用原姓，不顧有違孝道，取了「林」為新姓，刻意標誌與彭家劃清界限，因父親彭國彥年輕時並未選擇革命。一九二二年，彭國彥考入南京的東南大學，這是自一九一二年滿清皇朝滅亡後建立的四所最早的國立大學之一。當時的東南大學設置西式大學課程，包括其主修的政治經濟學，為的是實現國家主義者始自十九世紀末、國富民強的現代化之夢。一八九八年戊戌變法失敗，世紀之交的義和團運動接著釀成大禍，一九一六年後中國又淪入軍閥割據的局面。面對這一切，國家主義者雖飽受挫折卻夢想依舊。

一九二六年，彭國彥畢業於東南大學。他不同於自己後來的妻子，沒有把救國熱誠付諸街頭行動，而是設想將西方憲政和高效問責的政府機制引入中國。他家好友、作家馮英子稱之為「威斯敏斯特式的民主思想」。他的學士畢業論文題為〈愛爾蘭自由邦憲法述評〉。[5]

一九二八年，中國似乎迎來了一個嶄新的開端。國共聯手發動的北伐戰爭取得了勝利，激進的共產運動也已得到控制。為結束鴉片戰爭以來外國列強強加給中國、近一個世紀的不平等條約，新的南京國民政府大力推動外交，與西方各國進行談判，很快恢復了關稅自主權。這一切都給民族復興帶來了一絲曙光。[6]

同時，南京政府也在經濟、工業、教育、軍事，以及政府管理和稅收等領域開始有序改革。一九二八年九月，江蘇省第一屆縣長選試在南京舉行，以求打破過去腐敗的官場制度。二十四歲的彭國彥應試後名列榜首，當上了吳縣的「狀元縣長」，轄區包括蘇州及周邊地區。

彭的風光只不過是一場春夢。蘇州歷來地方勢力盤根錯節，而他卻不諳世事、不願循蹈當地規矩。到任後一不賄賂省級上司，二不拜見轄區裡的鄉紳名流、順從世風舊俗，反而啟動道路建設，安裝電話線，還取締賭場和鴉片煙館，得罪當地收取陰暗場所保護費的警察。

彭縣長還明顯同情共產黨人，故意把省級下達的逮捕蘇州「左傾分子」的密令洩露給他後來的妻子許憲民。短短數月後，他就因「違抗命令，行為不檢」的模糊罪名被捕撤職。[7]

一九三〇年他和許憲民結婚。一九三二年林昭出生時，他正在江蘇偏遠貧困的邳縣任縣長。這是他第三個短暫的行政任職。一九三二年五月，僅僅上任六個月後，這位做事認真、勤勤懇懇的彭縣長被控以「浮收賦稅」、「勒索四隅」的揑造罪名再次被捕。他立志不涉邳縣的派系之爭，卻得罪了當地的實權派，之後的三年只得蒙受牢獄之災。這位滿懷抱負、憧憬現代化的改革者又被剪斷了翅膀。那位實權派人物唯恐拆他的台不夠徹底，竟然用當地稅收所得為彭縣長立了一方碑石，叫「劣跡碑」。很難想像敗得比這更慘的結局。[8]

★

日本開始全面侵華時，林昭五歲。一九三七年七月，戰事爆發於北平郊外，同年八月擴及上海地區。十一月上海淪陷，西距八十公里的蘇州也隨即失守。十二月，日軍占領了首都南京，開始了南京大屠殺，造成約三十萬人死亡。

日軍入侵後，林昭的父母帶著她開始了逃難之旅。他們加入了約五千萬之眾、由沿海逃亡西部的難民潮。彭國彥在陪都重慶為國民政府財政部工作，而許憲民作為一名國民黨的專員，則秘密潛回被占領的上海和附近農村，參加地下抗日運動。為此她曾被日本憲兵拘留並「吃足苦頭，受盡折磨」。[9]

媽媽身上的勇氣和犧牲精神成了林昭幼時的榜樣。多年以後，林昭在獄中作的〈家祭〉一詩中寫道，教她母親參加革命的是舅舅許金元，而「教我的是媽」。[10]

日據結束後，彭國彥重返長江下游，在位於上海的國民政府中央銀行任專員，而思想進步的許憲民則成為蘇州名媛。二十世紀三〇年代初，她曾與人共同創辦了「蘇州婦女會」，鼓動公眾輿論反對日本侵占滿洲。戰後，她過往的活動資歷和社交能力更使她躋身於蘇州社會名流。她當上了一家銀行的董事會董事，又出任蘇州《大華報》社長，還與人聯合創立了蘇福汽車公司，並成功當選一九四六年制憲國民大會的蘇州「國大」代表。[11]

那些年間，彭國彥、許憲民夫婦收入頗豐，可以為子女提供舒適的生活，並為林昭提供有身分的教育。他們的二女兒彭令范生於一九三八年，兒子彭恩華生於一九四四年。一九四七年秋，林昭進入蘇州景海女子師範學校（Laura Haygood Memorial School for Girls）。在那裡度過的兩年時光，對她一生思想的定型起了至關重要的作用。[12]

景海女子師範學校的前身是景海女塾，創辦於一九〇三年，以紀念海淑德（Laura Haygood，「景海」意為景仰海淑德）。一八八四年，海淑德作為美國基督教監理會（Methodist Episcopal Church, South）最早派往國外的女傳教士之一來到中國。她一生致力於教育，創辦了著名的上海中西女塾（McTyeire Home and School），於一九〇〇年去世。三年之後，監理會在蘇州創立了景海女塾以紀念她的不凡成就。[13]

景海女子師範學校。圖片來源：*Laura Haygood Normal School* (1917)

景海女子師範學校練琴室。圖片來源：*Laura Haygood Normal School* (1917)

景海女子師範學校學生短劇排練照。圖片來源：*Laura Haygood Normal School* (1917)

十九世紀在中國創辦的大部分教會學校都是針對貧苦人家，而景海女塾自建校起即是一所精英學校。一九〇七年出版的總結基督教在華傳教一百年的調查報告中寫道：「新建的景海女塾是一所面向上層社會的女校。它具有文學領域的教育優勢……學費為每年八十（墨西哥）鷹洋，不包括音樂課程」——那是當時普通長工一年的收入。[14]

這所學校坐落在蘇州東邊一個安靜的角落，旁邊就是舊時的護城河（現在的外城河）和綠茵覆蓋的古城牆。日落黃昏時人們可以在城牆上漫步。隔著一條狹窄的街道是建於一九〇一年的東吳大學，它是監理會在中國宣教教育的驕傲。從景海校舍寬敞的、裝著石欄杆的陽臺可以眺望一片整齊乾淨的草坪，邊上聳立著一排大樹，還有一個可以讓朋友們見面聊天的亭子。秋天，校內花圃裡和校園邊上菊花盛開；禮堂和長廊裡妝點著優雅的鮮花；供社交使用的茶室裡不僅有鮮花，還擺放著幾張雕花的紅木桌子和一台鋼琴。[15]

景海女塾的校規嚴格：學生必須校服整齊、舉止端莊、步態優雅。進餐須「按琴聲排隊入膳房」。餐前祈禱，睡前再做晚禱。早期，除中文課程外，所有其他學科的教學和教科書都用英文。

一九一七年，為滿足民國初期對現代幼年教育日益增長的需求，景海女塾重組成為景海女子師範學校。所有的教員——不論是傳教士還是中國老師——都受過嚴格的訓練。其中一些華籍教員後來成為民國時期的文壇女傑。許多畢業生也成為著名的作家和現代教育的先驅者，如中國第一位長期在任的女性大學校長、金陵女子大學校長吳貽芳。[16]

在體育運動方面，景海學生的表現同樣出色。一九四八年春，林昭高二時，景海女師的學生在全市體育比賽中獲得了籃球賽和排球賽的冠軍，還贏得民間舞蹈和田徑比賽的多面錦旗。那年，景海學生也在蘇州扶輪社贊助的高中英文演講賽中，分別獲得了第一名和第四名。學校每年的音樂會有合唱和四重唱，曲目有如莎士比亞的《辛白林》中的「聽，聽！雲雀在天堂門前歌唱」等。後來，有的畢業生形容自己猶如「景海女師美麗大花園裡生長的」、由充沛的「陽光和雨水」培育成的小樹，並誓言長大後要「把陽光和雨水帶給世上其他的人」。[17]

從辦學早期開始，景海女師就將社會改良精神融於宣教教育：生物學教師讓學生在實驗室裡製作了蚊子和蒼蠅的圖表，並走訪當地的家庭，傳播公共衛生知識；學生還在暑期為從未有過正規教育的兒童免費上課。學校還培養學生國際化的社會習俗：景海女師的女生與東吳大學男生組成混聲合唱團。「解放」一詞掛在每個人嘴邊，學生們還為爭取婦女解放採取實際行動。她們提倡放足、剪短髮，男女同校教育、男女繼承權平等，以及婦女自由離婚的權利。[18]

二十世紀二〇年代初，景海女師開始出版學生自辦的半年度雙語雜誌，名為《景海星》（*The Laura Haygood Star*），由學生和傳教士教師顧問組成編輯委員會。刊載的文章和照片呈現出思想進步、田園詩般的校園生活：學校裡有科學實驗室、國樂樂隊，還有基督教女青年會的景海女師分會。《景海星》的文學專欄刊登西方童話譯作、短篇故事和戲劇，以及景海女師裡有志成為作家的學生原創作品。年輕作者們所探討的問題包括現代兒童教育、白話文的推廣，以及婦女解放（擺脫「奴役」和「夫權」）。經由美華書館（American Presbyterian Mission Press）

在上海專業印刷，《景海星》看上去幾乎與主流期刊無異。[19]

中日戰爭期間，景海校園曾被日軍占領，教學被迫中斷。一九四五年底復課，自一九二七年起擔任校長的江貴雲帶領部分逃難學生重返校園。（江的兄長江長川一九三〇年曾主持蔣介石的洗禮，一九四一年以後擔任衛理公會主教。）學校在一九四七年創下學生入學人數的紀錄，從幼兒班到大學預科的高中部全都滿額。身為前縣長、學識豐富的彭國彥熟悉江貴雲。有了這層關係，林昭入讀景海的大學預科高中部自然不成問題。[20]

景海女塾成立的頭二十年，學生按規定都得上教堂做禮拜。但是依據國民政府一九二七年頒布的新規定，學生可以自由選擇宗教歸屬、自行決定是否參加宗教禮儀。事實上，這所學校吸引的許多家庭，家長們關心的是他們女兒的職業生涯和婚姻前景，而非靈性的培養。一九四七年七月，資深的教員趙增慧（Annie Eloise Bradshaw）這樣寫道：「今年我們必須從非常小的基督徒群體裡開始工作」。[21]

不過，仍有部分學生對基督教產生興趣。當年有十三個女學生在復活節加入了教會，還有一位年輕的中國教員組織了一個基督徒俱樂部。幾位師生聯合安排晚禱崇拜；每天都有教師或學生來主持禮拜儀式。入學景海女師不久，林昭就在傳教士老師帶領下受洗禮加入了教會。[22]

現存的林昭作品中沒有提及她為何信基督教並選擇接受洗禮。在某種意義上，她的皈依並不意外：進入景海女師之前，她曾在蘇州郊區離家不遠的基督教長老會學校萃英中學（Vincent Miller Academy）念書。轉學景海女師以前，她在一九四七年五月寫的一篇憂鬱的散文裡，曾流露出一幅聖母像所帶給她心靈深處的感動。[23]

多年之後，林昭在獄中寫道自己十分懷念在教會學校裡所接受的「自由、平等、博愛的人道思想影響」。她也把西方傳來的基督教與效率和講究實用之類的優點相聯繫。入學景海時，母親傳給她的愛國火苗在她心裡已被挑旺，景海所強調的基督教社會關懷顯然引起了共鳴。這不足為奇。一九四〇年代後期，許多進步的基督教青年都把基督教與抵抗中國社會黑暗勢力的鬥爭相聯繫。一九四七年，後來成為「三自」教會領袖的吳耀宗寫道：「基督教的真理，在今日痛苦殘酷的世界中，成為一個解放人類，推進歷史的力量。」[24]

不管怎樣，那些年在林昭心裡扎下的宗教信仰之根，比她自己當時所意識到的要深得多。近二十年後，她的囚室裡除了中共的宣傳材料無任何其他文字可供閱讀，但她在教會學校裡所學的、藏在腦海裡的許多讚美詩和《聖經》經文卻重新湧現。它們變成了無形的磚瓦，讓她在牢房裡砌起自己的教堂，做起每周「教堂的大禮拜」。[25]

林昭在學時期正是國共內戰風雨飄搖的年代。席捲全國的戰爭導致物價飛漲。日本全面入侵後不久，自一九三八年開始，通貨膨脹就已經開始失控。二十世紀四〇年代軍費開支暴增。到一九四五年，國民政府的財政支出百分之八十以上都是靠「增發貨幣」支撐。一九四八年上海的批發商品價格指數是一九三七年的六百六十萬倍。[26]

隨著戰事愈來愈吃緊，蔣介石的專制政府愈發殘酷、愈發不能容忍異見，民生潦倒日趨嚴重。對於愛國青年來說，這個國家猶如一位病入膏肓的母親；國民黨致命的腐敗和對民眾的打壓日增，更顯其統治無能。此時似乎只有共產黨承諾的「新民主主義」和在其占領區進行的暴力土改這劑烈藥才讓人看到治癒的希望。不久，還在景海就讀的林昭內心開始躁動。學校向來疏遠激進政治，而她對此立場深感不滿。

儘管景海女師有其自身的改良主義精神，但在多年內戰期間，學校在政治上仍保持其貴族般的審慎，在社會參與的具體行動上溫和持重。學校只是偶爾為當地孤兒院兒童提供娛樂活動，為其捐獻「學生給教會奉獻款的十分之一」，還舉辦「醫院送花活動」，利用主日學和禮拜之間的半小時把鮮花送到每個病人手裡。[27]

總的來說，在華的監理會在社會改良方面還明顯地保留著維多利亞時代的特徵。一九四八年，監管包括蘇州在內的長江下游宣教工作的衛理公會召開華東年會。會上提醒「節制和社會服務」的重要性，並呼籲牧師「每年至少一次，講道要以節制為主題……應特別關注如何全面戒菸草、鴉片、酒類、賭博，避免時間和金錢的浪費，反對一切個人的或社會的不道德或無節制的行為。」[28]

這樣的改良主義實難滿足景海女師的激進學生。自二十世紀二〇年代開始，學校一直受到共產主義思潮的影響。中共反對西方帝國主義、反對基督教「文化侵略」的政治宣傳長期以來一直威脅到學校的教育宗旨。一九二七年後曾有一段時期，一整年內無一學生加入教會。[29]

景海女師也確實有共產黨滲透的實例。一九三〇年代早期國民黨規定「黨化教育」成為必修課，國民政府派出教員去教會學校授課。有一天，政府派來景海女師的教員突然失蹤：他被捕了。他曾在試卷中列了「只有什麼可以救中國？」這一標準問題，但他堅稱正確答案是「共產主義」。[30]

一九四八年，另一位在景海女師教書的中共地下黨員介紹林昭入黨。那年夏天，十六歲的林昭秘密加入了中國共產黨。[31]

★

十五年之後，在鐵窗後面的林昭回想起當年這個決定。她寫道：

我在嚴肅的自省與沉痛的自責之中每把青少年時代思想左傾追隨共產黨看作個人的一項錯誤……若據著實際情況分析，則既是時代風尚，又有家庭影響…… 想當初這個年青人開始追隨共產黨的時候，共產黨三字還只意味著迫害、逮捕、監禁、槍殺等等而並不意味著……「米飯與肉湯的香味。」[32]

但是，對於她那一代人，被迫害、逮捕、監禁和槍決的危險，是抵抗黑暗政治勢力、為消除社會和經濟不公而英勇鬥爭所應付的代價。日據結束後，林昭的母親許憲民曾抵制過這樣的黑暗勢力：兩個有調查統計局（即國民黨的情報機構軍統）背景的男子在蘇州強姦並殺害了一名年輕女教員。受害者的母親欲求司法公正，但懾於軍統的勢力而無能為力，於是許憲民介入並支持檢控罪犯。在收到一封裝有子彈的恐嚇信後，她將之公布於報。在她的幫助下，原告最終贏得了這起強姦案的法庭訴訟。[33]

內戰期間，許憲民對國民黨的統治大失所望。然而，三十幾歲的她已經是三個孩子的母親，不再是一束革命的火把。最終她在蔣介石政府和中共之外，選擇加入了成立於一九四一年的中國民主同盟，其成員包括知名知識界人士，如詩人、學者聞一多。[34]

同一時期的林昭卻愈發迷戀於共產運動。一九四七年初，當她還在萃英中學念書時，就參與創建了設在同學家中、取名「大地」的圖書館兼讀書社。在中共地下黨組織的領導下，讀書社到當地中學生中推廣進步書籍，在街頭義演話劇，籌集資金購買書籍。他們還出版自己的刊物《初生》，利用圖書館吸引親共的青年。[35]

現存的林昭早期作品中有一篇以〈代與代〉為題的散文，發表於一九四七年六月的《初生》，其時她十五歲。從中可以窺見她如何逐漸轉向共產主義，以及後來她要投身革命卻遭父母反對時為何竟與他們決裂。

林昭當時對鄰里小學的孩子們備感興趣，描述道：「他們在陽光下跳躍叫喊，充滿著天真和活潑。」她希望那些孩子「永遠生活在陽光下」。

她寫道：老一輩「是些腐爛了的木頭……是在撈錢，刮地皮，自己麻痹自己而已。他們不希望我們這一代年青人走向時代的召喚，他們只希望我們陪著他們一起腐爛。」而大多數年輕人「都受了毒，被書本或別的東西吸住……不肯再掙開點眼，望得更遠些」。然而「改造國家，改造社會」的重任卻恰恰落在年輕一代的肩上。

當然待我們改造好了以後，我們的上一代早已死了，我們這一代或許也將要死去，然而，我們的小弟弟小妹妹，能夠過陽光下的生活了……

那時候，沒有貪官污吏，沒有奸商，有的只是善良的民眾，善良的風氣，善良的社會……使它成爲事實的責任，卻在我們這一代身上，我們決不能再苟安一時了。即使我們能在這種「荊棘滿地，豺狼肆威」的時代中苟安自己，可是，請爲我們的小弟弟小妹妹想想吧……不，我們必須奮起。

上一代已經腐蝕了，我們用不到再姑息他們，我們自己也並不健全，然我們一定要用我們的血汗我們的生命，作爲磚石木材，爲我們的小弟弟小妹妹去建設一個新的世界。當然我們會死去，然而「人生自古誰無死」，這樣的死，總比呆在被別人擺布的環境裡默默死去，要好得多。[36]

既得出此結論，那麼離她一年後宣誓成為中共地下黨員也只有一步之遙了。

★

林昭不顧危險秘密入黨，在那時代，這並非不尋常。民國後期，在中共的宣傳鼓動下，許多愛國學生將內戰歸罪於國民黨，並責其抗日不力。他們在俄國的共產革命中看到了未來的曙光。中共早期領導人瞿秋白年輕時曾如夢如幻地寫道，一九一七年布爾什維克的勝利發出「一線的光明，血也似的紅，就此一線便照遍了大千世界」。[37]

蔣介石在一九二七年開始對共產黨人的野蠻清剿，使進步知識分子更深地投入中共的懷抱。雖然像師從美國哲學家杜威（John Dewey）的胡適這樣受西方影響的自由知識分子，仍然對「主義」存疑、宣導以獨立的精神批判地研究當下的社會問題，激進的學生和知識分子還是迫不及待地把救國的希望寄託在共產黨身上。

二十世紀三〇年代末，許多進步作家和藝術家踏上他們自己的「長征」走向延安。一九三六年，美國記者愛德格・斯諾（Edgar Snow）秘密訪問延安。他對毛澤東領導的革命讚譽有加，在一九三七年發表的《西行漫記》（也譯為《紅星照耀中國》）一書裡稱之為「中國三千年歷史上最徹底的社會革命」。該書的中文版於一九三八年出版。它讓眾多的年輕人對共產黨產生了前所未有的嚮往。僅一九三八年，在西安的中共辦事處就為一萬多名「知識青年」奔赴延安提供證件。延安成為了他們所嚮往的未來中國的搖籃。[38]

即使是二戰期間曾擔任中緬印戰區總指揮和蔣介石的陸軍參謀長的約瑟夫・史迪威（Joseph Stilwell）將軍，都這樣形容共產黨的政策和願景：「減賦、減租、減息；增產、提高生活水準」。相反地，他描述國民黨政府充斥著「貪婪、腐敗、徇私、增稅、災難性的貨幣政策、對生命的可怕浪費和對所有人權的無情踐踏」。[39]

用林昭的話來說，當時國民黨「沒本事控制而穩定國內政局，甚至缺乏能耐為莘莘學子提供一個得以安定讀書的環境」，以致無數學生荒廢學業，被政治漩渦捲入共產運動。四年內戰期間，共產黨員的人數增長超過三倍，達到約四百五十萬人。[40]

★

一九四八年夏，中共開始了戰略反攻。下半年，共產黨在三大戰役中擊敗國民黨，從而控制了長江以北的絕大部分地區。「沒有人能預料共產黨何時會渡過長江，占領南京，沿著鐵路南下蘇州和上海」，林昭的傳教士老師趙增慧在一九四八年十二月這樣寫道。「人們似乎已經感到無所謂了。我覺得，在經歷了太多的混亂和疾苦之後，人們只要能逃離烈火，哪怕跳入油炸鍋都願意，尤其是裝滿烏托邦希望的油炸鍋。」[41]

民國末期，隨著鍋底逐漸變溫變熱，不少教會學校的在校生和畢業生事實上都嚮往共產主義的油炸鍋。共產黨和基督教的救國願景不無相通之處。這聽上去不可思議，其實不然。畢竟，教會和中共都反對社會不公和壓迫。共產黨人也像中國教會裡新一代的社會福音者一樣，想要建立一個新秩序和一個新世界。

特別是對那些不滿現狀的年輕學生來說，基於共產主義和基督教兩種不同信仰的愛國運動，兩者之間的關係特別密切。林昭為革命而犧牲的舅舅許金元在一九二三年加入中國社會主義青年團（後改名共青團）之前，就讀過分別由美國長老會差會創辦的萃英中學和之江大學

（Hangchow University）。在激進共產主義思想的影響和國內彌漫的反帝國主義情緒推動下，許金元加入了一九二二年開始在中國各地爆發的非基督教運動，呼籲「收回教育權」並終止外國勢力對教會學校的控制。一九二四年他與人共同創立了非基督教大同盟的蘇州支部。不久之後，他加入了中國共產黨，並於一九二六年擔任中共蘇州獨立支部書記。[42]

有些人加入中共後發現並非所想，之後又回到了教會，但在民國期間更為人所知的還是從教會流向中共的事例。美國記者愛德格·斯諾在他的《西行漫記》中熱情地回憶起一九三六年安排他前往延安、人們都稱為「王牧師」的中共地下工作者。王牧師的真名是董健吾。董就讀過聖公會創建的聖約翰大學，並留在上海成為了一名很受歡迎的聖公會牧師。一九二五年到一九三一年間，他在上海著名的聖公會教堂聖彼得堂牧會執業。教會主要的成員來自上海公共租界裡有較高教育水準的中產階級。[43]

一九二八年，即蔣介石發動對共產黨人血腥清剿一年之後，董健吾瞞著教會的信眾秘密加入了中國共產黨，把聖彼得教堂變成被迫轉入地下的中共領導人藏身和秘密開會之處。後來，一位中共黨史學家把聖彼得教堂描繪成一座「戴著宗教神聖光環的……紅色堡壘」。董在三〇年代時曾收養照顧過毛澤東的兩個兒子（他們的母親楊開慧於一九三〇年被國民黨抓捕並殺害）。一九三六年董還幫助安排把他們倆一起平安送到了蘇聯。[44]

林昭後來在即將走到生命的盡頭時，發現自己之所以孤獨反抗共產制度，是因為「我自己迷途重歸的基督徒的良心」。但在一九四九年，她的社會良知卻是偏向相反的一方。當時的教會，似乎無法像共產黨那樣勇敢地直面社會不平不公後面的制度性罪惡。之後不久的土改時期，當林昭見到一位農村的天主教神父帶領信眾做彌撒，不響應共產黨搞土改、給窮人分田地的號召時就曾當眾斥責神父。[45]

在基督教信徒群裡，許多進步人士認為，要擔負社會責任就必須跨出神聖的一步、倒向共產主義。這成為林昭所說的一種「時代風尚」。她後來回想當時自己略顯青澀的觀點是：「國民黨總之不免丟臉——坍台。」時任中國教會頂尖學府燕京大學校長的吳雷川，曾宣稱耶穌是個「革命家」，並告誡教會勿要維護舊秩序，而要尋求上帝的國、建立「新的社會秩序」，聲稱基督教在中國必須順應革命事業才有前途。[46]

吳雷川若不是在一九四四年去世，可能也會加入中國共產黨，但後來還是有許多燕京畢業生邁出了這一步。燕京大學校務長司徒雷登（John Leighton Stuart）於一九四五年八月在重慶與毛澤東見面時，毛炫耀道：當年燕京的許多學生那時都在延安。司徒雷登回憶說：「我笑著答道，我十分了解這個情況，希望他們不枉為燕大學生。」[47]

許多傳教士對共產運動感到極度的矛盾，既認同其崇高的目標又反對其暴力手段。如果他們知道林昭為建設一個更有社會公正的中國而投身革命，很可能會表示理解和同情。樂靈生（Frank Joseph Rawlinson）是當時在中國最有影響力的教會刊物《教務雜誌》（*The Chinese Recorder*）的主編。他在一九三四年寫給自己孩子們的信中說，發現自己「被困在舊的資本主義制度和生活物資分配更為平等的新制度之間。……有時，我真希望自己還年輕……能夠在工人罷工的地區當傳教士」。同年他組織上海的傳教士們討論一系列熱點問題，諸如「俄國能否為『基督教經濟秩序』提供示範」。他曾作為美國南方浸信會的一名保守派傳教士來到中國，是中國底層百姓的困境勾起了他對革命的同情。[48]

同樣，中國的情況，也讓一九一七年作為基督教女青年會祕書來到中國的陸慕德（Maud Russell）的世界觀激進化，「促使她轉變為一個投身中國社會主義革命的馬克思主義者」。在陸慕德的影響下，一九二〇年代開始在基督教女青年會工作、三〇年代負責女青年會勞工部的鄧裕志，也逐漸認同共產黨的目標理念，視之與基督教價值觀一致。她配合陸慕德在一次基督教女青年會召開的學生年會時，教授一門名為「基督教與共產主義」的課。儘管自己不是黨員，她卻安排共產黨的文化工作者們——包括毛澤東後來的妻子江青——在基督教女青年會的夜校，給上海女工們授課。[49]

一九四九年十月一日，鄧作為一名中國人民政協委員，應邀和其他政府官員一起登上天安門城樓參加了開國大典，見證了毛澤東宣布「中華人民共和國」成立的歷史時刻。[50]

★

在一段時間裡，林昭還能夠在她的基督徒和共產黨員雙重身分之間找到極為不易的一絲平衡。在景海女子師範學校繼續學業期間，她也執行黨交付的秘密任務，製作和分發油印的中共宣傳傳單。「除了一聽油墨少不得外，其他什麼不用，使圖釘把刻好的蠟紙往桌面上一釘……有何難哉！」[51]

但當接近畢業時，這兩種信仰之間的衝突陡然加劇了。一九四九年春，就在解放軍渡過長江、奪取國民政府首都南京的幾個星期之前，林昭和十幾個景海的激進學生一同向校方請願，要求把三月八日國際婦女節定為學校的假日，來慶祝「蘇聯婦女幸福的生活」。[52]景海向來不屑各種衝動的政治行為，此時其審慎的態度，在那群學生眼裡愈發顯得反動，隨之因請願活動而與校方發生的衝突，使得林昭與景海疏遠，同時也損傷了她與教會整體的關係。

教會學校的學生以種種反帝愛國的理由要求停課、去參加刻不容緩的「救國」行動——此類情形，自一九一一年辛亥革命以來屢屢考驗著校方的處事能力。這類事情反映了鴉片戰爭之後民族自尊受挫、傷口遲遲未癒的現象。杜威二十世紀二〇年代初在中國待過兩年。他發現，「在中國無論什麼地方，只要有幾個人聚在一起，大家最熱衷的室內運動就是『救國』」。[53] 校園裡更是如此。像大多數的教會學校一樣，景海總是盡力沖淡學生們的革命熱情。林昭的老師趙增慧寫道：「當年輕人認定他們必須行動起來、『馬上救國』時，老師要做的就是既要給予適當的同情，又要堅持學術標準。這需要一個微妙的平衡。」[54]

與之相反，進步學生樂於打破這種平衡。於是，愛國學生和景海學校管理方的衝突時常發生。比如，一九三一年九月日本侵占東北三省後，一個景海學生代表團決定前往南京請願，要求蔣介石對日宣戰，並親自率軍隊前往東三省督戰。當時校方做出妥協，允許獲得家長同意的學生前往請願。[55]

景海學校管理方經常懷疑，在企圖破壞正常教學的學生運動背後有共產黨的鼓動。整體而言，景海的美國教師儘管痛心於經濟的崩潰和社會秩序的惡化，但並不認可共產運動。她們更傾向支持蔣介石和國民黨，認為其政策「更像是篤信基督教的政治家所制定的」。[56]

因此校方對林昭她們提出的在三八國際婦女節停課、與其他學校的進步學生一起慶祝的請願，反應極為冷淡。恰逢負責宗教教育的主任剛從美國田納西州的斯卡裡特學院（Scarritt College）參加完基督教工作者培訓班回來，她訓斥畢業班學生的想法幼稚。

「那天下午，不久前從美國留學回來的訓育主任『麻包』，面孔鐵青的跑來訓了我們一大頓。」林昭用了學生們給那個主任取的綽號這麼寫著。「她自美國婦女因為已經完全自由平等（？），所以從來不慶祝『三八』說來，一直說到我們目前唯一的事情就是用功讀書。……聲色俱厲地：『你們都是熱血的青年，可得小心別受了人家的利用！』」[57]

那時林昭怎麼都想不到，十五年以後，當她反思自己如何把青春奉獻給革命時，會說出十分相似的話來形容年輕時的自己。她在一九六五年給《人民日報》編輯部的信中寫道：「無數熱血青年誤中煽動，拋荒學業不事正務卷入政治漩渦而淪為野心家們的工具！」[58]當年她曾唾棄過的景海女師訓育主任的話，也許又在她的腦際迴盪。

但在一九四九年三月初，林昭和同學們卻為「慶祝我們自己的節日」，為爭取權利、給革命女性精神「撤下更多的種子」進行了不屈不撓的抗爭。最後，學校管理層做出讓步，滿足了她們的部分要求：三月八日可以用一個半小時來慶祝，但不取消當天的課程。[59]

顯然，校方把此次衝突向政府做了彙報。可能因此事件，也可能因為林昭地下印刷中共宣傳材料走漏風聲，林昭和同為地下黨員的學生李璧瑩上了國民政府蘇州城防指揮部的黑名單。中共地下組織得知後發送緊急警報，於是在景海任職的兩位「進步教師」某一夜突然神祕失蹤。林昭和李璧瑩也都接到黨組織的命令，要她們迅速撤離。李馬上照辦，前往上海；林昭卻不按命令行動。她相信，作為國大代表的女兒，自己不會有危險。此行為顯然違背了中共一切行動聽指揮的原則。於是她失去了黨籍。[60]

林昭沒有遵從撤離蘇州這一強制命令，是其性格使然；她的一生都在堅持自己的判斷。但作為黨員，這樣的任性是不可原諒的。在中共勝利前夕失去黨籍，此事後來成為她心裡一個沉重而恥辱的包袱。她在一九五一年給一位革命同志的信裡寫到，在她的革命生涯裡「深感這個污點的可恥」。她唯有獻身革命、做黨交給年輕一代最艱巨的工作來為自己贖罪。[61]

★

一九四九年四月下旬中國人民解放軍攻占蘇州和當時的中華民國首都南京。同年初夏，林昭從景海女子師範學校畢業。她才氣過人（數學除外），特別在古典文學方面尤為突出。博學的父親「自幼即為嚴師」，曾讓她「怕挨手心」。[62]

父母一直期望她能上大學，所以當得知林昭偷偷申請了蘇南新聞專科學校且被錄取時，簡直就是當頭一棒。蘇南新專是由中共蘇南區委於一九四九年七月在無錫開辦、旨在培養革命記者和宣傳人員的教育機構，距蘇州四十公里之遙，其學術水準堪憂。那時的中共蘇南區委負責包括蘇州在內的長江下游地區五個主要城市。[63]

林昭的父親彭國彥並未加入歡呼中共勝利的人群——儘管在擔任縣長期間他曾幫助過一些革命青年躲避追捕。國民黨的統治瓦解之時，他告訴家人自己要效仿伯夷和叔齊。[64]這兩位商朝遺民拒絕臣服周王朝而隱居深山，以樹皮野果為食直至餓死的不屈氣節，為中國歷代的讀書人所尊崇。

林昭的母親許憲民也只審慎地支持共產革命。內戰結束前的最後幾個月裡，她仍然保留著中國民主同盟會員的身分。與此同時，她也通過在國民政府內的關係秘密地幫助共產黨人。那時兩位中黨地下黨員被派到蘇州「策反」，與許憲民接上了頭。她欣然相助，幫他們聯繫上因刺殺軍閥孫傳芳而聞名的女刺客施劍翹。施從上海警備司令部獲取了重要情報，通過許交到了兩位地下黨員的手裡。許憲民還策反幾位國民黨特工，並說服一些地方自衛隊供中共調遣。[65]

但林昭選擇中共的新聞專科學校而不上大學卻另當別論。許憲民怒火沖天，禁止林昭前往新專報到。彭國彥也警告女兒小心被職業革命家蒙蔽而受傷害。他告訴她：「利用青年人的純真熱情搞政治是最殘酷的。」[66]

但這一切都是徒勞。林昭絕不妥協，一天夜裡她從臥室的窗戶爬出去試圖逃跑。被母親捉住帶回後仍不死心，稱自己已經下了決心，母親威脅要與她斷絕家庭關係也無濟於事。許憲民告訴她，如果要堅持離家，就得立下文字，從此「活不來往，死不弔孝」。林昭決然地拿起筆「一揮而就」，轉身上路。

當她註冊入學填表時，在家庭成分這一欄填了「反動官僚」。[67]為了能夠成為革命的新聞工作者，為了去建設一個讓孩子們在陽光下快樂生活的新社會，她義無反顧地離開了父母。

第二章
脫下皮鞋換草鞋

林昭離家出走，入讀蘇南新專，父母為此惱怒不已。但她自己一定覺得是掙脫了小資產階級自私自利的束縛，奔赴建設社會主義新中國的光榮使命。作為高中畢業生，她在當時八成人口尚不識字的中國，儼然已是一個「知識分子」。學生群體的救世情懷，源自兩千多年來士「以天下為己任」的儒家傳統。士的人生夙願是為官治國，科舉制度強化了這種使命感。[1]

一九〇五年科舉廢止，為官治國不再是士自認的人生目標，但舊傳統並未消亡。二十世紀一、二〇年代，新一代的知識分子摒棄儒家思想，轉向西方的「德先生」和「賽先生」，卻仍視「天下」為己任。[2] 中共建國為知識分子成為新時代革命之「士」敞開了大門。一九四九年，一千多名年輕人申請入讀蘇南新聞專科學校，林昭是其中一位。

學校設在無錫郊外風景如畫的惠山腳下，它的前身是中共於一九四六年在蘇北開辦的新聞學校，也是國共內戰期間中共為了引導公眾輿論、贏得民心而建立，培養宣傳人員的四個培訓基地之一。

蘇南新專的原型是中共在延安設立、在抗戰時期為軍政幹部提供短期培訓的抗日軍政大學。上世紀三〇年代後期，數以千計受過教育的年輕人奔向這些訓練營，證明當時中共成功地吸引了大批讀書人參加其革命事業。[3]

林昭是一九四九年錄取的二百二十名新生中的一位。據李茂章回憶，他在一九四九年秋初次見到林昭：「當時她給我的印象是，人生得清麗，風度飄逸，一口吳語普通話，善談。話語風趣而又往往尖刻犀利。頭上紮有兩條和她的人一樣清麗的而且非常相配的辮子。與人交談時，偶爾也在開會時，她會把原本無需再編紮的辮子在末端附近弄開來，再慢慢地編紮起來。微歪著頭，紮了這邊的又紮那邊的。悠然自若，邊談笑邊編弄著。」[4]

林昭（前排右一）與蘇南新聞專科學校同學合影，1950年。
圖片來源：倪競雄等編，《林昭文集》。

新專課程包括了編輯通訊、經理和電務。校舍簡陋，但免學費和食宿費。學校沒有像樣的教室，甚至連黑板也沒有。學生自帶板凳或席地而坐；老師們盛夏講課就帶上一把芭蕉扇和一大瓷缸茶水。[5]

學生們先分班，再分

組。每組九或十人。男女學生同住一室，以蚊帳為男女之界。據一位校友回憶：「直到畢業，大家都相安無事，沒有出什麼桃色新聞。」條件雖然艱苦，學生們卻幹勁十足。後來，林昭班上有多位同學成了國內知名的記者和作家。[6]

學生們在惠山受訓，是要成為革命的記者兼鼓動者。十個月內他們就要完成學業，然後由黨組織派赴宣傳戰的前線。秋季學期中有三個月要在農村度過，與農民同住，向農民學習。用林昭的話來說，他們要爭取拿到一張「『農民大學』的文憑」。[7]

和同學們一起動身前，林昭寫了一篇題為〈下鄉前的幾天〉的新聞報導，文中充滿了革命者的虔敬。這是她作為新聞記者的首發稿，其中描寫了同學們既興奮又焦慮的心情，也提到有人質疑學校讓學生下鄉而中斷學業的決定。

林昭則在文章中力勸：「一切服從組織分配好啦，組織考慮問題是很周到的。」最現實的問題還是背包與草鞋，「聽說沒有穿慣草鞋的腳，穿了會擦破皮，會磨出泡來……下鄉，這倒是個挺實際的考試。可別不及格啊！」[8]

這是發自內心的虔敬，也滿懷著革命的謙遜。她寫道：「我們可能鬧笑話，碰到困難，可是我們不怕！我們要去和廣大的受苦農民生活在一起，瞭解他們的思想和感情，向他們學習，學習許多學校裡、書本上所沒有的東西，下決心割掉自已身上最後留存的一截尾巴。」[9]

割尾巴是毛澤東的語言，有其獨特的鄉土風格。要割掉的尾巴在當時特指三個「主義」——主觀主義、教條主義和宗派主義。

一九四二年三月九日，黨報《解放日報》發表了一篇由毛澤東祕書胡喬木執筆，並由毛親自修改的社論，題為〈教條和褲子〉。文章斥責了中共黨內那些博學的、在蘇聯受訓的馬克思主義者。缺少正規教育的毛對他們在理論上的造詣不屑一顧，要他們「脫褲子」，因為「問題發生在他們的貴體下」。褲子下「躲著一條尾巴，必須脫掉褲子才看得見」。只有先脫掉褲子，才能「用刀割」掉教條主義的尾巴。[10]

黨內要求「脫褲子」、進行毫不留情的自我審查，始於一九四二年至一九四五年的延安整風運動。所要暴露的尾巴是每個人未經矯正的思想。當時在延安的人都必須寫「反省筆記」來交代、革除自己的舊思想。中央黨校的各級領導機構均有權「隨時檢查筆記、記錄」。毛澤東明言，隨時抽查筆記是強制性的，黨的這條紀律是鐵的，「比孫行者的金箍還厲害，還硬」。[11]

當時在延安的一位共產國際代表寫道：「毛澤東稱之為道德淨化的殘酷心理脅迫在黨內造成了令人窒息的氣氛，造成此地相當人數的黨內活躍分子自殺、逃亡或精神錯亂。」[12]

到了一九四五年，這條脫褲子的規定被納入新的黨章，並在同年第七屆黨代會上通過。此後，中共黨員「應該用批評和自我批評的方法，經常檢討自己工作中的錯誤與缺點」。[13]這樣的批評必須公開進行，而且每個人的自我批評徹底與否，犯錯誤者承擔何種後果，黨都是最後的仲裁者。

★

在蘇南新專，林昭和同學們紛紛交代自己隱祕的過失，向黨臣服。起初林昭還曾拒絕公開做「思想檢查」，只願「在清風明月之夜，和二三知友傾吐一下心裡的話」。這在她們下鄉之後徹底改變了。十月中旬，她的小隊進行了一個星期的密集學習，使她克服了自己的抵觸心理。

> 奇怪，在那次檢查過後，我心中特別輕鬆，思想負擔放下了，煩惱的情緒解脫了，思想負擔也扔下了……當我檢查的時候，我是很激動的，但也是很快樂的……懂得了，要解除自己的思想包袱，……唯一辦法只有徹底坦白

自己，並接受同志們的批評，這樣，才能進一步達到改造自己的目的，才能使自己走上新生的道路。[14]

此時的林昭已經成為一個真正的革命信徒。這種皈依使她感覺在一個高尚的集體裡找到了新生。革命喚醒了也同時滿足了她一腔捨己的激情。[15]

像林昭這樣的知識分子，在共產黨的隊伍中失去他們個人自主性或許在所難免。上世紀一、二〇年代的「五四運動」是知識分子的全盛時期，那時他們曾是啟蒙的化身、救國的希望。之後他們的影響力每況愈下。一九二六至一九二七年北伐戰爭期間，共產黨的宣傳隊為了鼓動群眾，在農村打出了「打倒知識階級！」的旗號。[16]

在中共的「革命體制」下，知識分子被視為創造新社會這一偉大事業的合作者。他們只是熟練的工匠，不得擁有「設計的權威」，甚至不得擁有自我意識。日本侵華和國共內戰期間，國家處於危急存亡之秋，這也迫使知識分子更加認同救國。一九二七年毛澤東以「槍桿子裡出政權」一句提醒黨內，在中國必須靠槍，而不是靠學識或道理來建立新的政治秩序。[17]

自那時起，中共就成功地鼓動平民對知識精英報以懷疑與敵意，同時知識分子對自己的特權也充滿內疚。有鑑於此，他們在普通民眾和聲稱代表民眾的中共面前，用自貶實現了情感的釋放。延安整風運動以後，知識分子的革命「通過儀禮」(rite of passage) 就是讓自己墜入悔恨的坑底、承認自己對黨犯下的罪行、埋葬舊我、成為「新人」而重獲新生。重生後的他們要擯棄從前的「資產階級」生活方式、舉止以及文學藝術品味。[18]

在大多數情況下，伴隨著對舊我的唾棄是對黨所代表的崇高理想的強烈渴望。許多知識分子在寫作上開始模仿起革命作家。

經過新專幾個月的訓練，林昭開始批判她以前的文學寫作——從前「自己的生活圈子太小了」，寫的盡是她自己，自己的情感和夢想。這些作品「修飾得很纖麗，充滿著小資產階級情調，歌頌『生命的微笑』和『大地的新生』」。「進了革命學校」以後，她才知道「文藝要大眾化」。通過閱讀進步作家如趙樹理的作品，她認識到了大眾文學的精神。

她還打破了自己以前憑藉靈感寫作的習慣，認識到有必要應時寫作。她引用毛澤東祕書的說法，「如喬木同志所說：『……十分鐘裡寫成一條新聞，所謂倚馬可待，我們確是要練成這付（副）本領……』」。她還克服了以前對集體寫作的不信任，因為「我也看到群眾的智慧，集體的力量」。[19]

林昭轉向革命散文文體的結果，就是勤懇寫作，完成了一篇篇熱情洋溢、歌功頌德的新聞稿件。她歌頌「革命學校真是個溫暖的大家庭，我們相親相愛得像兄弟姐妹一樣」。她也寫同學們在農村表現出的自願者精神：他們扔下手中的書去幫忙卸下一船柴火，還沿路撿拾掉落的柴草，喊著「留神不要散掉了，損失革命財物」。[20]

後來，她還寫了一首詩獻給一九五〇年，詩中頌揚春天裡黨為農民減租，秋天不僅糧食豐收還打倒了地主、分了土地給貧農。「唱不盡共產黨天高地厚恩」。同年朝鮮戰爭爆發，中國為「抗美援朝」派出了一百三十多萬「志願軍」。林昭也寫了一篇高調報導，講述一位「小妹妹」在送給參軍郎的背包上繡一顆大紅星和「參軍光榮」幾個字，叮囑他「參軍要做個英雄漢」。[21]

★

這種革命化的文風始於上世紀二〇年代末和三〇年代初。隨著愈來愈多的中共知識分子在上海公共租界找到避風港，中共於一九三〇年三月在上海成立了左翼作家聯盟，把堅信共產主義的作家和其他諸如魯迅、丁玲之類的左派知識分子吸引到了一起。那時，與救國相比，個人的一切都微不足道。正如中共領導人瞿秋白所說，文學必須是一種「鬥爭工具」，必須用來推動革命事業。

丁玲在一九三一年寫的短篇小說〈某夜〉是個典型例子：在一個北風狂嘯、雨雪交加的夜晚，二十幾個革命者，手腳都上了鐐銬，踏著厚厚的積雪，被押赴刑場。眼看機槍就要向他們掃射，突然，革命者唱起了世界共產主義運動的聖歌〈國際歌〉。歌聲中，「黑暗逃走了，展在眼前的是一片燦爛的光明，是新的國家的建立」。[22]

隨著革命文學在延安蓬勃興起，毛澤東在一九三八年批准創辦了魯迅藝術學院。魯迅死於一九三六年，中共因而可以隨意繼承他這份「冷嘲熱諷」的遺產，專為批判舊社會的沉痾，並聲稱共產革命將徹底拯救這個舊社會。數以百計的革命作家、詩人、劇作家、藝術家和音樂家在魯藝受訓。後來他們中間有些人創作了革命藝術的經典之作，如歌劇《白毛女》。該劇描寫一位農家姑娘被惡霸地主欺淩、強姦後逃入山中洞穴。幾年後她滿頭白髮，形同鬼魂，直到共產黨的八路軍到來解救了她。

一九四二年五月，毛澤東在延安文藝座談會上的講話給作家和藝術家們劃出了界限：文學和藝術都必須為人民大眾，即工人、農民和革命兵士服務，必須是無產階級領導的文學藝術。

那些堅持個人主義的就是站在「小資產階級的立場」上的「空頭文學家」。革命的作家和藝術家都「必須到群眾中去……到唯一的最廣大最豐富的源泉中去，觀察、體驗、研究、分析……一切生動的生活形式和鬥爭形式」。[23]

對林昭而言，認同貧苦農民的確為她打開了一個前所未知的世界。下鄉的經歷給她的寫作帶來新的泥土氣息，表現在她親歷了一場訴苦會後與人合寫的一首敘事詩中。這首題為〈望穿眼睛到今朝——記一個農民的控訴〉的作品，道出了一位長期被欺壓、受苦受累的舊社會農民的心聲：

> 腳踏人家地，頭頂人家天，
> 我客田裡種了三十年。
> ……
> 年年勿剩一粒隔年糧，
> 年年做得腰痛筋骨酸。
> ……

兩間破房子象豬圈，
黃牛進門身也回不轉。

兒子染上傷寒後，他只好向地主借高利貸給兒子治病。後來為了還債被迫將兒子送到地主家中當長工。年輕人勞累過度、身體不支，最後昏倒在田地裡，吐了血、斷了氣。

鳥沒翅膀飛不動，
種田人沒田樣樣空。

⋯⋯⋯⋯

瓦片也有翻身日，
望穿眼睛到今朝。

⋯⋯⋯⋯

三十年苦頭吃穿了，
毛主席恩惠比天高。[24]

每次寫到這樣的題材都讓林昭頗有「心中一直像燒著一堆火」之感。她在給新專摯友倪競雄的一封信中寫道：

> 只要我活著一天，我就不息地爲人民文學事業服務……只要我所寫的對人民解放事業有利，個人的名利是身外浮雲。個人的名利得失，比之我們整個的事業，是何等渺小不足道！[25]

就幾年前，年僅十五歲的林昭寫下了一篇略為感傷但不乏感染力的散文〈黃昏之淚〉。文中她敏銳而微妙地探尋著內心的疑惑、失望和宗教那慰藉人心的神祕力量。[26] 如今她心中澎湃著革命激情，取代了昔日探索和孤獨的心聲。

★

一九四九年下鄉與農民一起生活期間，林昭覺得自己正在告別舊我——那個「任性」、「賭氣」的「嬌慣的女孩子」。她對自己資產階級家庭的出身滿心負疚，覺得農村生活的匱乏反而是一種很受益的苦行。她雖然吃膩了「天天青菜秈米飯」，但「看到夏天老百姓整天吃玉米青南瓜，我倒覺得還是過這樣的日子好」。她在信裡告訴她的中學好友陸震華：「因為心裡平安，不覺得內疚或愧對人民了。」[27]

她也開始讚賞普通民眾表現在生活和藝術上的美德。在一次有幾百位當地農民參加的中秋聯歡晚會上，農會自編、自導、自演了一出名為〈解放〉的短劇。在林昭看來，這些農民在扮演地主、高利貸者及偽保長時，「嬉笑怒罵，惟妙惟肖」。因為所用的對白是本地土語，這使得諷刺更加入微。她寫道：「他們自己演農民，絲毫沒有我們牛知識分子演農民的酸氣與做作……使我懂得了群眾的智慧與創造力真是無盡的。群眾是真正的天才。更明白了什麼是『從群眾中來，到群眾中去』。」[28]

最後這一句出自一九四三年六月毛澤東給中共中央的一道指示：「在我黨的一切實際工作中，凡屬正確的領導，必須是從群眾中來，到群眾中去。」[29]林昭對此指示的信服顯然發自內心——以上的話來自她寫給共青團蘇州支部的朋友陸震華的信。

在她對革命的虔敬之下，當初失去黨籍的恥辱從未忘卻，她也因此對黨員陸震華以及在蘇州所有進步的朋友一直保持著距離。作為一個曾入過黨但卻「掉過隊的人」，她向陸震華坦露自己「總難免有些羞愧自卑」，「有些兒『羞見江東父老』的味道」。[30]

陸震華當時則愛著林昭。他請求來看她，但林昭拒絕了，明確表示他們只能做「同志」。她寫信告訴他：「誰要是想與我談戀愛我倒有些惋惜他的不幸，因為我是鐵石心腸，他多分只會自尋煩惱，並且在碰到這種情形時，我不太會對別人的煩惱負責的。」不過她還是請他代為照看她的家人，看他們是否被當作革命的敵人而被「管制」。當時的「管制」不僅限制個人行動，還剝奪政治權利，有時還包括強制勞動。[31]

林昭與父母的關係仍然緊張。十七歲的她不免想家，但因羞於自己是個有污點的革命者，還是能對父母硬起心腸。[32]她告訴陸震華，自己和父母一起生活時就常常與他們發生衝突。「我一向與他們意見不合，也一向有反抗精神，這些你都知道。難道說在解放之後的今天，我倒會向他們作錯誤的妥協投降，失掉立場？」

然而到了十月初，即離家三個月後，她收回了當初與家庭斷絕關係的誓言，寫信給父母，承認自己當時背棄家庭時「部分態度措詞的錯誤」。一開始林昭並沒有得到家裡的回音。她告訴陸震華：「我也不甚掛心。我有一份倔強的脾氣……同時，他們的經濟援助，在我也可有可無。目今我們每月有一些津貼，還有些稿費。」然後她補上一句：「你以為我沒有決心嗎？」[33]

也許她還真沒有那個決心。離家數月後，她兩次回到蘇州，第二次還在父母那裡短住了一下。然而，他們的關係仍然冷淡。林昭勸父母參加革命，他們則無動於衷，這讓她擔心，不知他們「對政府報（抱）什麼態度」。她父親彭國彥在共產黨當政後便失去了工作。若非妻子否決（林昭曾打趣說她們家具有「母系社會女性中心的傳統」，她的母親才是家庭的核心），他當初會選擇離開中國大陸去臺灣。[34]

一九四九年後，彭國彥拒絕因曾為國民黨工作而「低頭認罪」。他堅信國民政府內也有好人，國民黨也做過善事，況且無論如何，一九四九年前只有極少人有機會為共產黨而非國民黨工作。共產黨新當政時，他經常暗地裡收聽早在四〇年代初就開始對中國播報的「美國之音」。這在當時是「偷聽敵台」之罪，據稱林昭發現後曾向政府舉報。一九五五年他被定性為「歷史反革命」。[35]

四〇年代後期，林昭的母親許憲民在蘇州與人合辦了一家汽車公司，一九四九年後留任副經理和公司董事長。在女兒的眼裡她仍是剝削階級的一分子。林昭告訴陸震華，她「很想爭取母親，怎奈心有餘而力不足。看到別人的父母進步了，我只有歎氣。」36

許憲民幾次到學校來看林昭，給她帶了些錢和物品。林昭接受了母親的饋贈但並未顯露出任何興奮，反倒為就讀於景海的十二歲妹妹令范的政治覺醒而歡欣。她告訴陸震華，令范「目前還在景海多少受我些影響，較進步，已經能從政治上識別人的『好』『壞』了。」

不過，林昭仍舊覺得家中潛伏著資產階級影響的危險。「妹妹如常在家裡，也會弄壞的——培養成個小姐胚子。」她與父親的關係最為艱難，一九五〇年四月她寫道：「父親對我深惡痛疾，長久沒通信了。」37

★

一九五〇年五月，在農村待了三個月、學了幾門新聞學課程、參加了多次思想檢查和了解政府政策的學習班後，林昭的班級從蘇南新聞專科學校畢業了。那一年的學習讓她意氣風發。她寫信給陸震華說：「新專生活也是很活潑愉快，青年化的。」在畢業典禮上，無錫縣黨委送來了道賀的橫幅，上書：「為人民說話，為土改宣傳！」38

據林昭的摯友倪競雄回憶，林昭在新專表現突出。她發表了不少報導文章，而且她遇事直言不諱，熱衷辯論，很出風頭。畢業時，當地的文聯曾有意要錄用她。[39]

然而她卻志願下鄉，好親身體驗農村的革命。她借魯迅和毛澤東都曾使用過的詞語告訴倪，她自己「不願當空頭文學家」，而是想「去參加土改，更好鍛煉並改造自己」。儘管健康狀況不佳，她的情緒卻十分高昂。「有時發發小寒熱。但只要我不病倒在床上，這些我是不算病的。」這可能正是肺結核病的前期症狀，但她沒有去看醫生。在當時，那會被看作是一種小資產階級柔弱的表現。[40]

五月，林昭離開惠山，加入蘇州農工團的一個工作組。在接下來的一年半時間裡，她在江蘇四個不同地區參與土改。一九四九年九月，中國人民政治協商會議通過了「共同綱領」。這是一份相當於臨時憲法的政策指南。「共同綱領」雄心勃勃地勾勒出一個通過減租和土地再分配來實現的農村改革計畫。同四〇年代在中共控制的地區所施行的一樣，各地土改的實施多由工作隊協調推行。倉促成立的農會則負責配合。

六月，林昭寫信給陸震華，請他幫忙在蘇州的新華書店購買一幅彩色毛主席像。「上次到蘇州看到，我就愛上了它。要買卻沒有了。」她解釋說：「下鄉至今，我情緒從未低落過，深信以後也不會低落的。敢向你們保證。本月中我的入團候補期將滿，在轉正後，我將更努力做一個好團員，這也敢向你們保證。現在，我思想上毫無包袱顧慮，甚樂，幹什麼都挺夠勁兒。」[41]當時入團是申請入黨的階梯。

一九五〇年下半年，中共的鄉村改革擴展至全國各地。一般而言，工作隊在農會的幫助下識別並孤立地主，進而組織暴力對待，也就是批鬥會，會上鼓勵佃農們用私刑。一九五〇年七月，國家政務院（後改名「國務院」）授權地方建立「人民法庭」，組織當地的積極分子來審判「土豪」、土匪和其他反對土改的人士。隨著土改的進行，有大約一、二百萬人被殺，幾百萬人被「管制」，遭受程度不一的法外處罰。[42]

在一個土改「典型鄉」，林昭和她的隊友們每人負責一個百多戶人家的村子。她在十月份的一封信中告訴陸震華，工作夠傷腦筋。「最初我害怕。現在好些了，我的法寶是不包辦代替（事實上也包辦不起來）。與群眾商量。」三個月後，她從另一個「落後」村寫信給倪競雄，告訴她那兒的土地已經重新分配，糧食的徵收任務也基本完成。信中說「工作很危險」，她擔心土改可能無法按時完成。[43]

林昭參加蘇州農工團工作組期間，1951 年 3 月。圖片來源：倪競雄等編，《林昭文集》。

林昭參加蘇州農工團工作組期間，1951 年。圖片來源：倪競雄等編，《林昭文集》。

林昭（左一）與蘇州農工團工作組其他成員，1951 年。圖片來源：倪競雄等編，《林昭文集》。

當時所面臨的危險是有人暗地裡抵抗土地的再分配和糧食徵收。中共接管政權後的一年內，在全國各地農村有三千多名工作隊隊員因為徵糧被殺。大地主們一般住在城市裡，大多想方設法隱藏自己持有的土地和財富；還有的玩弄其他邪招。倪競雄是林昭在新專的朋友，也同是蘇州農工團的成員，被分配到太湖地區一個工作隊。有人警告她不要在夜間外出，以免「被人扔到太湖『下餛飩』」。那時這種事確有發生。[44]

林昭白天不顧一切地投入工作，夜晚則花大量的時間寫作。「晚上常到十一時以後才睡，有夜把甚至到一時以後。」這期間她完成的作品中有一部是用蘇州方言寫的短劇，在農村上演時深得好評。劇中主角（由倪競雄扮演）是一名革命覺悟突出的農婦。她敦促丈夫犧牲家庭利益、自覺向政府繳「公糧」。[45]

一九五一年初開始，林昭已經不斷地咳嗽，還經常發燒。她告訴倪競雄：「即使我真病了，我也要工作到最後一刻。也許我比別人活得要短些，但只要生命能被充分利用，早死亦不為憾。」三月，X光檢查顯示她患了第一期肺結核，工作隊負責人勸她休息，但她執意要堅守自己的崗位，直到當地的土改工作結束為止。畢竟，「在這生命的春天……要去躺在病床上，那究竟不是件有趣的事情」。[46]

在中共當政的頭二年，大規模的鄉村改造運動改變了農村面貌，也重塑了林昭。她寫信告訴陸震華：「群眾運動對人的鍛煉是大的（當然對我這個具體人說來還只是改造的開始）。」[47]

要改造思想就需要否定自己的家庭和教育。在她的童年歲月，父親彭國彥一直向她傳授古典學識，尤其是古代文學，想把她當作「男兒」來培養，讓她成為一個傳統意義上的學者，博學獨立，「恃才傲物目無俗子」，還要崇尚儒家的仁、義、禮、智、信，養中華民族炎黃子孫的浩然正氣。[48]

然而當她全身心投入農村的革命工作後，父親的諄諄教誨以及景海女師傳給她的價值觀開始動搖。當下工作所需要的，是她過去從未有過的無產階級的鐵石心腸，是漠視文明禮節、漠視任何個人的需求與痛苦，以保證建設新社會這一宏大事業毫無阻擋。

林昭第一次到農村是在一九四九年秋收之後。那時，新專組織為期三個月的下鄉鍛煉，林昭所在的工作隊受命幫助政府徵收糧食。當時一些同學對向農民苛徵糧食抱有疑慮，而林昭堅持按照黨的指示辦。她對農民強調，政府是他們的政府，會「取之於民，用之於民」。村裡對內要負責甄別貧農獻糧的多寡，但作為集體要完成下達的徵糧任務。她向他們保證：「我們今天又不拿人民的血汗來濫吃濫用，我們還是為著大家的永久利益。」[49]

而今作為土改工作隊的一員，她需要直面地主，彼此間的關係非常緊張。林昭在一封信中寫道：在太倉縣城廂鎮，近三百名地主被迫交出「二千多擔米糧，但群眾反映仍不滿，說打得不徹底，因此正繼續追交中」。壓力還得加大。[50]

「我記得第一次鬥爭的時候，我心裡憐憫地主，覺得農民粗暴。」但工作了一年以後，她的內心逐漸剛硬，堅持徵糧必須遵照政府的指示來辦。「一粒米也不能少！」一九五一年五月她寫信給陸震華說，「看到地主在人民面前的狼狽窘態，我心裡只有冷酷的痛快。」

那個月初，林昭接受了革命暴力的洗禮。為慶祝五一國際勞動節這一中共禮儀日曆上的重要節日，林昭幫著預備了一份祭品：

> 前些日子在城鎮「五一」槍決了十多個人，其中有一個是我負責的街上的漢奸惡霸地主。我從收集材料，組織控訴，直到提請公審，是我也出了一份力送了他的命。槍決後有些人不敢看，我是敢的，我一個個看那些伏法了的敵人，特別是那個惡霸。看到他們這樣死了，心裡和直接受害的人民一樣揚眉吐氣。[51]

這都是毛澤東早已使之正統化的階級感情。一九二七年，毛澤東在湖南五個縣待了一個月，寫下了〈湖南農民運動考察報告〉，稱農民運動「好得很」。

毛澤東當時寫道，當地農會手中大權在握，「向土豪劣紳罰款捐款，打轎子」。一群「痞子」一窩蜂湧入鄉紳的家裡，「殺豬出穀。土豪劣紳的小姐少奶奶的牙床上，也可以踏上去滾一滾。動不動捉人戴高帽子遊鄉……為所欲為，一切反常，竟在鄉村造成一種恐怖現象」。

農民組織的「特別法庭」還下令處決「土豪劣紳」。毛澤東認為，這些看似過分的舉動，「實在正是革命的需要」；「革命不是請客吃飯，不是做文章，不是繪畫繡花，不能那樣雅致，那樣從容不迫，文質彬彬，那樣溫良恭儉讓。革命是暴動，是一個階級推翻一個階級的暴烈的行動」。[52]

湖南農民的暴力被毛澤東頌揚為正義之舉，這為後來中共重塑中國農村的社會和經濟秩序定下了基調，為林昭在一九五〇年參加的土改運動提供了藍圖。蔑視地主的生命和財產已成為革命的需要。許多年後，林昭在獄中用鮮血寫下的一篇文章裡對〈湖南農民運動考察報告〉進行了反思：

「湖南農民運動考察報告」裡面就公然提倡而且大事讚揚著這樣一種對於個人作野蠻人身侮辱的方法：把人拖去遊街，戴高帽子！等等。作爲農民之純出自發的樸素的報復行動那是另一回事，至少還是可以理解的！但當這樣一種東西成爲了「毛澤東思想」的組成部分並且拿來對於一切不向他們屈服以及他們需要加予打擊的人普遍使用起來以後！……血！血！血！[53]

一九五一年五月，當林昭查看那些「階級敵人」血淋淋的屍體時，她很可能記得魯迅如何評論圍觀死刑的中國人。一九四九年以前她就開始讀魯迅的作品，並常常感受到「那充溢在字裡行間的鮮明炙熱的愛憎」。魯迅有一段故事很多人都熟悉：一九〇五年他在日本學醫期間，看過一場幻燈片，其中有一張是一個中國人被日本兵砍頭，畫面中那些圍觀的中國人，臉上滿是麻木的神情。[54]

這個畫面改變了魯迅的人生抱負。從此他決志不去做一名治病救人的醫生，而要做一名拯救靈魂的作家。一九一九年他出版的短篇小說〈藥〉描述了一群人圍觀一場夜間行刑的情景：「頸項都伸得很長，彷彿許多鴨，被無形的手捏住了的，向上提著。」[55]

然而，當時的林昭並非在無魂的冷漠中吊著脖子。恰恰相反，是強烈的感情將她引向了被子彈穿洞的地主和反革命分子的屍體。她在給倪競雄的信中這樣解釋：「在我心底深處蘊蓄著對祖國的熱愛，以及同樣多的對敵人的仇恨。」[56]

顯然，土改工作已經讓她與早先溫雅的教養相去甚遠，但土改中的暴力在她多年後作為人民公敵而身陷囹圄時還縈繞在心。反思自己在土改期間「身上還不多少濺了血嗎？」她將感到「震動和沉痛」。[57]

★

土改工作也削弱了林昭宗教信仰上的忠誠。在太倉縣的八里鄉，林昭所在的工作隊遇到了並非來自地主的阻力。與林昭在同一個工作組的李茂章回憶說，當地「信奉天主教的人很多，所以群眾很難發動」。

一九五一年春，八里鄉的土改轉向劃分階級成分階段。按中共的世界觀，神職人員屬於剝削階級，與地主類似，需要從群眾裡分離出來、加以孤立。然而，驅逐當地神父並不容易。讓林昭的工作隊十分惱火的是，天主教的彌撒生活使他們難以發動信教農民參加土改。於是工作隊不由分說進駐了村裡的天主教堂，把它作為工作點。李茂章回憶說：

這神父一來，教徒們都去拜望他，把最好吃的東西供奉給他。做禮拜的時候，教堂裡坐滿了教徒，一個個頂禮膜拜，那虔誠的勁兒，眞令人驚歎不已……那些教徒們聽神父的，不聽我們的。我們要開的會開不起來，把我們的工作計畫都打亂了。[58]

於是工作隊決定教訓一下那個神父，好喚醒信眾：

有一天，那神父又在教堂領著滿座的教徒做禮拜。工作組裡從部隊來的幾個同志耐不住了，就在教堂外的走廊裡，拿起槍朝天乒乒乒地亂打一氣……更惱人的是任你怎麼打槍，那些教徒們紋絲不動。[59]

彌撒結束後，神父「矜持而文靜」地提醒工作隊，他們違反了「共同綱領」對宗教信仰自由的保證。

這時林昭開口了。她承認「共同綱領」裡確有保護宗教自由的條款，但補充說中共中央最近發布了新指示，要求在所有進行土改的地區暫停宗教活動，以保證黨的工作能順利進行。她警告神父：「現在你們的宗教活動嚴重地影響了我們的土改工作。」

「這一席話，說得人情人理（入情入理），說理中透著幾分震懾」，李茂章回憶道，「這完全出乎神父的意料。他一句話也沒說，遲疑了一下，就走了，直到土改結束，再也沒見他來過。」[60]

此時，林昭的愛憎幾乎與黨的指示完全合拍。一九五一年三月她在寫給陸震華的信中說：「我深愛我們的工作，深愛我們的翻身農民兄弟。希望有一天，我能寫信告訴你們說：『我已重新回到黨的隊伍裡了。』」對她的摯友倪競雄，林昭也發出一份友誼的挑戰：「為爭取在農工團入黨而努力……爭取在一九五一年入黨！好同志，請你伸出應戰的手來！」[61]

事實上，重回「黨的隊伍」所要走的路比林昭想像的艱難得多。主要障礙是她父母的政治背景，以及她自己對他們的搖擺態度。從她進入蘇南新聞專科學校的那一刻起，就有壓力要迫使她與家庭決裂。因為父親在國民黨時期當過縣長，母親做過「國大代表」，林昭照例表態批判了父母不光彩的歷史。但是，當整個工作隊開會討論「彭令昭的立場問題」，還以黨的名義要求她與家庭徹底「劃清界線」時，一位當時在場的幹部回憶道：林昭起先以長時間的沉默忍受了批評，但最終「哇地一聲大哭起來」，辯解道：「我不明白，站穩立場就一定要與家庭斷絕關係！」[62]

正如林昭自己在一九五〇年的一則日記中感嘆的一樣：「我要向上，我要向上，但，舊社會的遺跡，小資產階級的劣根性，如石塊般拖住我的腳向下沉——到什麼時候才能戰勝它們？」在另一處她則寫道：「家的溫情把我抓住了，我想回家，我有一種逃避的心情，回家吧，至少，在家裡，我可以安定那麼幾天，讓心上的創口結起來。」[63]

一九五一年，林昭的母親寫了一封長信支持她在土改中的工作，讓她很受鼓舞。她告訴陸震華：「蘇地鎮反工作教育了我母親。」[64]中共於一九五〇年發起的「鎮反」運動旨在揪出被認為對新政權構成威脅的「土匪」、「特務」、「反動」會道門頭子和前國民黨政府的官員及軍官。為完成毛澤東和中共中央下達的指標，全國範圍內約七十五萬人——有可能多達百萬——被槍斃。在給陸震華的信中林昭欣喜道：「母親成了我們的朋友了！」

而在農工團的同志們眼裡，情況並非如此。最終他們還是教育林昭用政治正確的觀點來看待這個問題。林昭給倪競雄的一封信中解釋說，是母親來信中表面的政治態度蒙蔽了她：「本來我只單純地看父母未被捕，且母親近日來信，一改過去落後論調，甚為『進步』，因此就肯定他們不是反革命分子。經過團內同志們的幫助啟發，才使我認識到為反動派做事且又做得不低，這本身就是一種罪惡，對人民是絕對沒有利的，應該屬於反革命分子一類。」此事使林昭更加認識到自己革命覺悟的不足，她承認：「離開黨的標準還很遠……尤其如我們這些人，舊的尾巴太長了。」[65]

黨的聲音在她心中再次壓倒了任何其他聲音。自她參加革命起，那聲音一直主導著她，比起她自己的心聲更強大、更正義。這讓林昭自慚形穢、渺小不堪。她渴望心中也能發出黨那樣的聲音來淹沒自己的「小資產階級」情懷——那揮之不去的對家庭的依戀和對異性的興趣與戀慕，以及對那些顯得屈尊俯就、要幫助她的同志的不耐煩，和對農工團那些粗鄙追求者的反感；還有從中學時代起就曾浮動的那種無名的、任何革命的歡騰和欣快也都未能消除的憂鬱。[66]

有時，她在自己的日記和寫給倪競雄的信裡顯得躊躇和迷茫困惑。一九五〇年五月她與倪同時參加了蘇州農工團，雖被分配到不同的工作隊，期間她們一直保持著通信，此時她們之間的友情已非同一般。她告訴倪：「在我的日記上，滿紙『不祥之語』，沒法，似乎一拿起日記，就不禁不由的要發發牢騷，發洩一下子落後情緒，反正這東西不見人的，沒人給我戴大帽子。於是，日記變（成）了我靈魂的小天地。」[67]

的確，林昭寫給自己和倪競雄的文字開闢了一個心靈的小世界，在那裡她可以直面社會的冰冷，以及同志們不斷批評她過於驕傲和「感情脆弱」對她造成的傷害。她在一九五一年四月給倪的信中稱：「我一九五一年以來……哭了三次。」

雖然如此，林昭並非無法體驗幸福。在鄉間她也常感受到內心深處的快樂：「獨自走在田野裡，看著那藍藍的天，輕輕軟軟的雲花慢慢飄過，太陽柔和地照著，微風把青青的麥子掀起一陣陣波浪……有什麼理由不讓我們歡唱美好的生活？」[68]

壓在心裡最沉重的「只剩下一個黨的問題」，林昭寫信告訴倪競雄。「然而這也不能使我背包袱。我已聽到（你聽到沒有？）黨的要求提高了，條件不同了。」她曾希望在農工團完成任務之前入黨，此時對之已經絕望。[69]

★

其實，恢復黨籍之所以遙不可及，並不是因為黨員的標準太高，而是因為林昭要求中共基層幹部踐行黨自身的標準，由此惹出了麻煩。她曾期望那些作為她上級的中共幹部能有最基本的正當行為，然而，她在批判他們的道德過失時卻冒失得可憐。

有天深夜，林昭去找倪競雄。人沒找到，卻看到倪的隊長斜倚在女宿舍的一張床上。隊長嚇了一跳，馬上就開始訓斥林昭，質問她為什麼那麼晚了還離開自己的工作隊。林昭則反唇相譏，說她再怎麼樣也不像有人半夜潛入女宿舍。第二天這名隊長就公開指責林昭深夜上門來惡語詆毀他。[70]

中共革命成功後，出身農村的幹部，作為革命英雄，追求在他們手下工作的漂亮城市姑娘，必要時不惜與鄉下原配離婚，這種現象屢見不鮮。林昭工作隊的隊委就是一例。他捏造罪名把隊裡一對戀人的男方清洗出土改隊，奪了女子之愛。[71]

這種行為，林昭嗤之為「橫刀奪愛」。一九五一年八月寫給倪競雄的信中，她揶揄地向倪描述：「鄙隊隊委（即整風時在農運上檢查過命令主義的）近日雙喜臨門——一是奉調去幹校學習。二是已決定與原籍之黃臉婆及親生的小鬼脫離，另娶本隊一位細挑身材，長長臉兒上微有幾點白麻子的女同志為妻——你或又將怪我口角輕薄尖刻，但，不知怎的，我每提及此輩老兄作的這些孽事，口角就憑怎的也存不起厚道來。」[72]

林昭尖酸的評論其實揭示了她自己心中一道深深的傷口：那年早些時候，工作隊一位已婚且大她十幾歲的幹部，特別地「關心接近」她，讓她墜入情愛。然而短短數月後，那位幹部就被調往別處當領導，他們的關係也戛然而止。林昭私下向倪承認：「在感情問題上，我也吃了很多虧了。」後來的一封信裡，林昭寫道：「別人侮辱了我的愛情，毀壞了我的青春，在我感情上留下了永恆的創傷。」顯然，她指的是同一個人。[73]

當時，倪競雄已經知道林昭與那幹部有了性行為。她怒火中燒，想保護林昭，於是上門去斥責他。「那個王八蛋，官腔得不得了」，倪回憶道，他根本不把倪放在眼裡，只教她少管閒事。[74]

林昭在那個幹部調走後心裡的苦澀憤恨，或可解釋她對隊委的上述挖苦諷刺，但她也因此付出了沉重的代價。這位隊委為懲處林昭私下整理了一些材料，送交地區黨委。[75]

一九五一年十一月二十一日，農工團在無錫郊區舉行土改工作結束的慶祝儀式，約有一千人參加。會上，蘇南區委組織部的一位領導發言時投下了一顆炸彈：他先是一一表揚了土改中工作出色而被吸收入黨的和同期加入共青團的隊員。之後，他官樣十足地點了林昭的原名：「可也有少數個別人的思想改造成問題，比如大名鼎鼎的彭令昭！她一貫思想作風惡劣……」。他接着以林昭喝酒為例批判她的資產階級自由主義生活方式，說她有次醉倒在田梗上，丟人現眼，影響甚壞；說像她這種人要「到另外的地方去改造」。[76]

林昭的隊友都知道她偏好酒肉，一有機會離開生活清貧的工作隊，就去鎮上找飯館吃自己最喜歡的羊肉。有時還會向人借錢，事後又忘記還錢。有次她邀倪競雄去無錫城裡「改善伙食」。倪問她錢從何來？林昭在她面前揮了揮她母親寄來的一件為她過冬準備的毛料面子馬夾說：「在這裡。」她賣了馬夾，倆人把當地的美食攤位從頭吃到尾。

林昭有時也借酒消愁。使她消沉的是其有政治污點的過去，黨對她的思想、個人生活和家庭無情的審查，以及自己內心難以啟齒的煩惱。開千人大會公開羞辱林昭是隊委對她的有意報復，這一點他後來承認了。她對重新入黨已不再抱任何希望。在給倪的信中她繼續寫道：「我真已到了這麼不堪挽救的地步了嗎？是的，我對不起黨。可是，我也總懷疑是不是有人對不起我。」[77]

多年以後，林昭在寫給《人民日報》編輯部的信中，反思了自己為黨工作的那些歲月。她參加革命時，中共幹部們正「脫下草鞋換皮鞋」，我們脫下皮鞋換草鞋」。她寫道：

哪裡不是我們這些被當時之某許多人笑罵爲「小神經病」的年青人披星戴月胼手胝足地在當開疆辟土的無名英雄！在所謂「國家」、「社會」、「人民」等諸般崇高概念的鼓舞（迷惑！）之下，這些年青人慷慨無私地「毫不利己專門利人」地將自己最最珍貴的青春歲月擲諸塵土！而正只是這千千萬萬天眞熱情的青年不辭辛勞不計待遇去踴躍擔負了最艱苦也最具體的基層第一線的工作，才使共產黨彌補了政治幹部不足的嚴重缺憾，並使這個政權得以有效地自下而上獲得鞏固！[78]

當年，十七歲的林昭把自身交給革命時所無法看到的是，她這一批熱血青年所幫助鞏固的中共政權，只是服務於特權「新階級」的利益。「新階級」一詞是前南斯拉夫共產黨領導人米洛凡・吉拉斯（Milovan Djilas）首創的。吉拉斯「走了共產運動的全程道路」，從鐵的教訓中他領悟到：「革命成功前，共產黨員的黨籍意味著犧牲。當一名職業革命家是最高的榮譽之一。然而當黨鞏固政權以後，擁有黨籍就意味著屬於一個特權階級。黨的核心裡就只有全能的剝削者和主宰者了。」[79]

吉拉斯對林昭這樣的人早有警示，可她從未有機會聽到。其中的真諦只好留待她自己去發現。吉拉斯是這麼說的：「那些完全接受革命思想和口號、天真地相信它們會真正變為現實的，通常都會被消滅。」[80]

第三章
冠冕

「來常月餘，心情始終是比較悒鬱的。」林昭在一九五二年三月給倪競雄的信中寫道。[1]土改工作結束後，林昭被分配到私營的《常州民報》任副刊編輯兼記者。當時常州市還沒有黨報，市委就派了一些黨員和團員到《常州民報》指導思想工作。其中幾位曾和林昭一起在蘇南新專受過訓的新聞人士回憶道：「我們不斷提醒自己，『我們是黨派來的，要宣傳好黨的主張』。」[2]

林昭最初的任務是協助調查當地私營紡織行業的不法經濟行為。[3]當時農村土改已進入收尾階段，於是中共於一九五一年十二月在全國範圍內發起了「反貪污、反浪費、反官僚主義」的「三反」運動，又於一九五二年一月發起針對資產階級殘餘分子的「反行賄、反偷稅漏稅、反盜騙國家財產、反偷工減料、反盜竊國家經濟情報」的「五反」運動。

這兩場群眾運動持續到一九五二年十月。期間，林昭在常州一家名為「孚成」的中型紡織廠負責「五反」運動。她經常寫調查報告到深夜，有時每夜只睡二三個小時。[4]

到了常州後，她的肺結核病加重，常常病倒。二月下旬，她申請病假，打算回家。她寫信告訴倪競雄：「思想上是很混亂和痛苦的……只想找一個地方躲一下。」但是分管她工作的黨委書記卻不准假，[5]也許是擔心林昭的資產階級家庭會對她有不良影響。

林昭的母親許憲民曾是蘇州蘇福長途汽車公司董事長，時任公司副經理，因此在「五反」運動中受到了調查。一九五二年間她曾試圖自殺，被送到一八八三年美國基督教監理會創立的蘇州博習醫院，被醫生救活。在全國各地約有十萬人在這兩場運動中自殺，許多人選擇了跳樓這一簡易方式。上海市長陳毅有一次在廣播裡說：「我不懂為什麼許多資產階級，願意跳樓自殺而不肯坦白。」他把「三反」、「五反」運動中上海約一千三百個跳樓自殺者稱作「降落傘部隊」。[6]

對母親所受到的麻煩，林昭難辭其咎。她曾被迫寫的揭發母親反動歷史的材料，在「五反」運動中被用來整她。多年以後，她告訴母親：「他們要我井裡死也好，河裡死也好，逼得我沒辦法，寫了些自己也不知道的東西，我不得不滿足他們……我沒存心誣陷你。」據林昭的妹妹彭令范回憶，許憲民的未遂自殺，以及之後一位政府高官朋友從中調解，促成林昭在當年與家庭和解。[7]

一九五二年初，林昭還遇到了情感上的難題。她到常州後，之前兩年與她共事的同志中有三名男子分別寫信給她，「要求建立進一步的感情」。她告訴倪競雄：「我唯一的態度是沉默。」她清楚自己的政治地位，心裡偏向倪曾經警告、反對過的那個人，寫道：「他犯過錯了，我也不是什麼前進的而是落後分子。」她在個人問題上一路磕磕絆絆，因此也受過黨員幹部的嚴厲斥責。[8]

「為什麼在這些事情上，女子不能爭取主動？」林昭在信中問倪。「我對動了真感情的人，往往談不起來（這種人也不多，不過兩三人而已）另外也確有為我動情的人。但我又往往不取他們。」[9]

感情上屢遭挫折的林昭曾在一九五一年與兩位女同志打了個賭：「我五年內是不是會結婚？如果結婚，我就輸了，否則他們輸了。誰輸了罰二石米的代價請客。」她告訴倪。這個賭相當於幾個月的食物配給。她們彼此約定，要在一九五六年二月二十六日碰頭，看結果如何。

林昭寫道：「我之所以和人家賭，也就是為了心中不以情慾為念。」這句話接近《聖經》裡保羅的語言，可能來自她在景海女師就讀時的記憶。《聖經》勸誡人不可「放縱肉體的情慾」，或「以地上的事為念」，卻要將世間之萬事當作有損的，而為了天上的獎賞「努力面前的，向著標竿直跑」。這似乎也適用於她為革命事業而進行的奮鬥。她立志不以情慾為念，而要把生命獻給中共的革命事業。黨籍雖然遙無可期，但仍可成為她「公義的冠冕」。[10]

★

儘管身體不適，林昭最終還是被黨委書記說服，沒有堅持休病假。當書記告訴她黨組織對她的身體狀況也負有責任時，她的心被打動了。他說：「這回你之所以想回家，我們應負責任。因為這晌忙。沒能在你病中很好照顧你，以至使你感不到革命隊伍的溫暖。」[11]

這似乎已足以讓林昭擺脫沮喪，再次投身到工作中。在她看來，儘管個別黨員行事虛偽，或在背後捅了她一刀，但黨本身還是無可指摘，黨的工作也如往日一樣神聖。「我的喜樂隨工作的開展而增加。」[12]

在林昭看來，自己曾經「對不起黨」，那麼忘我地為黨工作也就成了一種懺悔方式。一九五二年五月，她在給倪競雄的信中寫道：「五反開始時我便在心裡默念著我們偉大的領袖——親愛的父親的名字。」工作使她「這會思想上比以前乾淨些了」，她寫道，「我在睡得最少的時候，只睡一個小時一天。不過我很愉快。在看到同志們或是黨、國旗和毛主席像的時候，我可以不至如以前那麼不敢抬頭了。因為我沒有完全浪費或辜負了人民的大米。」[13]對於林昭那一代的進步青年而言，稱毛主席為「親愛的父親」相當普遍，而且往往真誠。在許多人眼裡，毛澤東是他們精神上的父親、新中國的締造者。[14]

之後兩年，林昭在常州發奮工作，寫了許多謳歌新中國的新聞報導。有的歌頌模範紡織工人和技術人員無私的獻身精神，有的描述模範紡織女工被推選去北京參加工會代表大會、親眼見到毛主席時那無以言表的幸福。

她也提醒大家防範廠內安全違規操作和生產事故（以免造成國家財產「難以計算的」損失），還要避免因革命熱情回落和次布率上升而丟了生產「紅旗」。她還報導了一個先進小組，立志以朝鮮戰場上為祖國獻出年輕生命的「中國人民志願軍」英雄們為榜樣，不怕困難，完成生產指標。[15]

還有一份報導講述了一名中國少年兒童隊員聖徒般的故事。這位在「解放前」為了貼補家用、放學後還要沿街撿菸頭的女孩，如今在學校表現優異，樂於助人，夢想著將來能成為勞動模範，去見毛主席。林昭無比激動地寫道：「幸福啊！新中國的少年兒童們！在溫暖的毛澤東的陽光下，你們像春天的鮮花那樣正在茂盛地成長起來。在你們的身上，我們看見了人類美好的將來。」[16]

這種幸福感在林昭的個人生活裡卻很難維持。肺結核帶給她劇烈的咳嗽和不斷的胸痛。她在一九五二年底寫信告訴倪競雄：「十二月一日，我吐了血……吐了一天多。」除了身體虛弱，「心情的憂悒影響很大」，她幾乎每天都哭，她寫道，「我對一切都少興趣，也恨自己。落後的東西。眼看別人在前進，自己落後，自然也很苦痛。最苦的就是連哭的地方都沒有，我只好常常唱一些悲涼的歌以發洩感情。有同志說我的歌聲不健康『像哭一樣』。」[17]

對林昭而言，帶給她痛苦的往往是那些在她之上、手握實權的共產黨幹部。她經常與他們意見不合，而自己對溜鬚拍馬的伎倆又不感興趣。一九五一年底在農工團會議上被公開批判和羞辱之後，她就發誓「對領導上決不提任何意見」，但她也向倪競雄承認，有時她還是忍不住打破這個誓言。[18]

有一天，林昭的工作隊在一個工廠召開會議，她因不同意領導的意見，當下受到斥責。據一位同事回憶，林昭不服，那位領導就「發動對她進行批判，林昭一氣之下，退出了會場」。出乎意料的是，那位領導「竟然下令叫幾位男同志強行把她架回，繼續批判。對這樣蠻橫、粗暴的做法，林昭是難以忍受的」，她向一位朋友痛哭流涕地講述了這件事。[19]

★

一九五四年初，作為市里最後兩家民營報紙之一的《常州民報》結束辦報。林昭被調到常州市文聯工作。幾個月後，她經單位同意報考北京大學，被中文系錄取，「試卷得分系全中文系最高或至少是最高者之一」。五年前，她選擇了革命而非大學，如今卻還是來到了這個中國最負盛名的大學校園。這一年她二十二歲。[20]

「上大學，在自己來講，是一種對黨熱情減退、政治情緒上感覺空虛以及疲倦的表現」，林昭後來回憶道，「但在考入北大之後，因為個人志願達到圓滿的滿足，在那麼一個朝氣蓬勃的新天地、新環境裡，對於生活還是抱著比較樂觀而振奮的態度，希望從此開始生命上新的一頁。」[21]

北京大學成立於一八九八年，時稱京師大學堂，是近代中國第一所國立大學。創建時，它提供了綜合性的現代化課程。這是「戊戌變法」失敗後倖存的自強運動之果。當年，年輕的光緒皇帝和他所支持的維新派人物推行變法，慈禧太后隨後發動宮廷政變，廢除了光緒頒布的所有事關改革的聖旨，但留下了京師大學堂。

戊戌政變後，當時天津的《國聞報》曾有這樣一篇報導：「北京塵天糞地之中，所留一線光明，獨有大學堂已。」[22]在整個二十世紀上半葉，北京大學一直是中國思想界的中心。北大的學生站在一九一九年「五四」運動的最前列，迎來了以學生為主導的文化除舊和政治激進的新時代。

北大原來位於故宮附近的北京市區中心，一九五二年遷至首都西北郊、原燕京大學風景如畫的校園。燕大成立於一九一九年，是民國時期頂尖的基督教教會大學。燕大被解體後，教師們分散至各大學院系，其中，文理部的師資被併入北京大學。由此，北大接管了由亨利．墨菲（Henry K. Murphy）在二十世紀二〇年代設計的原燕大標誌性的建築物及其景觀。

畢業於耶魯大學的墨菲從宏偉的紫禁城建築中找到靈感，參照其架構和比例設計了燕大校園。校園由一座前清王爺的花園改造而成，是現代建築材料與本土綠色琉璃瓦與飛簷翹角相結合的建築師之夢。墨菲按照學院派的新古典主義布雜藝術（Beaux-Arts）原則，用對稱建築構建出秩序，同時保留了原花園的自然美景，包括荷花池和人工島，以及「未名湖」。[23]

「未名湖畔之許多文化古跡，還都是燕京大學為我們保存下來的！」林昭後來在監獄懷舊時曾追憶道，「對於如此一個雖創造而占有著古燦爛之東方文化卻又不曾普及、不能認識更其不善保存的——老大民族來說，某些（不是所有）『帝國主義分子』所作的事情還真值得我們從歷史的角度上去深致感謝呢！」[24]

林昭錄取的是新聞專業。其負責人兼中文系副主任羅列，曾是林昭在蘇南新聞專科學校時的「老首長」。林昭讀書如饑似渴，很快在古典文學方面突顯才華。中國古典文學的老前輩和《楚辭》專家游國恩教授看林昭文思敏捷、很有潛力，曾建議把林昭從新聞專業轉到文學專業。

林昭（左三）於北京大學，1955 年。左一為羅列，右二為羊華榮。圖片來源：倪競雄等編，《林昭文集》。

不知何故，中文系後來並沒有採納這個提議。[25]

五〇年代初，北大的學生生活十分活躍。校內有十幾個學生社團，如合唱團、民樂社、詩社、舞蹈社、京劇社、武術社、攝影社等。林昭加入了詩社，並擔任一九五五年春開刊的《北大詩刊》的編輯。同時，她還是北大校刊的編輯。[26]

張元勳是林昭在北大的同學和朋友，兩人同為北大詩社的會員。張回憶說：林昭「古、近、今體兼能，詩、詞、文俱佳……『林姑娘』的美稱由此興焉！」[27]

把林昭比作《紅樓夢》裡的林姑娘很自然。她的同學和詩人沈澤宜寫道：「林昭體態苗條孱弱，雙眸明亮神秀，一付典型南方女性的風姿。」在他眼裡，林昭兼有安靜從容和風霜憂鬱的氣質。還有一位同學張玲——後來翻譯了湯瑪斯．哈代寫的《德伯家的苔絲》——回憶說，林昭總是梳著「兩條南式辮子吊在耳際，淺灰藍色工裝褲裁剪合身，白襯衣、體質弱，瘦長臉上一對南人那種靈秀的眼睛含著笑」。[28]

林昭興趣廣泛。她喜歡「猜燈謎、憶亡書」，也喜歡跳交誼舞。「採一串鮮花編個花環戴在頭上，進舞場直跳到結束」。[29]

同學們很快發現，林昭雖外表孱弱，但個性鮮明、鋒芒畢露。張元勳回憶：「她極愛與人逗嘴，每雅集總不免先口戰良久，戲謔爭勝。」林昭的幽默裡也常帶著嘲諷。驚駭於食堂裡的日常混亂，她寫了首「飯廳進行曲」挖苦同學們不恰當的勇氣：「衝呀，擠呀，勇往直前，我們是飯廳的勇士。」偶爾她在爭論時會變得激昂而固執。有次去羅列家吃飯，她與一位同學辯論釀成了爭吵，「最後兩人竟拂袖而去」。[30]

一九五六年秋，北京大學黨委決定創辦一個新的學生期刊，並以位於市中心、歷史悠久的原北大行政大樓「紅樓」命名。紅樓前的操場，就是一九一九年五月四日北京大學學生集會的地點。從那裡，他們遊行走向天安門，發出對《凡爾賽條約》的怒吼，因該條約把山東膠州灣的德國租借地交給了日本。

現代中國思想界的幾位領軍人物，包括蔡元培、陳獨秀、李大釗、魯迅、胡適等都曾在紅樓裡工作、授課過。毛澤東本人在一九一八年末到一九一九年初也曾短暫（且頗不得志）地在紅樓裡擔任北大圖書館的助理員。《紅樓》之名把學生的學術和政治生活與北大光榮的歷史相連接。《紅樓》開辦的同時，《北大詩刊》停辦了。

《紅樓》編委會先後有十幾個學生加入。林昭當時大三，入選了編委。該期刊沒有自己的辦公室，編輯們經常在林昭住的新建女生宿舍二十七號樓裡見面，分擔審稿和校對的工作。[31]

一九五七年一月一日《紅樓》創刊號上刊登了林昭的一首詩，獻給大連軍事博物館外展出的一輛坦克。一九四五年八月蘇聯紅軍從日軍手中接管大連時，那一輛坦克首當其衝。林昭詩中稱它「把自由的快樂帶給群眾」。三月份《紅樓》第二期出版時，林昭負責編輯工作。她在〈編後記〉裡呼籲同學們踴躍創作愛國詩，跟上時代的需要：「我們希望能在《紅樓》上聽到更加嘹亮的歌聲，希望我們年輕的歌手，不僅歌唱愛情、歌唱祖國、歌唱我們時代的全部豐富多彩的生活；而且也希望我們的歌聲像熾烈的火焰，燒毀一切舊社會的遺毒，以及一切不利於社會主義的東西。」32

★

情感洋溢是林昭的特點，但她所提到的「遺毒」或暗示了大學生活不那麼陽光的一面。一九五五年，作家胡風與中共文藝沙皇周揚之間持續多年的衝突升級，毛澤東將胡風打為反革命集團的頭目，對他進行聲討批判。胡風是著名的文學理論家，也是三〇年代左翼作家聯盟的重要成員。受魯迅影響，胡風主張文學創作要追求「個性解放」。他於一九五五年五月被捕，監禁多年後精神失常。[33]在全國追捕「胡風反革命集團」成員的過程中，有兩千一百多人被批判，近百人被捕。

胡風被清洗後，緊隨而至的是一場「肅清反革命分子」的群眾性政治運動。毛澤東在一九五五年夏天作出指示，說鑽進黨內的「壞分子」絕不止胡風和他的反黨集團。他斷言「許多反革命分子『深入到』我們的『肝臟裡面』來了」，他們占革命隊伍的百分之五左右。這意味著，一九五五年全國一千四百三十萬幹部中，有七十萬以上的反革命分子應當揪出來。雖然受害者的確切人數仍然未知，但至少有三十萬人被捕。[34]

這場運動很快就波及北大。一名學生被發現與「胡風反革命集團」名單上的一個詩人有通信。學校召開了一場有數百名學生參加的批鬥會對他進行批判。隨著追捕「小胡風」的行動擴展到全校，有兩百多名學生被打成反革命分子，在學生積極分子和北大保安人員的監視下，關在一個宿舍樓裡接受審訊，夜間還用繩子捆綁以防逃跑。其中許多人被毆打。[35]

林昭儘管當時可能同情胡風的觀點（她在後來的寫作中提到「胡風所說的精神奴役的創傷」），但並不在「小胡風」之列。不過她同樣免不了受到批評。「肅反」運動一直進行到一九五六年，為一些黨員提供了機會向她發洩個人怨恨，責難她「人生觀消極，思想頹傷、『戀愛觀不正確』」。[36]

林昭的戀愛觀是如何「不正確」尚不清楚。可以確定的是，她在大學期間拒絕了一些追求者，而她自己也嘗過暗戀之苦。

林昭進北大後不久就愛上了年輕詩人沈澤宜。經一位朋友牽線，倆人得以見面。當時沈澤宜正苦苦地追求一位性格比林昭更開朗、「個性似火」的女孩，於是禮貌地拒絕了她。林昭對沈說：「我現在正站在山洪沖下的一張木筏上，我不知道它會把我沖到哪裡去。」沈後來回憶說：「一種深刻的悲傷在林昭轉暗的眼神中無聲地流露。她轉身離去，我目送她瘦削的雙肩越去越遠，原地木立。」[37]

無論林昭在戀愛上有否過失，她還是因「莫名其妙的罪名而被加於……莫名其妙的組織處分」：留團察看一年——她在爭取入黨的艱苦攀登中又滑跌了一跤。[38]

這次的處分對林昭的打擊不輕。有一天她和朋友們在學校附近的「義和居」聚餐，林昭提議喝酒，要了幾兩高粱釀制的「蓮花白」酒，「不待人勸，杯杯見底，不久便語言失序哭了起來」。那位同學回憶道：「看出來當時她胸中有說不出的委屈和鬱悶。」[39]

一天深夜，有人看到林昭坐在校園東面的未名湖畔，吟誦屈原的《離騷》來發洩不平：

路漫漫其修遠兮，
吾將上下而求索。40

然而，直到一九五七年春，林昭對黨的信念依然堅定不移。一九四九年以來，那些黨內基層幹部對她一次又一次的侮辱或強橫無理都沒能動搖她的信念——共產革命已經帶領中國人民走上了解放的道路。一九五三年史達林去世時，她在《常州民報》上曾發表一首詩，悼念「我們親愛的父親……在他堅毅的臉上，帶著對人類的慈愛和關心。……他是自由，和平，幸福」。41

一九五七年四月底，中共的創始人之一、前北京大學圖書館主任李大釗逝世三十周年前夕，林昭拜謁了北大舊校址「革命的紅樓」內的李大釗紀念室。一九二七年，滿洲反共軍閥張作霖派軍警突襲搜查蘇聯在北京的大使館，抓捕了躲藏在內的李大釗；隨後李被處以絞刑。

在李大釗的著作中，林昭看見了「一雙光芒四射的鬥士的眼睛」。她在一九五七年五月的《紅樓》上發表了一篇題為〈種籽〉的文章，稱李大釗的雜感「真像一柄柄匕首和投槍」，投向暴政的黑暗，最能引發她心中的共鳴。林昭文中引用了李大釗的一段話：「真正的解放，不是央求人家，『網開三面』把我們解放出來，是要靠自己的力量抗拒沖決，使他們不得不任我們自己解放自己。不是仰賴那權威的恩典，給我們把頭上的鐵鎖解開；是要靠自己的努力，把它打破，從那黑暗的牢獄中，打出一道光明來！」

在林昭看來，李大釗的一生表達了中共解放人民大眾、實現社會公正的理想。儘管他是無神論者，李大釗還是喜歡唱一八七四年諾爾斯．肖（Knowles Shaw）寫的福音歌曲〈禾捆收回家〉（Bringing in the Sheaves）。他也許是通過接觸基督教青年會和基督將軍馮玉祥學到了這首歌。林昭寫到：「他常常把革命比成撒種……反復常唱……『禾捆收回家，禾捆收回家，我們就要歡喜，禾捆收回家』。」如今中華人民共和國已經誕生，她相信：「現在，已經是『禾捆收回家』的時候了。」[42]對她來說，這首有關基督徒做工、忍耐和喜樂不倦地等待收割禾捆的歌曲，在共產革命成功後有了全新的含義。

到了一九五七年，土地改革已經結束了地主對農民的制度性剝削，農業集體化也大體完成。在城市地區，私營企業已經國有化，中共也宣布工人階級是新中國的主人。第一個仿蘇聯模式的「五年計劃」使國家的基礎設施大為改觀。這一切都使得林昭直到那年夏天還是滿了張元勳所稱的「左家情懷」。[43]

五月發行的《紅樓》期刊上還有林昭的詩〈石獅〉，為守在天安門城樓前的一對巨獅而作。她寫道，「蹲踞了幾十百載」的石獅年年看「丹鳳頒詔」，「五四」學生運動期間「你卻作了大會的講壇……人們驚異地傳說：石獅都在吼叫，要把沉淪的民族魂喚回」：

> 四十年風霜雨雪，你仍然健在；
> 陽光的節日，天安門紅旗招展；
> 你看歡樂的隊伍狂潮般從身邊湧過；
> 對脫下鐐銬的自由人們睜著笑眼。[44]

時至一九五七年，前共產時代的舊枷鎖或已不復存在——地主和資本家已被消滅——但自由並未如期而至。林昭和她的同學們很快就會發現，毛澤東和中共對他們思想和言論所設的是何界限。

一九五六年，毛澤東發起「百花齊放、百家爭鳴」運動，歡迎大家批評黨、幫助黨改進工作。最初，公眾響應者寥寥。

一九五七年二月，毛為了鼓勵批評，使鳴放運動迎來政治春天，在集合了國家高層領導人的最高國務會議上發表了長篇講話，題為〈關於正確處理人民內部矛盾的問題〉，主張對批評持開放態度，並允許在藝術和科學領域有不同觀點，甚至對懷疑共產主義理論者也表現出一定的寬容。「凡屬於人民內部的爭論問題，只能用民主的方法去解決，只能用討論的方法、批評的方法、說服教育的方法去解決，而不能用強制的、壓服的方法去解決。」這種方法的確切形式是「團結——批評——團結」。[45]

四月下旬，中共中央發布了推動鳴放運動的新指示，要啟動一個類似一九四二年在延安推行的新「整風運動」，其目的是幫助黨消除「官僚主義、宗派主義、和主觀主義」的「三害」。最初人們不敢發聲，後來終於有幾位北大學生相信可以批評政府而無後顧之憂。五月十九日，他們在大飯廳外張貼了第一張大字報，對北大偏袒工農家庭出身的學生的做法提出質疑，責問新民主主義青年團（一九五七年改稱共青團）代表如何產生？選派留學生往東歐國家學習，為何被選中的幸運兒總是黨員積極分子和保送北大的工農兵學員？

受首批發聲者的鼓舞，林昭的朋友沈澤宜和張元勳發表了一首題為〈是時候了〉的詩，引發了北大的「五．一九」運動：

是時候了，
年輕人
放開嗓子唱！
……
我的詩
是一支火炬，
燒毀一切
人世的藩籬。
它的光芒
無法遮攔，
因爲
它的火種
來自——
「五四」！！！

……
我含著憤怒的淚，
向我輩呼喚：
歌唱眞理的弟兄們
快將火炬舉起
火葬陽光下的一切黑暗！！！[46]

在接下來的日子裡，大批大字報出現在大飯廳南面主幹道旁十六齋的東扇牆上。它被稱為北京大學的「民主牆」。與其一街之隔的另一堵牆成了「衛道者論壇」，左派人士據此對隔街相望的意識形態異端展開批判。[47]

其餘大字報貼在大飯廳外一個木架釘上墊子而成的臨時布告欄上。有人為胡風鳴冤、呼籲政府釋放他；也有人要求北大黨委公開交代一九五五年「肅反」運動中錯鬥的問題，並向學生本人公開至關重要的人事檔案，由他們自己來核證。

一些大字報甚至更進一步，提出要「取消黨委制，實行民主辦校」。有人指出：「三害」

的根源在於中國的政治制度。是這種制度造成了「個人崇拜」，是對黨的領導人的「盲從」導致了人的奴化。[48]

一九五六年波蘭和匈牙利的民主運動以及隨後而至的暴力鎮壓，暴露出許多關於共產政權的問題。有些學生對東歐無辜者遭殺戮和監禁表示同情。他們警告，共產黨領導層手中權力過度集中，以及依賴暴力來強加國家意志，威脅到這些政權的合法性。[49]

林昭的朋友譚天榮，一個激情似火、衝動的物理專業學生，貼出了幾張大字報，挑釁性地選擇以「毒草」為題。毛澤東就是用「毒草」代指那些他認為與社會主義為敵、不得「齊放」的思想。譚在一九五五年的「肅反」運動中被打成反革命分子，在「鳴放」時仍不忘之前的痛苦和屈辱。

他譴責中共壟斷真理，開鬥爭會時使用「獨裁方式」，「給邏輯施加暴力」，以「反革命分子」的罪名來對待異議人士，造就了「被歪曲的靈魂」和「被殘害的心靈」。他寫道：「我們不承認任何種類外界權威……一切都要站在理性的審判檯面前。」這是自一九一九年「五四」運動以來首次如此規模的文化和政治吶喊，迴盪在全國各地的校園和眾多工作單位。[50]

也有些抗議是煞有介事的嘲諷。一張大字報以虛構的「北京大學整風法院」的名義公布「三害判決書」。三名被告分別為：「宗派主義，年三十六歲，一九二一年七月一日生」（中共建黨日）；「教條主義，年三十八歲，一九一九年五月四日生」（馬克思主義對中國的影響被追溯至「五四」運動）；「官僚主義，年八歲，一九四九年十月一日生」。

雖然三名被告都被判有罪，應處死刑，但「整風法院」認為：「宗派主義對加強黨性，維護黨的利益，保持黨的純潔有功」；教條主義為當官的「減輕腦力勞動，防止操勞過度」；而官僚主義則「對維護領導威信……減（輕）幹部體力勞動過度有功，故免於判刑宣布無罪釋放……今後再有騷亂滋事之徒控告那三個主義，本院定判其誣衊罪，斬首公眾，以儆效尤」。[51]

左派的反擊也毫不猶豫：〈是時候了〉貼出數小時內，由一名黨員學生執筆並由十幾個學生簽名的詩體大字報〈我們的歌〉出現了。這首詩申明了他們對黨忠貞不渝的熱愛，並譴責〈是時候了〉的作者批評黨的缺點時「醉心於歇斯底里式的手段」。[52]

〈我們的歌〉驅使林昭開始行動。五月二十日她貼出自己題為〈這是什麼歌〉的詩，痛斥〈我們的歌〉「淩人的盛氣」。她懷疑其身為黨員的作者從未「背負著沉重的歧視、冷淡和懷疑」。詩中寫道：

我可從來沒聽說過
黨只教我唱道
「咕咕咕，嘰嘰嘰
你眞光明，眞美麗」

林昭的抗議並不是針對中共，而是那些自封的黨的衛道士：

眞理的力量
決不在於
維護眞理者
姿態的傲慢[53]

儘管黨的崇高理想和中共幹部的實際行為之間的鴻溝日漸加深，她對黨依然滿懷信心。五月二十二日，她完成了另一首詩，題為〈黨，我呼喚……〉。她回顧自己曾在國民黨統治下那「死寂的猙獰的長夜」裡和「在鐐銬的陰影底下」呼喚過黨；「當世紀已經更新，碧雲中飛揚著紅旗」時也呼喚過黨。如今：

太陽下我看見黑影，
角落裡湧漫著邪氣，
我驚駭，迷惑而懷疑，
但是，黨，我依舊呼喚著你。
……
給我一句，一句親切的話吧，
黨，我呼喚你時有滿懷辛酸！[54]

隨著校內民主運動逐步展開，林昭內心左右為難。「作為一名組織成員加之深深懷疑黨的真正態度和意向，我在行動上又不得不比較保守與穩健」，她後來在上海第二看守所時寫的〈個人思想歷程的回顧與檢查〉這樣解釋道。「我的認識過程完成得比朋友們晚些。」[55]

儘管如此，她仍同情沈澤宜、張元勳以及其他志同道合的朋友。她敦促他們謹慎行事，避免惹惱北大的黨委領導。[56]大字報出現後，公開辯論很快在校園爆發，飯廳的桌子也成了臨時講台。

五月二十二日，即林昭完成〈黨，我呼喚……〉當晚，張元勳和另一位宣導民主的學生同一群有組織的左派學生進行了一場夜間辯論。辯論很快變成了群眾批鬥會，「出現了肅反鬥爭會的氣息」。據張元勳回憶，正當聲討的浪潮翻捲而來時，「一個女學生在濃密的夜色中登上餐桌，她那夾雜著婀娜的蘇州方言的普通話，音色渾厚」。她提醒大家：黨一再號召黨外人士提意見，那麼為何為著一首詩就群起而攻之，進行意識形態的圍剿呢？

「你是誰？」人群中有人怒喝。

「我是林昭！怎麼？你又是誰？竟是如此擺出一個審訊者的腔調！你記下來！『雙木』之『林』、『刀在口上之日』的『昭』！」[57]

當晚辯論會後，林昭喝醉了。據張元勳回憶，她很快就沉默了。[58]現存林昭為一九五七年民主運動寫的最後一首詩是〈黨，我呼喚……〉。

隨著運動升級，一些學生開始自行組織獨立社團，如籌辦論壇和辯論會的「百花社」等。

若干獨立學生刊物出現了，其中最有影響的是《廣場》，於五月三十日發刊。它收集選登了「民主牆」的部分大字報，其中包括沈澤宜、張元勳和林昭的詩。林昭的幾個朋友加入了由沈、張牽頭的《廣場》編委會。[59]

由張元勳執筆的〈廣場發刊詞〉宣告：中國將進入一個新時代，開始一個「社會主義時代的『五四』新文化運動」。選擇《廣場》作為刊名是因為「北大民主廣場是五四舉火的地方」。張寫道：「我們的血管裡（流）著五四的血液，在社會主義的五四時代，我們要學會五四先輩們的大膽提問、大膽創造的精神，去爭取真正的社會主義的民主與文化！」[60]林昭與《廣場》並沒有正式的關聯。除了對鳴放運動的意圖和可能後果抱有疑慮外，她不加入編委會可能也是出於某種直覺。畢竟自一九四九年以來她因批評黨的幹部而屢遭處罰。她公開承認自己「覺得組織性與良心在矛盾著！」共青團是黨組織的延伸，作為團員她有義務規範自己的行動，使之與團組織保持一致，但這又使她良心不安。[61]

有一陣子，林昭也偏向左派陣營。七月份，民主運動走到了盡頭，《紅樓》編委會開會，因張元勳和另一位學生在《廣場》中的角色，決定開除他們的編委資格。林昭當時也附和對他們的批判。此時，旨在反擊鳴放、壓制批評言論的反右運動已經全面展開。[62]

諷刺的是，後來《紅樓》的「反右派鬥爭特刊」發表批判文章，指控林昭實際上是反革命刊物《廣場》的「幕後參謀者」。這實屬誇張，不過林昭與左派們短暫保持一致後，便回歸她的朋友與「良心」，儘管此時的良心之聲已經微弱。[63]

★

北大的民主牆是全國響應黨的號召為「整風運動」作貢獻、對黨的工作提出坦率批評的一例。五月初，毛澤東所明確表示歡迎的「百花齊放」開始，某些地方比北大更不加顧忌。成型於國民黨時代、一九四九年後被中共掌控的那些無權無勢的「民主黨派」，其領導人物也加入鳴放、表達不滿。毛澤東曾多次公開提出，中共與只作花瓶擺設的民主黨派之間要實行「長期共存、互相監督」。於是他們呼籲落實此方針。[64]

時任交通部部長和民盟副主席的章伯鈞建議，在中共系統之外的立法和政協團體應該扮演「政治設計院」的角色。另一位民主黨派元老、《光明日報》主編儲安平批評國家已經變成「黨天下」，呼籲給予黨外的知識分子以實權。章、儲二人曾是長期批評國民黨專制統治的政治牛虻，禁不住也幻想能讓中共統治更加開明。[65]

一九五七年五月一日至六月七日的五周內，成千上萬人響應鳴放號召、發表言論。許多人批評言論自由的缺失、群眾運動中侵犯人權的行為和對蘇聯的盲從；還有人呼籲實行司法獨立與法治，以及黨的民主化，甚至有人提出要以多黨制取代中共的一黨專政。

除了少數親信如上海市委書記柯慶施以外，毛澤東瞞著所有人設下了一個陷阱。後來，他稱之為「引蛇出洞」的「陽謀」。一九五七年四月上旬，毛澤東就已經告訴這些親信，雙百運動正在改變知識分子的態度，讓他們的「猶豫情緒變得比較開朗」。他解釋說：「反正總有一天要整到他們自己頭上來的」、「讓牛鬼蛇神都出來鬧一鬧……讓他們罵幾個月。」[66]

五月十五日，就是北京大學出現第一張大字報的前四天，毛澤東寫了一篇文章，題為〈事情正在起變化〉，在一小圈中共高層官員中傳閱，一個月後才傳達到大部分省市區黨委。毛在文章裡猛烈抨擊「右派分子」和他們的「修正主義」思想，「他們欣賞資產階級自由主義，反對黨的領導。他們贊成民主，反對集中」。六月八日，反右運動正式開始。當天《人民日報》發表社論，批判「少數的右派分子正在向共產黨和工人階級的領導權挑戰」。[67]

在北大校園裡，由校黨委領導的反右運動在六月十六日正式開始。那時中共中央的政治信號已經明確。在全國各地，許多知名自由主義者開始公開作自我批評，個個形態可憐。六月底，《廣場》在印刷了約五百份第一期也是僅有一期後被迫停刊。編委們投票自行解散。《廣場》曇花一現，頭尾只有二十三天。[68]

隨後的幾個月裡，北大民主牆運動的主要參與者都被迫公開悔過、進行自我批判。七月份在北大操場上舉行的萬人大會上，沈澤宜宣讀了他的懺悔書：「人民是我的衣食父母，而我卻幹出了對不住人民的犯罪行動。我，一個對祖國、對黨還沒有絲毫報答的大學生」「惡毒地中傷了黨」。他還承認《廣場》編委是「右派分子向黨、向社會主義倡狂進攻的大本營」。末了，沈澤宜檢舉揭發了《廣場》的其他編委。當時學生之間相互出賣屢見不鮮，隨之產生的惡鬥也一直延續到後毛時代。[69]

反右運動進行到六月下旬，北大開始作出具體懲處，開除「五．一九」運動主要參與者的黨、團籍，並加以行政管制。那時學生們並不清楚之後會發生什麼。一些在鳴放中活躍的學生還指望，接受批鬥、向黨屈膝臣服之後就可以回到原先的正常生活。一九五五年肅反運動結束時，北大的兩百多個「小胡風」分子就是這麼處理的。[70]

然而從八月份起就有學生被秘密逮捕。一名學生在持續不斷的批鬥和身體虐待後失控了。

有一天他用水果刀反擊，造成了一些輕傷。他因此以「右派殺人罪」被判處死刑。臨刑前，他要求妻子改嫁，並「好好教育孩子跟著黨、跟著毛主席走社會主義道路」。作為一個被判處死刑的反革命犯，這是他為保護家人免遭迫害唯一所能做的事。[71]

★

林昭躲過了反右運動最初的一槍。她不在那些抗議最激烈的學生之列。況且，六月清洗開始時她正在《中國青年報》實習。那一次她過關了。一九五七年七月底放暑假，學生都分散回家，林昭卻留在學校，埋首於古線裝書裡。[72]

在全國各地，公開聲討大右派分子的運動如火如荼。毛澤東點出幾位膽敢呼籲中共與民主黨派分享權力的人士重點批判。到了八月，許多著名作家都已經受到批判，丁玲就被毛稱為「屢教不改的反黨分子」。無數右派的配偶被迫離婚，以示「劃清界限」。[73]

數以萬計的人選擇自殺或在清洗過程中「失蹤」，楊剛就是其中一位。楊是燕京大學的畢業生，後來擔任《人民日報》的高級編輯。（與林昭相似，她在就讀燕大時入了黨。）她因丟失個人筆記本而緊張過度、自殺身亡。北大青年教師、研究民間文學的學者朱家玉，在大鳴大放期間提出過一些批評意見。那年夏天，在得知自己被列入右派黑名單之後，她就從一艘夜航的海船上消失了。[74]

在北大，第二波聲討反黨學生的浪潮在秋天到來。林昭結束了夏季實習後回到上海。（一九五二年其父母分居，母親帶著弟妹搬到上海。）[75]由於肺結核復發，她再次開始咳血，不得不延遲返校。九月她從上海給張元勳寫信，附上了一首七言古風。前四行是：

醉不成歡愁依舊，
思緒繽紛共相就，
弄章琢句塗鴉滿，
暗風入窗涼初透。[76]

林昭在一九五七年秋季開學約兩個月後才回到北京。她發現北大校園氣氛沉悶，到處是檢舉揭發和恐懼。九月，北京大學校刊發表社論〈在教師中深入開展反右派鬥爭〉。[77]

其時，幾百名在五月那振奮人心的日子裡提過意見的學生都已成了政治賤民；連老朋友都儘量避見對方。羊華榮是林昭在蘇南新聞專科學校的老同學，一九五四年與林昭同時考入北大。他在第一批被打成右派的學生之列。林昭沒有回避他。他們重拾友誼，幾乎每天黃昏都悄悄在校外的田野裡相見。

「她是一位單純而缺乏世故的姑娘」，羊回憶道，「她對反右鬥爭和對右派的處理，均感到難以理解。對一些人的言而無信，對一些師長們的言不由衷，對一些同學和朋友們的背信棄義，亦深表不滿。」[78]

他倆在反右風暴中尋求喘息，彼此逗笑，「不拘一格，任性而談」，從右派的遭遇談到坐牢如何造就名人，再談到詩與酒的關係。林昭說：「沒有酒，詩壇將一片蒼白。」

「有時她即興作首小詩」，羊回憶道，「她的詩愛用典故，有時較費解。我嘲笑說：以後我得抱一部《辭海》來聽你的詩。她反嘲說：抱歉抱歉，不知你是只羊，人家對牛彈琴，我對羊吟詩。說罷，她得意地哈哈大笑。」

羊華榮寫道，林昭「不是傳統型的女性，她在戀愛、婚姻等問題上似無一個固定的模式」。她也講一些愛情故事，「但大都是浪漫式的戀情」。冬天的來臨使他倆走得更近了。羊隱晦地寫道：「為抵禦冬夜的寒冷，我們也比較親近。」當話題轉到宗教信仰時，她變得很嚴肅；「有次談到基督教時，她說：你不要貶低上帝，我信奉基督教。」[79]

一九五七年末，林昭的一些朋友私下開始討論逃離中國的想法。九月，《廣場》的創刊人之一陳奉孝，試圖溜上一艘停靠在天津附近的外國貨船逃往香港，但他一路被人跟蹤，隨後在港口被抓回，判了十五年勞改。後來，林昭的起訴書指控她企圖幫助陳奉孝「偷越國境勾結帝國主義」。陳否認了這個指控，稱之為捏造。[80]

林昭被捕後回憶說，當時她的朋友們的普遍共識是，反對專制政權的民主運動「歷來都必須取得外部的根據地」。他們還認為，「五．一九」民主運動的參與者可望「將極權統治、惡性政治迫害的實況訴諸中外正直人士心靈」。關於她自己，她寫道：「當祖國大地還沉沉如墨、遍被哀鴻之時，我的心靈永遠不會獲得自由；我寧願守著這片土地和自己的同胞們一起忍受苦難、磨折以至一起去死！……」[81]

一九五七年十二月二十五日，張元勳與其他幾位同學一起被捕。罪名是成立反革命集團，妄圖聯繫英國駐北京的代辦處以及印度和南斯拉夫大使館，尋求政治庇護。[82]

截至一九五七年底，北京大學共有五百八十九名學生和一百一十名教職員工被劃為右派。

人數之眾並不令人意外，因為北大被毛澤東點了名。一九五七年七月在上海召開的一次幹部會議上，毛斷言，右派占了北大學生人數的「百分之一、二、三」。教授「那就不同一些，大概有百分之十左右的右派」。

毛澤東定了最低百分比，於是校黨委照辦。最終，北大八千九百八十三名學生中有六百人左右（約占百分之七）被劃為右派。另有數百人被定為「中右」打入另冊，但不屬於「戴帽」右派。全國各地右派總數超過一百二十萬。[83]

★

林昭沒有在一九五七年被劃為右派，但她同情右派朋友，繼續與他們交往，而且還在「五・一九」運動期間貼出大字報並公開為張元勳辯護——這一切沒能被放過。一九五七年七月開始，左派學生就公開指控她是右派的幕後軍師，要求解除她《紅樓》編委的資格。一九五八年一月，林昭終於上了那可怕的右派名單，同時還有十幾個人被列入。那時她剛滿二十六歲。[84]

在不久之後寫給妹妹彭令范的信中，林昭告訴她自己已經「加冕成為『右派』」。她還告訴一位摯友，「我現在才真正知道『右派』這一桂冠的份量」。[85]

官方版本對林昭被「加冕」的交代可是毫不客氣：她入獄後，起訴書指控她「因反黨反社會主義而淪為右派」。她為之注釋道：「這句話正確地說，應該是：一九五七年在青春熱血與未死滅之良知的激勵與驅使之下，成為北大『五．一九』民主抗暴運動的積極分子！」[86]可是在當時，她並未如此激情洋溢。她在信中告訴令范：「你是無論如何也不能體會我的心情的，我認為我熱愛黨的程度是壓倒一切的，沒有任何事物可以與之相比擬。我不能忍受它對我的誤解，而且誤解得那樣深。維繫我的一切全垮了。」[87]

「在五七年整個下半年中，我心底仍然懷著一線希望，希望黨也許會適可而止地罷手收場。」林昭後來寫道。「然而鬥爭的進行，無論校內校外都只日趨慘烈，無情的現實再一次粉碎了我良善的夢想！大量慘酷的荒謬的事實使我目擊心傷、五內欲裂，我終於懷著最沉痛的情緒，親手撕破了、拋棄了自己的希望。」[88]

連續數月，她每天早晨「懷著比較殷切或比較淡薄的希望」拿起《人民日報》，「努力想從新聞中、標題上或那怕是字裡行間找出一點點明智的——理性的氣息」，希望看到一絲跡象，表明中共發動反右運動後的種種暴虐能有所收斂。「可是多少次我所得到的只是失望。沒有！

沒有！完全沒有！根本沒有」，多年以後她在獄中回憶道，「林昭在政治思想上與共產黨的決裂就從那時開始……在完全絕望之後，我當然不得不毅然選擇反抗的道路！」[89]

第四章 星火

驚飆爲我自天來，一曲清笳動地哀。
墨菊素心侵夜吐，寒梅鐵骨凜霜開。

——林昭，〈血詩題衣並跋〉，一九六五年[1]

林昭對被戴上右派「桂冠」的最初反應是企圖自殺。她刮下了兩盒的火柴頭，一服而盡。她可能熟知中共早期領導人瞿秋白的母親於一九一六年自殺的事件——後者喝下了混著火柴頭上磷的烈酒而自盡。林昭絕望之舉的結果卻不相同：她被室友發現並送到了校醫院作洗胃灌腸處理。[2]

「我決不低頭認罪！」是她醒來時的哭喊。[3]

她在自殺前寫下的〈絕命書〉中說：

我不愛也不能愛所有的人，那些折磨過踐踏過我的人，願我的影子永遠跟著他們……讓他們身上永遠染著我的血。

她稱那些把自己和同伴們打成右派的人是用別人的血來「染紅面貌」。[4]

多年後，林昭在監獄裡反省自己前前後後在愛心上的缺失，「作為基督門徒，愛德永遠是我們靈修精進的基本內容」；她記得聖經上愛人如己的教誨，「作為一個基督門徒他必然或多或少地對他人懷有愛意，然而在這個制度奴役下的人……有多麼不可愛啊！……而在這樣一些無有人味的『人』們之前，基督個人的愛德又是多麼可笑以至多麼悲哀啊！」

就像唱歌時「定的第一個音……偏高」，林昭承認自己在待人方面也往往無法維持基督愛的音調，「於是唱到後來接不上氣，只好中斷或者變調」。[5]

★

北大遵循國務院於一九五八年一月底頒布的中共中央指示，對右派進行懲戒。最輕的被劃為「中右分子」歸入校內管制，以觀後效。大多數右派保留北大學籍和關係，但被送到勞教營或其他農村地區進行「勞動教養」。這是中共中央從一九五五年開始施行的一種較輕的「行政」處罰，用於未經法庭判決的反革命分子和其他「壞分子」。原則上「勞教」時間為一到三年，但實際上許多右派成為不見終期的流亡者，直到七〇年代末才結束噩夢。

當時，被視為錯誤最為嚴重者則被劃為「極右分子」，開除學籍，以反革命罪判刑、監禁或送往勞改農場進行「勞動改造」。[6]

一九五八年二月十七日農曆新年除夕，北大和北京其他幾所大學第一批被劃為「極右分子」者，接到命令帶上自己的鋪蓋到各自的學校報到。他們一到達就被摘掉大學校徽，押上大客車，送到海淀區派出所，在那裡打了指紋後送到北京半步橋監獄。

十天後的午夜，他們被帶上火車，武裝押送往一百五十公里外的清河勞改農場。當時很少人對強制勞動的嚴酷程度和食物稀缺有任何準備。一九六〇年，大饑荒最嚴重時，勞改隊的春耕隊伍裡，有三百多名右派學生挨不到夏季就已活活餓死。[7]

一九五八年對知識分子的流放處罰與秦始皇滅儒如出一轍。一九五八年五月召開的中共第八次代表大會上，一位代表提到始皇帝的焚書坑儒，毛澤東立予駁斥：「秦始皇算什麼？他只坑了四百六十八個儒，我們坑了四萬六千個儒……我們與民主人士辯論過，『你罵我們是秦始皇，不對，我們超過了秦始皇一百倍；罵我們是秦始皇，是獨裁者，我們一概承認。可惜的是你們說的不夠，往往要我們加以補充。』」

頓時，毛的話引起與會者哄堂大笑。[8]

史學家陳寅恪在二十世紀二〇年代提倡的「獨立之精神、自由之思想」，中國知識分子期望在毛澤東統治下得以為繼，反右運動卻徹底結束了這個夢想。知識分子的「工具化」已經完成。有些人在恐懼、絕望或抗議中結束了自己的生命，也有人如著名作家巴金選擇向黨屈服，寫下政治正確的反右文章。

「沒有主見，聽從別人指點，一步一步穿過泥濘的路」，巴金後來反思自己的屈服是「爬著、走著、爬著」、「我的悲劇是別人把我當作工具，我也甘心做工具」。[9]

★

一九五八年上半年，黨在全國各地的大學校園內發起了一場「拔白旗」的新運動，要將頹廢的資產階級思想暴露在革命烈火中。三月十日，北大召開動員大會，組織校內的學生和教職員工約一萬人，據說在三小時內製作了八萬張閃爍著革命光彩的大字報。三天後大字報總數躍升至二十八萬張。

「人們在大字報上燒自己，燒別人，從黨內到黨外，上下左右一起燒。」新華社的一篇報導這樣寫道，三月十五日，成千上萬人聚集在天安門廣場舉行「各民主黨派和無黨派人士社會主義自我改造促進大會」。在會後的「萬人大遊行」中，他們齊聲高呼口號：「把心交給黨，堅決當左派。」[10]

北大的一位右派回憶說：「幾乎所有的右派都檢討了。我知道的惟一一個不肯檢討的，就是林昭。」[11]

對林昭的懲處是三年的「勞教」，這本意味著放逐勞教營。然而，中文系副主任羅列考慮到她身患肺結核、身體虛弱，說通校領導讓她留校，在新聞專業的資料室——還有苗圃——由革命群眾「監督改造」。[12]

一九五八年初，「大躍進」起始，政府發起了消滅老鼠、蒼蠅、蚊子和麻雀的全國性「除四害」運動，組織民眾成群地在露天敲盆擊鍋，驚飛麻雀，直至掉下為止。在北大，學生和教職員工都得用沾著肥皂沫的臉盆打蚊子。一日，捕捉了一天蚊子後，林昭告訴她的朋友譚天榮：「我一整天心裡都感到好笑，笑這瘋了的黨。」[13]

那年夏天，北京大學的新聞專業併入人民大學的新聞系。在人大，黨的監督機制更加嚴密。林昭和所有新聞專業的人都遷到了人大，她被分配到新聞系資料室。當時人大新聞系在編寫《中共報刊史》，林昭的工作是幫助收集研究民國時期的舊報紙。[14]

資料室另一位正在接受監督勞動的右派名叫甘粹，是人民大學的學生。與林昭的好友沈澤宜和張元勳不同，他不是一個光彩四射、鋒芒畢露的民主宣導者。他被劃為右派的過程比較平淡：之所以被開除黨籍、打成右派，僅因人大的右派指標未完成，需要有人來填充。當時校黨委要再找到兩百多名右派才能完成任務，就決定將這個溫和的自由派同情者也充當右派。

與林昭相同，甘粹的任務是幫助收集一九四九年前的報刊文章。他們的責任還包括一些懲罰性的低賤工作，如在人大校園掃地、撿西瓜皮和香蕉皮等。甘粹第一次見到林昭是在撿西瓜皮的時候。秋季開學後，他們一起在資料室工作。

那是一段晦暗的時光。一九五七年十二月以後，林昭的朋友一個接著一個被帶走關押或流放到偏遠地區。羊華榮於一九五八年三月被送走；沈澤宜因公開痛批自己和其他右派，免遭最嚴厲的懲罰。他於十月份被送往陝北地區的黃土高原，當了一名鄉村教師。[15]

一九五八年十一月，譚天榮被捕。第二年四月，他同五千多名右派和其他被判刑的囚犯一起被送往北方偏遠的興凱湖勞改農場。那是在與蘇聯接壤的一片沼澤地，以人工排水而開墾出來的農場。在那裡，他們一邊忍受嚴寒和饑餓，一邊從事最艱苦的勞動。大多數人住在從冰凍的土地挖出的地窖裡。

因企圖叛逃香港而被定罪為反革命的陳奉孝也跟譚天榮一同被送到興凱湖。八年後，與陳奉孝在同一中隊的七十五人中，只有二十九人存活下來。[16]

一九五八年北京的冬天將臨之際，甘粹開始照顧病弱體虛的林昭。那段時間，她在一首詩裡「繪」了一幅自畫像：

痼疾纏身念半空，苟延尚亦業未終。
對鏡時見胭脂色，不是妍容是病容。
斗米折腰亦自輕，日傍門戶低頭行。
饔飧粒粒皆是石，嗟來之食苦似辛。
衷腸百結萬恨生，強顏迎人笑不成。
天地雖大無所哭，何處容我一放聲。
劇痛摧心眞若癡，誰憐荒郊獨行時。
寥落那得應制筆，此是蔡琰悲憤詩。[17]

甘粹用保溫瓶為林昭取開水，並從人大總務處領了個爐子、安裝一條通風管在她的房間裡取暖。他還經常坐公車到靠近市中心的一家廣東飯館，給林昭買回肉絲粥。不久，他們倆相愛了。禮拜天，甘粹開始陪林昭到北京最大的教堂做禮拜。[18]

燈市口教堂建於一九〇四年，是美國公理會（Congregational Church，原美部會 American Board of Commissioners for Foreign Missions）的華北總部。一九五八年，受大躍進影響，北京約六十間教會被迫集中到四個教堂做禮拜。燈市口教堂位於北京市中心東區，是其中的一處。[19]

出乎甘粹的意料，做禮拜的會眾主要是像他和林昭那樣的年輕人。「人們已經遇到了各種各樣的苦難去到那裡尋找精神上的寄託」，他回憶道，禮拜日，一進門每人發一本《聖經》和一本《讚美詩》；「然後由牧師主持，全體起立由唱詩班和牧師帶著大家唱讚美詩，那種氣氛很美好，在那苦悶的日子裡把我們帶到了一種完全超脫的境地。」[20]

甘粹的回憶提供了林昭在五〇年代末公開回歸教會時，僅有的記載。可以確定的是，無論林昭偏離景海女師的傳統多遠，她從未拋棄自己的信仰。由於她在中共建政的頭幾年曾熱心尋求重新入黨——黨員必須遠離宗教——可以推定她在五〇年代初回避了教會生活。

最有可能的是，一九五八年她「淪為右派」之後才公開恢復了宗教生活。回到教堂是靜默的反抗之舉。在那裡，她作為一個個體的尊嚴得以重拾——不管那時的講道已變得多麼小心謹慎。林昭可能感受到了一種歷史的諷刺：像燕京大學的校園一樣，二十世紀初某些「帝國主義分子」建的教堂，為她疲憊的心靈保留了一個寧靜的安歇之處。文革期間，標誌性的燈市口教堂被毀。

據甘粹回憶，「林昭的思想有些偏執」。他擔心她會惹更多的麻煩，就勸她對反右運動不要頂撞硬碰，「這是雞蛋碰石頭，可林昭不聽，林昭說，我就是要去碰，我相信成千上億個雞蛋去撞擊，這頑石最終也會被擊碎的」。[21]

這兩個年輕右派之間的戀情很快就傳開了。在新聞系領導眼中，這是一種冒犯。他們提醒甘粹這是對無產階級專政示威。林昭對此警告的反應很合乎她的個性：「她與我手挽著手，在眾目睽睽之下在人大的校園裡走進走出，故意讓人們看。」（將近三十年後的中國，才可以看到戀人在公共場合親吻或擁抱。）

一九五九年八月，甘粹一畢業就向系黨支部書記申請與林昭結婚，並要求安排在她的附近工作。黨總支回答他：「你一個右派還結什麼婚呢？」

幾天後，甘粹得知他被發配到新疆的一個「建設兵團」，那是差不多離北京最遠的地方，坐火車和汽車要七天才能到。九月下旬他離開了首都，一到新疆就聽說，在軍事化管理的建設兵團農場裡食物短缺，苦不堪言。他害怕了，轉身賣了過冬的棉衣，買了汽車、火車票直奔上海，那時林昭已回到了上海。據說許憲民去了一趟北京，替女兒向時任司法部部長的史良求助。許憲民從四〇年代起就認識這位中國民盟的領導人。由於史良出面，人民大學批准林昭回上海養病。22

林昭與未婚夫甘粹，攝於北京景山公園，1959 年。圖片來源：甘粹。

林昭攝於北京陶然亭公園內高君宇、石評梅墓前，1959 年。高君宇墓碑側面刻有海涅的詩句：「我是寶劍，我是火花，我願生如閃電之耀亮，我願死如彗星之迅忽。」 圖片來源：倪競雄等編，《林昭文集》。

林昭母親對甘粹的接待十分冷淡，她不想看到女兒嫁給另一個右派，作為政治賤民還得再降一級。甘粹既沒錢又沒戶口，只在上海停留了一周。

那個禮拜天，林昭帶他去了上海國際禮拜堂做禮拜。教堂建於一九二五年，位於前法租界一條安靜的、兩旁種著梧桐樹的路上，一直為當時的西方僑民服務，直到一九五〇年朝鮮戰爭爆發，他們絕大部分被迫離開了中國。這座哥特式磚木結構的教堂以及內部的奧斯丁管風琴（文革期間被紅衛兵砸毀）讓人懷想一九四九年革命前歲月中的秩序和安寧。[23]

可是，他們在教堂裡找到的安寧只是過眼雲煙。甘粹不能留在上海，別無選擇地回到新疆，等待他的是二十年的流亡生涯。他告別了林昭，從此再也沒有見到她。[24]

那段時間，林昭找到了些許喘息的機會。一九六〇年初寫給朋友的一封信中，她說自己已經「辭別帝都」，「苟活於世」。[25]經歷了北京的政治風暴後，家為她提供了一個避難所。至少她母親希望如此。

林昭離開北京之前完成了兩首長詩的創作，從此走上了決定她一生的異見之路。第一首詩〈海鷗〉寫於一九五八至一九五九年。她以此表達了對朋友們——特別是譚天榮——被拘和流放的悲痛。她為自己逃脫了同樣嚴厲的懲罰而感到內疚。負罪感折磨著她。

「每一想到他們正在鐐鏈之下迫害之中，而我還『逍遙法外』，總有一種像是自己叛賣了他們似的感覺……我應該和自己的朋友們在一起！」後來她被捕後寫道。「痛苦還繼續不斷地鍛打著我的靈魂……但一切都不能阻止，卻只是更加鞭策著、激勵著我自覺地、堅定地走向朋友們先行的道路！」[26]

〈海鷗〉大約兩百四十行。詩以一個黑暗的景象作為開端：

灰藍色的海洋上暮色蒼黃，
一艘船駛行著穿越波浪，
滿載著帶有鐐鏈的囚犯，
去向某個不可知道的地方。

囚徒們犯下了什麼罪過？「只有一樁，我們把自由釋成空氣和食糧。」

暴君用刀劍和棍棒審判我們，

因爲他怕自由像怕火一樣；
他害怕一旦我們找到了自由，
他的寶座就會搖晃，他就要遭殃！

一個面色蒼白的青年倚著桅檣，眼睛星星般地在發亮。「我到底在想什麼，我這顆叛逆的不平靜的心。」

自由！我的心叫道：
自由！充滿它的是對於自由的想望
……
像瀕於窒息的人呼求空氣，
像即將渴死的人奔赴水漿。
……
我寧願被放逐到窮山僻野，

寧願在天幔下四處流浪，
……
我寧願讓滿腔沸騰的鮮血，
灑上那冰冷的枯瘠的土地，
……
只要我的血像瀝青一樣，
鋪平自由來到人間的道路，

地平線上出現了一個黑點，是一個海島。年青人握緊雙拳、迸斷鐐銬、躍過甲板，投進了大海。槍彈追趕著他，海風狂號，海浪激蕩，一個大浪吞沒了他。但是突然間，從他消失沉默的地方——

一隻雪白的海鷗飛出了波浪，
展開寬闊的翅膀沖風翱翔。

……

他沖進死亡去戰勝了死亡，

殘留的鎖鏈已沉埋在海底，

……

他的靈魂已經化爲自由——

萬里晴空下到處是家鄉！[27]

整首的〈海鷗〉只用了一個韻音。[28]與她大多數的詩不同，這首詩沒有採用七律格式。她的七律詩文學典故豐富且感情含蓄；而〈海鷗〉放棄了那種細微和克制。意味深長的是：地平線上的島嶼依然遙不可及，年輕人勇敢地游向自由，但終成徒勞。只有像基督一樣經過死亡，死而復活，詩中的年輕人才最終獲得了自由。

〈海鷗〉是林昭走向反毛、反共的第一個明確標誌。她後來在獄中寫的〈個人思想歷程的回顧與檢查〉中解釋了與共產革命決裂的原因：

總而言之，黨若眞能英明理政公勤治國，林昭本來是黨的追隨者、擁護者，豈有政治成見存在，非要閉著眼睛抹煞良心反黨不可？但黨既不能作到那樣而恰恰相反，又要說、弄出了如許多偉大的混帳與血淋淋的荒唐來致使人物凋零、江山糜爛，血淚遍地而白骨成堆，那麼，林昭雖是乳臭未乾的黃毛稚子，也覺中懷慘痛五內崩裂而萬萬容忍不得！[29]

另一篇獄中文章中寫到她在一九五八年以後唯一的選擇：

我面前只有兩條道路！我既不能再跟了共產黨去反右因爲那是不義的！那麼只有做定了右派來反共了！[30]

一九五九年九月，林昭寄了一份〈海鷗〉的詩稿給蘭州大學右派學生孫和。她是通過孫和的妹妹（北大右派學生）認識了他。孫和與三十多名蘭州大學的右派學生被流放到甘肅省天水縣和武山縣進行思想改造。在目睹「大躍進」造成農村大面積的饑荒後，包括孫和在內的幾名右派在一九五九年春開始秘密會面，討論如何制止毛澤東的「大躍進」。

該群體為首的學生叫張春元。他在一九四九年前加入人民解放軍，服役於韓戰，受傷後回國。張於一九五六年入蘭州大學。一年後，與全中國千千萬萬誠心響應「鳴放」號召的學生一樣，他也成了毛澤東「陽謀」的犧牲品。

孫和收到林昭的〈海鷗〉後與他的小群體一起分享。張春元被深深觸動。一九五九年年底，他動身前往上海、蘇州與林昭見面。（林昭的母親離婚後搬到上海，但仍保留著蘇州的老房子。）[31]

那時，林昭已完成了第二首長詩〈普洛米修士受難的一日〉。和〈海鷗〉一樣，它是一首自由體詩，但全詩三百六十八行中的每一小節都用同一個尾韻。張春元的誠意贏得了林昭的信任，她送給了他這首詩的一份抄本。[32]

〈普洛米修士受難的一日〉分為三部分——普羅米修士那基督般「受難」的清晨、中午和黃昏的時段。像〈海鷗〉一樣，詩中的意象刻畫了一名反抗暴君的悲劇英雄的嚴酷遭遇。詩是這樣開始的：

阿波羅的金車漸漸駛近，
天邊升起了嫣紅的黎明，
高加索的峰嶺迎著朝曦，
懸崖上，普洛米修士已經蘇醒。

「釘住的鐐鏈像冰冷的巨蛇，捆得他渾身麻木而疼痛。」黎明時分，「宙斯的懲罰使者」——兩隻大兀鷹——向他猛撲過去，「銅爪猛紮進他的肋骨，他沉默著，把牙齒咬緊」。

赤血塗紅了鷹隼的利喙，
它們爭奪著，撕咬那顆心，
它已經成爲一團變形的血肉，
只還微微躍動著，顫抖著生命。

……

對著蒼穹他抬起雙眼，

天，你要作這些暴行的見證！
可是他看到了什麼？……在那裡
雲空中顯現著宙斯的笑影。
……
如果他必需以鷹隼的牙爪，
向囚徒證明勝利者的光榮，
那麼笑吧！握著雷霆的大神，
宙斯，我對你有些憐憫！
……

日間，「山林女神們」悄然飛落為普羅米修士揩拭傷口之後，宙斯從天而降沖他而來。

來了，輕車簡從的宙斯，
兩肩上棲息著那對兀鷹，

他在普洛米修士頭邊降落，
俯下身察看囚徒的創痕。
……
囚徒從容地看了他一眼
目光是那麼鋒利和堅定。
宙斯不由得後退了一步，
覺得在他面前無處存身。

儘管他全身被釘在岩上，
能動彈的只有嘴巴眼睛；
儘管他躺在這窮山僻野，
遠離開人群，無助而孤零。
但這些都安慰不了宙斯，

對著他只覺得刺促不寧，
——他到底保有著什麼力量，
竟足以威脅神族的生存！
……

宙斯給普羅米修士開了個價：「有什麼要求你不妨提出，能夠辦到的我總可答應……」

「你不想再回到奧林比斯，
在天上享受那安富尊榮？
你不想重新進入神族家庭，
和我們同優遊歡樂升平？」
……
「不過是這樣，普洛米修士，
我們不願人間留半點火星，

火只該供天神焚香燔食，
哪能夠給賤民取暖照明！

「當初是你從天上偷下火種，
現在也由你去消滅乾淨，
爲了奧林比斯神族的利益，
你應當負起這嚴重的責任。

……」

普羅米修士平靜地直視宙斯的眼睛，斷然地拒絕了：

「火本來只應該屬於人類，
怎能夠把它永藏在天庭？
哪怕是沒有我偷下火種，

人們自己也找得到光明。

「人有了屋子怎會再鑽洞？
鳥進了森林怎會再投籠？
有了火就會有火種留下，
颶風刮不滅，洪水淹不盡。

「火將要把人類引向解放，
我勸你再不必白白勞神，
無論怎麼樣，無論哪一個
想消滅人間的火已經不成。

「神族這樣的統治哪能持久，
你難道聽不見這遍野怨聲？

賤民的血淚會把眾神淹死，
奧林匹斯宮殿將化作灰塵！」

宙斯怒火萬丈，揚起雷電槌一擊，「半邊山峰向深谷裡倒下」。平地起霹靂，「滿空中飛沙走石」。

在詩的最後一部分，當紫色的黃昏向山后沉落時，普羅米修士悠悠地醒來，「砂石埋沒了他半個身子，血污糊住了他一雙眼睛」。他看見「五穀的田野，繁花和森林」。

多少人辛勤地開闢與墾植，
大地，你一天天煥發著青春。
可是爲什麼，你年年血淚，
只是給眾神貢獻出祭品！
……
什麼時候，大地，你才能新生，

才能夠擺脫被榨取的命運？[33]

林昭曾在蘇州農工團一年半，從事土改和徵糧工作。她親身體會到以前的地主和被「解放」的農民在社會主義新中國所受到的榨取。當她在北京開始寫〈普洛米修士受難的一日〉時，中共對農民的掠奪又達到了一個新的程度。

★

農業集體化從一九五一年就以「合作社」的形式小規模地開始了；至一九五三年，有一半以上的農民被納入其中。那一年，中共中央宣布國家對糧食、棉花和食用油進行壟斷性的統購統銷。之後集體化步伐加快。至一九五七年，全國範圍內幾乎每個農村家庭都已被納入農業合作社，幾乎所有的城市企業都被國有化。計劃經濟已經牢固建立，國家完全掌控了生產資料和百姓的民生。

一九五七年底，毛澤東預言中國將在十五年內「趕上或超過英國」。那年冬天動員了一億農民進行大規模的水利灌溉工程建設，開闢新農田。一九五八年，全國的農業合作社合併為兩萬六千五百多個「人民公社」。一億二千萬個農村家庭——幾乎是中國的全部農業人口——被併入公社成為社員。公社通過提供食堂、學校以及托兒、養老，把準備飯菜、育兒等家務活集中安排，讓婦女們從中解脫，投入農業生產。在中共領導人眼中，家庭已成多餘。

很快，毛澤東就相信，如果鋼鐵產量每年翻一番，趕超英國工業產值的時間可以縮短到三年甚至二年。結果，全國共動員了約一億人，在房前屋後建造了一百萬個煉鋼爐。

所有這一切都為了表明中國可以通過「大躍進」提前進入共產主義社會。反右運動已經使中國的知識分子全面沉默，對毛的好大喜功完全喪失了理性批評的能力。各地浮誇風盛行，紛紛虛報糧食產量。儘管糧食歉收嚴重，當地幹部還是強迫農民完成糧食徵購指標。農村饑荒迅速蔓延。[34]

一九五九年七月至八月在廬山舉行的中共最高領導人會議上，國防部長彭德懷對糧食產量的浮誇和極左的危害提出警告。毛澤東視之為對其個人的攻擊，於是發起反擊，對彭和所謂黨內「右傾機會主義者」進行惡毒批判。國家對農產品的強迫徵購繼續進行，人類歷史上前所未有的大饑荒全面爆發。[35]

★

林昭最早是從張春元和他的蘭大右派朋友那裡了解到中國農村正在發生的大災難。在甘肅省的一個村子裡，那些右派學生遇到一個賣肉包子的農民。他們買不起，但第二天聽說有人在包子裡吃出人的指甲蓋。饑餓已經導致人們吃屍體。有的「易親而食」，把自家人的屍體與不相識的人調換；有人甚至吃自家人的屍體。有一天，甘肅某村子裡一名老婦突然失蹤，後來在她家的地窖裡找到：其兒子將她「大卸八件」，其中一塊已經不見了。[36]

張春元和他的右派同學們認為，面對中國農村經濟和社會的崩潰，他們必須義不容辭地自薦為民眾的代言人，去披露他們所遭受的苦難和壓迫。這些學生組成一個群體，致力於啟蒙大眾，特別是那些可能接受他們意見的中共高級官員。

一九六〇年一月，他們走出第一步——製作了油印的地下刊物《星火》。其中登載了七、八篇文章，披露大躍進的災難，並且解剖毛澤東的「奴役」統治。同期登載的還有一些黨內文件摘要和揭示人民公社陰暗面的新聞。最長的一篇是林昭的詩〈普洛米修士受難的一日〉。[37]

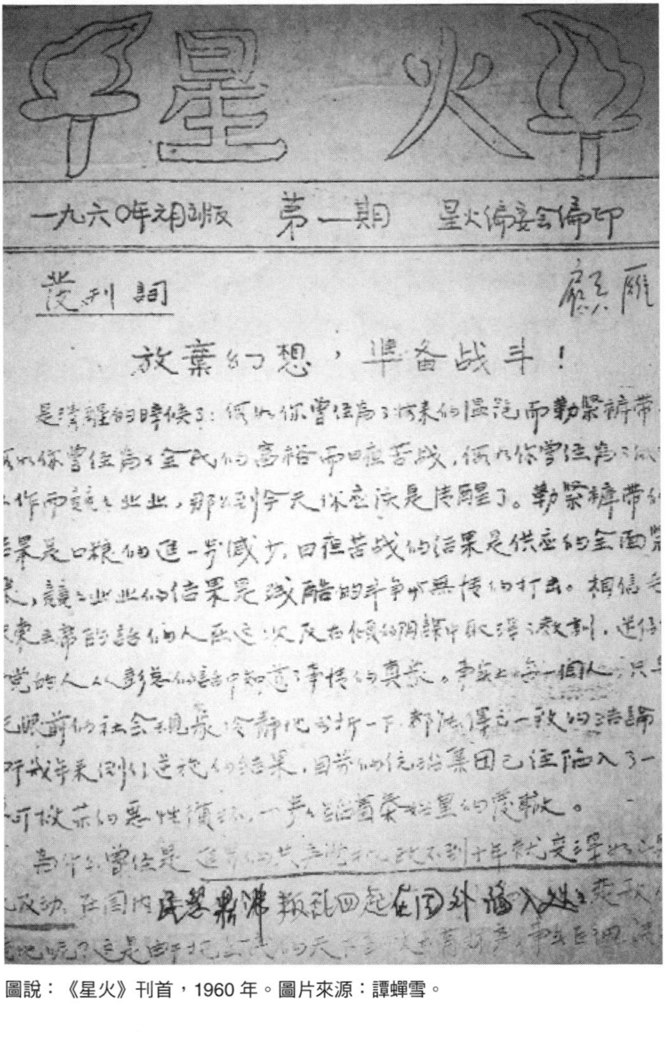

星火

一九六〇年九月出版　第一期　星火編委会編印

发刊詞　顧雁

放棄幻想，準备战斗！

圖說：《星火》刊首，1960 年。圖片來源：譚蟬雪。

起初，林昭對出版《星火》內心矛盾。一方面她看到了行動的必要性。反右運動結束後，她寫道：「不滿之後怎麼辦？……小市民對現實的認識也能達到相當的深度，他們可永遠只站在一邊『看冷破』而說風涼話。」對她來說，投身戰鬥與之不同。那需要真正的犧牲。[38]

另一方面，林昭對創建一個正式的組織心存疑慮，認為它風險太大。她觀察到：「共產黨靠組織起家，故最犯忌別人搞組織。」她傾向於建立一個非正式的單線聯絡方式。對她來說，宣傳品難免含有一些「盡人皆知的道理」，而「印秘密宣傳品，不僅對印的人來說是個冒險，對一切讀的人來說同樣是個冒險」。[39]

最後，她的想法被蘭大右派群體的大部分人否決了。他們行動起來，印刷了《星火》的創刊號——也是唯一的一期。刊標是一對高舉的火把。他們用武山縣原磚瓦廠留下的舊油印機，秘密地印刷了約三十幾份，在群體內部分享。[40]

創刊號的發刊詞指出，中共統治頭十年就進行了殘酷的政治清洗，打倒彭德懷後又發起反「右傾機會主義」運動。種種「倒行逆施」已經證明：中共政權已經把「全民的天下當做私有財產」，而且對毛澤東進行偶像崇拜、壓制民主。

其結果就是實行「中央集權的法西斯統治」。發刊詞把中共的統治和真正的社會主義加以區分：「這樣的獨裁統治硬要稱做社會主義的話，應該是一種由政治寡頭壟斷的國家社會主義，與納粹的國家社會主義屬於同一類型，而與真正的社會主義毫無共同之點。」[41]

其他文章抨擊了「大躍進」。一作者稱之為「大躍退」：人民公社運動是統治者對「人民群眾物質的、精神的一切所有實行徹底的剝奪，使人民依附它，並強迫以軍事組織形式將農民編制起來，實行奴隸式的集體勞動」。為了給下鄉視察的領導幹部留下高產豐收的印象，農民們被動員起來，在夜幕籠罩下把成熟的玉米從一塊田裡移到另一塊田裡——最後只能根據高報的產量向上交公糧。

至於全國範圍的大煉鋼鐵，文章稱之為反科學的「自然科學的復古」，是「政治寡頭頭腦發脹、愚蠢無知的最明顯表現」。作者建議，他們應該去「與三歲小兒玩球」。

除林昭以外，所有其他參與出版《星火》刊物的人，都依然聲稱自己忠於社會主義。與林昭不同，這些右派分子的思想資源只限於馬列著作。有的在流放期間還如饑似渴地閱讀那些書籍。他們反對資本主義、殖民主義以及蔣介石所代表的「反動階級」，支持當時南斯拉夫所宣導的那種獨立的社會主義，宣稱「最終的目標是實現共產主義」。[42]

《星火》的出版工作讓這一群右派備感興奮。一方面是由於《星火》可能會啟迪民智，另一方面是因為他們由此進入了險境。除了定期出版刊物外，他們覺得有必要起草一個政治綱領，並取一個響亮的組織名稱。

有人提出隨南斯拉夫的執政黨「南斯拉夫共產主義者聯盟」起名「中國共產主義者聯盟」。一九五八年南共聯盟代表大會通過的綱領草案提出了對「國家官僚主義」和「國家極權主義」的批判。林昭在人民大學資料室工作時得到了該綱領草案的印本，並複製了一份給這個群體。也有人提出「中國勞動農工同盟」。儘管林昭有所保留，還是被指定與另外兩個人共同起草一個政治綱領。[43]

到了一九六〇年四月，他們已整理出擬登載《星火》第二期的八篇文章，進一步反駁官方宣傳，同時也緊急呼籲人們團結戰鬥，為「我們不至於餓死……把那些殺人的統治者、在我們面前橫行霸道過的畜牲統統消滅絕」。

其中一篇尖銳感人的文章取一個青年農民平白的口述形式：春寒料峭的三月的一日淩晨，啟明星還在地平線上閃動，他就被肥頭大耳、凶狠的生產隊隊長的哨聲喚醒。他試著移動一下自己那饑餓難堪的身體，可只感到身體「像被十二捆疲倦的麻繩捆在床上了」。在牲口所剩無幾的牲畜棚裡，農民們集中報到，又一個個東倒西歪地瞌睡過去。一個十一歲的男孩瞌睡著一頭栽倒在一隻土箕裡，臉上砸出了血，卻哭不出聲，甚至連哼一聲也沒有。

「現在我們都不流淚了」，那位農民解釋說。「我爹臨死的時候直瞪瞪地望著牆上的毛主席的像，又望望媽媽和我，可是我和媽媽連一滴眼淚都沒掉，不過媽媽叫我把那像撕下了（她自己那時已餓得不能下床）。」[44]

這樣的見證，讓住在上海還沒挨過餓的林昭感受到了甘肅農村的淒涼狀況，也讓她想起了自己的朋友、被流放到甘肅的北大右派學生劉發清。一九六〇年春，劉發清正在饑餓中掙扎，突然接到林昭的一封來信，內裝七張共計三十五斤的全國糧票。信中說自己個子小，不需要太多的糧食。劉讀信時哭了。那幾張糧票幫助他撐到了夏天，那時饑荒最嚴重的階段才算過去。[45]

林昭原不打算刊印她的長詩〈海鷗〉，但他們卻決定將它排入第二期的《星火》。與蘭州大學的朋友們相比，林昭對詩能起的作用較為懷疑：「單從一般目的進行鼓動，其所起的最大作用，不過是宣告自身之作為現實反對派的存在……然而這種宣告本身卻是並不必要的。」不過，她最後還是遷就了他們。[46]

此時，她參與的大多在二十多歲的右派群體有著遠大的夢想：他們把一篇批判人民公社的文章印了三百份，計畫寄給中共一些高層領導。後來遇到了實際困難，就決定改為印發給全國公社書記以上的幹部，去喚醒他們認識到中共對農民的奴役以及大躍進的愚蠢和殘忍，並喚起他們英勇地反對毛澤東的暴政。[47] 這些學生的夢景大膽而振奮人心，猶如林昭〈普洛米修士受難的一日〉末尾的描述：

遠遠地，在沉睡的大地上，
暗黑中出現了一線光明，
「火」，普洛米修士微笑地想著，
痛楚、饑渴霎時都忘個乾淨。
那一點化成三點、七點、無數，
像大群飛螢在原野上落定，
……
這麼多了……好快，連我都難相信，
它們就來自我那粒小小的火星，
半粒火點燃了千百萬億處，

光明，你的生命力有多麼旺盛，
燃燒吧！「火」，別再困在囚禁中。
……
燃燒在正義的戰士的火炬上，
指引他們英勇地戰鬥行軍，
把火種遍撒到萬方萬處，
直到最後一仗都凱旋得勝，
燃燒，火啊，燃燒在這
漫漫的長夜，
衝破這黑暗的如死的寧靜，
向人們預告那燦爛的黎明。
而當眞正的黎明終於來到，
人類在自由的晨光中歡騰。[48]

這一夢景讓人迷醉，但《星火》的夢想者們很快就被意想不到的事件所驚醒。一九六〇年五月，張春元的女友、該群體的另一位核心成員譚蟬雪企圖越境逃往香港失敗。張春元想出一個大膽的營救辦法：他拿著一本假的公安局證件，走進了關押女友的看守所大門，結果卻以悲劇收場。警方發現了他的真實身分，當場將其拘捕。

與此同時，甘肅省公安廳收到兩個被下放右派的告密。他們發現了這個蘭大右派群體的一些活動，向當局檢舉這個可疑的「反革命組織」。

林昭的朋友們在譚蟬雪和張春元被逮捕後感到形勢不妙，迅速燒毀了《星火》第二期的一些稿件。但不可避免的結局終於來臨：九月底，武山縣共三十三人，包括當地所有參與出版《星火》的人全部被捕。其後還有更多的人受牽連被捕。十月二十四日，公安人員突然出現在林昭位於蘇州的家門口。那段時間父親偶爾來看她。當天，他目睹了林昭被逮捕和警察抄家的情景，喃喃自語道：「我們家完了！」[49]

★

一九四九年政權更迭後，彭國彥因曾當過縣長而境遇不佳。被定為「歷史反革命」後一直找不到工作，還被列為拒絕「認罪」的反動「頑固分子」。他的照片配上有關他政治背景的侮辱性文字被醒目地貼在街道布告欄上。

一九五二年他與許憲民離婚後貧困落魄，有時跟著做佛事的老太太到人家裡念經，為的是混一頓飯。[50]他的古典文學修養與現代西式教育已成為遙遠的記憶。也許他的孩子們，尤其是林昭，能給他一些希望。但那一天他意識到，林昭追隨共產革命所帶給他最深的恐懼已經變為現實。

一九六〇年十一月二十三日，彭國彥吞下老鼠藥，緩慢而痛苦地死去。[51]

第五章
玉碎

啊！不要讓我發瘋！天哪，抑制住我的怒氣，不要讓我發瘋！我不想發瘋！
——李爾王

人類必然會瘋癲到這種地步，即使不瘋癲也只是另一種形式的瘋癲。
——布萊茲・巴斯卡（Blaise Pascal）[1]

林昭被捕後送到上海第二看守所。它位於從前的馬斯南路（現思南路），一九一一年建成後作為法租界監獄，同時可以關押一千一百人。

南京國民政府成立後，隨著民族主義浪潮洶湧澎湃，列強在中國的治外法權開始縮小。一九三一年，法國人把租界監獄的行政管理權交還給國民政府。這是恢復主權鬥爭的一次勝利。國民黨很快就把監獄用於關押當地抓獲的中共領導人和親共進步人士，其中包括擔任過中共江蘇省和廣東省省委書記的鄧中夏、詩人艾青和「抗日七君子」之一、後成為中國民主同盟領導人的史良。一九四九年中共奪取政權後，這裡成了上海市第二看守所。[2]

一九六〇年《星火》案發後，大多數涉案人員被關押在甘肅省。一九六一年八月，張春元使出一個現代版的苦肉計成功越獄：他不進食，並使自己嘔吐，直到昏厥休克。於是被送到監獄外的勞改醫院。兩周之後的一個晚上，他穿上事先準備好的衣服，裝扮成一名下班的醫生走出了醫院。

張春元先到了蘇州，在那裡得知林昭已被捕，於是繼續前往上海。他以許憲民的名義給林昭發了一張明信片，寄到第二看守所。上面這樣寫道：「林昭，我不能去看妳，只能圍繞著紅色的高牆轉上兩圈，聊表寸心，請接受我這不成體統的慰藉。妳也許奇怪我為什麼會到了上海……有人願意讓他的大哥自由自在的走路。」

他似乎唯恐這還不夠引起當局的懷疑，補充道：「關於妳在那兒的生活和學習我個人有三百九十天的親身體會。」林昭沒有收到這張明信片，後來它是在張春元的監獄檔案中找到的。張於一九六一年九月六日再度被捕，一九六五年被判處無期徒刑。一九七〇年「一打三反」運動中，他以「在監內進行第二次反革命活動」的罪名被判處死刑。[3]

中共監獄體系的指導思想是從二十世紀上半葉著重「感化」的民國刑法理念演變而成。作為對中國社會進行革命性重組的一部分，其目的是改造心靈、實現「思想領域的極權統治」。在毛澤東治下，中共對囚犯思想的「革命性征服」取代了民國時期的感化與改造。[4]

對於征服其思想的企圖，林昭的最初反應是抵抗。她寫了約二十萬字、激情洋溢的〈思想日記〉，引用中共推崇的馬克思主義信條——「不是人們的意識決定人們的存在，相反，是人們的社會存在決定人們的意識」——反駁道：是中共暴政和對國家的肆意蹂躪使她對共產主義的幻想完全破滅，把她從中共熱心的支持者轉變為反抗者。她還引證毛澤東在一九三七年發表的〈矛盾論〉寫道：「存在決定意識，外因通過內因」。使她成為右派的「最內在、最本質的一個原因，就是個人思想上的民主觀念和自由傾向相當強烈」。[5]

林昭的抗議並非從頭到尾都一本正經。審訊過程中，她有時唱起國民黨倒臺前、上世紀四〇年代後期流行的〈古怪歌〉：「月亮西邊出，太陽東邊落……河裡的石頭，滾呀滾上坡，滾上坡。」氣得獄警跺腳大罵。

她還被一名審訊員的外表和風度所打動，後來向一位朋友坦露：「如果他不是逼我招供，我也許會愛上他。」有時她也想過遠離政治、不問世事，靜下心來做家庭婦女。[6]

監獄當局毫不留情的思想改造並非完全不起作用。到了一九六一年秋天，林昭的抵抗開始動搖。她從監獄提供的上海市委喉舌《解放日報》等宣傳材料中得知，中共為扭轉「大躍進」的過激局面採取了調整經濟的措施。

「來二所後，通過報紙略知『八九』全會以來的形勢」，她在〈個人思想歷程的回顧與檢查〉裡寫道。一九六一年十月，經一名「政府人員的啟發教育」，她向獄方交了那份自我檢查，說她「看到了黨之政治路線（的）改變」。[7]

林昭文中提到的中共中央八屆九中全會，於一九六一年一月在北京舉行。為緩和「大躍進」給國家帶來的災難性後果，中央調整了經濟政策，一方面放緩重工業的發展，另一方面在農業集體化之外允許有限的家庭副業，在農村地區重新開放私營集市來緩解饑餓。[8]

當時毛澤東名義上「退居二線」，由劉少奇替代其國家主席職位。劉少奇的調整政策逐漸改善了農民的生活。大約百分之六的農村土地重新作為「自留地」分給了農民，全國廢止了成千上萬效率低下的工業和農業灌溉項目。[9]

「隨著時間的消逝，覺得黨這回算是比較腳踏實地眼見群眾了，感情乃漸漸轉變。」林昭寫道。她承認，中共奪取政權後並非毫無成就，而且「黨這一年來的政治革新……顯示出黨還蘊藏著繼續前進、生生不已、自強不息的生命力……當初在政治上對黨採取那樣對抗的態度和沖決的路線，是一種過激的錯誤。」今後「我的責任是：盡一切可能熱情贊助和實地促成黨的治政民主化……黨和政府就是從法律觀點來追究政治責任而進行刑事處理，我也必含笑受之。」[10]

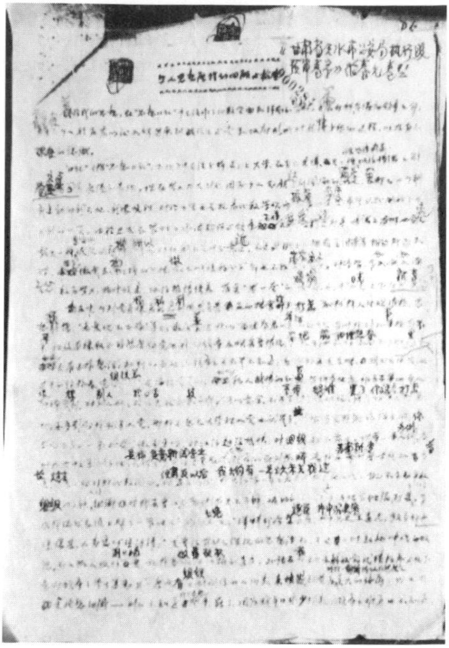

林昭：〈個人思想歷程的回顧與檢查〉，1961 年 10 月 14 日交上海第二看守所。圖片來源：譚蟬雪。

林昭後來寫道，每當回想起一九六一年自己寫的檢查，「我每會對自己作一個寂寞的——嘲諷的、慘痛的微笑！我嘲笑它的作者！將來更多的人們不難由它看出那作者還是個何等天真而稚氣的年青人！」[11]

林昭態度的軟化可能是一九六二年三月保外就醫的主要原因之一。她頻頻咳血，顯然是肺結核又發作。出獄後，她回到上海的家，也終於能頭戴白花悼唁父親。她是一九六一年夏末才得知父親已經去世——那是遲到近十個月的死訊。[12]

假釋後不到幾個星期，她就意識到自己對中共治政民主化的希望不過是一廂情願，而且不久還將再次失去自由。曾經和她共同籌辦《星火》刊物的同伴們都還蹲在監獄裡。三月底，她告訴當地的戶籍警察，「衣著什物業已統統收拾在牆角裡『時刻準備著』」被帶回監獄。[13]

這並非臆測。不久，她收到傳票，要她在一九六二年八月底到靜安區法院出庭受審，所控罪名是她參與了「蘭州大學右派反革命集團」。她寫了一份書面答辯，指出所控的「反革命」一詞缺乏法律嚴肅性。「極權政治本身的殘暴、骯髒和不義，使一切反抗它的人成為正義而光榮的戰士」，因此她才立志「誓死反對」。她補充道：「問題完全不是我們對統治者犯下了什麼罪過，而正是統治者對我們犯下了應該受到嚴厲譴責的罪行！」她如此率直，以至出庭時法官認為她可能精神失常，當庭詢問她：「你有病嗎？」[14]

當時林昭仍在保外就醫期間，還有人身自由，但很快就陷入更深的麻煩。有一天，她燙了髮，穿上緊身的旗袍，來到《解放日報》經理部經理胡子衡的辦公室。胡曾是蘇南新聞專科學校的政治輔導員。那天林昭得意地撒了個潑，拍著桌子質問瞠目結舌的胡：「我也想辦報，你們共產黨有那個度量（讓我辦報）嗎？」[15]

她還寫信給北京大學校長陸平，質問他是否能拿出前北大校長蔡元培在「五四」運動時期的行事勇氣。一九一九年北京幾十名學生因參加「五四」抗議活動而被捕。蔡元培得知後聯合北京各大學的校長與軍閥政府嚴辭交涉，最後促使被捕學生獲釋。林昭要求陸平效法蔡元培先生的榜樣，挺身而出、反對中共的「暴政」，保釋一九五七年「五．一九」民主運動後被捕與被迫害的學生，讓他們回到母校繼續未竟的學業。她後來寫道，儘管當時並不奢望訴求會有結果，但她義不容辭。[16]

那時，林昭的北大同窗好友有的被關押，有的被流放。於是她想建立一個由不滿現狀的知識分子組成的新聯盟來反抗中共統治。一九六二年夏天她在蘇州短暫逗留期間，認識了兩位剛從勞教農場返回蘇州的年輕右派分子。她動員了其中一位名叫黃政的協助起草一份「政治綱領」，「計畫集合昔年中國大陸民主抗暴運動的積極分子」即右派分子創建「中國自由青年戰鬥聯盟」。一九六〇年蘭州大學下放的右派學生籌辦《星火》刊物時，林昭曾極力反對建立組織。如今她竟如此魯莽，在便衣警察的監視下卻渾然不知。[17]

林昭攝於保外就醫期間（最後一張在世照片），1962 年。圖片來源：倪競雄等編，《林昭文集》。

同樣衝動的是，一九六二年九月的一天，林昭在上海市中心她家附近一條街上找到一位「無國籍僑民」阿諾·紐門（Arnold Newman），請求他把自己寫的四篇文章帶出中國，其中包括〈給北大校長陸平的信〉和題為〈我們是無罪的〉的公開信。紐門問她文章要寄往何處，她用英文回答：「To the world!」（給全世界！）。她相信這些文章會震驚西方世界。[18]

上世紀三、四〇年代，大約有兩萬名歐洲猶太人為逃避納粹迫害來到無需簽證即可自由進入的上海公共租界避難。紐門可能是其中一位。共產黨奪取政權後，他大概被困在上海，無論如何是不可能幫林昭把信帶出中國。後來紐門被公安當作「帝國主義間諜」拘留，交出了林昭的文章。[19]

十一月初，林昭再次被捕，送到上海市精神病防治院接受了幾個星期的檢查。（據稱院長粟宗華醫生診斷其患有精神病，後來被批判，罪名是以診斷林昭和另一名重要的反革命分子患有精神病來包庇她們。）[20]

林昭後來在致《人民日報》編輯部的信中寫道，「十數年來在極權統治那窒息性高壓手段之下，中國大陸上敢於面揭其短、面斥其非者未知有幾！故在統治者眼中看出來這個愍不畏死與虎謀皮的青年人恐怕也確乎是有『精神病』的！」同時她承認自己「在反右以及其後的許多事情重重刺激之下有了或有過某種精神異常現象，但至少並不比先生們更加精神異常得厲害！」[21]

十二月二十三日，她被轉送到俗稱提籃橋的上海市監獄。林昭經歷的長達二年六個月審前監禁，其中八個半月是在那兒度過的。[22]

提籃橋監獄主要用於關押已判刑的犯人，但從二十世紀五〇年代初開始，它也是一個審前拘留所。一九五一年鎮反運動期間，僅四月二十七日一天，上海全市就抓捕八千三百五十九人，其中兩百八十五人在三天內就被處死。在六、七兩個月間又有一千零六十人被槍斃，完成了毛澤東欽定的指標——上海「一九五一年一年之內至少應當殺掉……三千人左右。而在上半年至少應殺掉一千五百人左右」。其餘大部分被送到提籃橋監獄，隨後那裡就成了被捕反革命分子的彙集地。[23]

有關林昭在提籃橋的審前拘留我們所知甚少，僅知道她在一九六三年二月開始一個月的絕食，還停止服用肺結核藥，以抗議在絕食期間所受的「粗暴而不人道的待遇」（可能指的是強制進食）。她至少一次自殺未遂，因此被關到專防自殺的「橡皮監」裡。[24]

六月十九日，她寫了一份〈絕食書〉，聲稱：「一息尚存，此生寧坐穿牢底，決不稍負初願稍改初志。」她還試圖勸說一個即將獲釋的獄友加入尚未成立的「中國自由青年戰鬥聯盟」，「還公然舉行了加盟儀式呢」！未知那是騙局：這位獄友已成為公安的臥底。出獄後，她誘使黃政入了圈套。黃於一九六三年秋被捕，為幻想中的「戰鬥聯盟」被判處十五年徒刑。不難想像，作為該案「主犯」，林昭本人將獲更重刑罰。[25]

這段時間，林昭的另一位獄友、獨立傳道人俞以勒，顯然幫助她加深了基督教信仰。俞曾受教于南京的基督教靈修神學院（原名基督徒靈修院），一所由保守神學家賈玉銘創立、以出世虔誠主義信仰為主導的神學院。俞不贊成林昭的政治行動，試圖帶她回歸一個脫離世俗政治激情的信仰。[26]

而此時的林昭已經不受制於任何出世脫俗的基督教信條。她的信仰不是躲避政治風暴的避風港。恰恰相反，它已成其反抗中共統治的精神支柱，此後還將昇華成一種信念，即反抗「魔鬼政黨」是上帝賦予她的神聖使命，中共政權使用任何酷刑都無法阻止。

一九六三年八月八日，林昭被移送上海第一看守所。等待她的是專政體制全套的逼供手段。她很快就明白，那才是真正的「魔窟」。[27]

★

第一看守所位於南車站路，一九一七年建成作為上海縣看守所，地處當時西方租界外的「華界」。滿清王朝結束後，民國政府為了推行現代化改革，首次嘗試將縣政府的司法職能從行政職能裡剝離出來。不過司法是否能獨立於行政仍有存疑。四〇年代後期，看守所歸由上海的國民黨國防部保密局（即軍統）負責。一九四九年五月，共產黨奪取政權前夕，有十三位革命者和進步人士被活埋在看守所的操場裡，其中包括曾經在國民黨中央銀行擔任過稽核專員、上過哈佛大學的黃競武。（黃曾通過媒體曝光試圖破壞蔣介石把金銀等財物秘密運往臺灣的計畫。）[28]

到了毛澤東時代，第一看守所專門用作審訊未決政治犯和破獲「反革命案件」。它占地兩千多平方米，五〇年代初每年審理數千名政治犯。一九五四年人數達到高峰，當年共審理了七千一百八十三名「反革命分子」。按毛澤東的說法，他們是「不拿槍的敵人」。[29]

第一看守所是由貝聿銘的堂叔設計、有著中國本土建築風格的監獄：一幢三層磚樓關著男囚，另一幢兩層磚樓關著女囚。天花板很高，走廊不透光、深不見底。不同於外國租界裡的三面牆、臨走道的正面安裝鐵格柵的牢房，這裡的牢房四面是牆，「每一間監室都有一扇式樣完全相同的厚木門，紅漆，上端呈新月形，中間橫著一道鐵閂，上面掛著一把大銅鎖」。木門上有一個小方窗用來遞送食物，只能從外面打開；晚間必須開著，以便看守從外面監視牢裡的動靜。

一九六四年以反革命罪名被關進第一看守所的大學生嚴祖佑這樣記述：走廊「聽不到一點聲音，很靜。沒有風，但是有一股冷氣，是那種沁入骨髓的陰冷。」[30]每個監室約三米寬、五米長，對著木門的是一個水泥砌成的便桶。監室人數最多時有十四人。夜間幾乎所有的囚犯都平行於外牆睡在地上，每人所占的寬度不足五十公分。睡覺時嚴禁相鄰二人的頭部並列，每人的頭部必須和旁人的腳部並列，據說這是為了防止同性性行為發生。其餘的犯人只好睡在垂直於木門的餘下空間裡。

監室的外窗開在很高的位置，其下半部被安在外面的一個木框蓋住，即使高個子也看不到外面的街道。牢房一到下午就很快暗了下來。一個前囚犯回憶說：「大白天陽光燦爛，牢房裡卻是陰暗一片。」到了晚上，相鄰的兩間監室共用一支十五瓦的燈泡，安放在夾牆中央貼近屋頂的一個缺口內。屋頂離地三米多高，「這樣的高度，即使是籃球運動員，也是難以摸到燈頭而觸電自殺的」。由於很少能曬到太陽——囚犯每周只允許到監室外放風半小時——大多數人的臉都慘白可怕，眼神空洞無光。[31]

看守所的規定貼在牢房的牆上，禁止囚犯之間交換物品或交流資訊，包括案情。甚至連每人的名字都用一個編號代替。第一看守所還以案情調查的需要為由，禁止寄任何郵件或家人探訪，只允許家屬在每個月的五日這一天給犯人送來獄方准許的食品和日用品。[32]

★

迄今為止，林昭的審訊記錄仍封存林昭檔案裡。因未能查閱那些文件，有關她在第一看守所審前監禁的情況主要是從她的獄中文字裡得知。

看守所的審訊室設在監所樓後的一排平房，離臨街的大樓有相當一段距離。一間間狹長的審訊室，每間約七八平方米，靠後牆處放著一張木質的審訊桌，桌後是審訊員的座位。桌前兩米處有一把「罪犯」坐的沉重的木椅，椅子前部有一根可以活動的鐵杠，可以上鎖並把囚犯固定在椅子上。[33]

從一開始，林昭就得面對審訊員帶有性暗示的「那些不乾不淨不三不四的意在戲弄的鬼話」。她正式提出過抗議，並堅持把那些抗議記在筆錄上她才簽字。「我請問審訊者憑什麼欺負人？政治活動與我的性別有何關係？」如此大膽的據理力爭當然會有代價。審訊員告訴她：「我制不服你個黃毛丫頭？我倒不相信！」很快她就被戴上了手銬。[34]

在第一看守所，對那些行為不檢或抵抗管制的囚犯通常是上手銬懲罰。毆打並不常見，必要時看守會指使其他囚犯動手。但看守動粗的事也時有發生，有一位女看守特別兇狠。林昭後來寫道：「她經常來充任打手，光是頭髮我就不知挨她揪下了多少。」[35]一次夜間審訊中，這名女看守動了粗。林昭用第三人稱描述，她「下勁兒折磨著被鎖縛在審訊室椅子裡的林昭」。審訊員則「閑閑地坐在一旁欣賞著這一切，並對困獸猶鬥地在重重鎖銬之下堅持著看來似乎毫無實效的反抗的年青人道：『還是服服法，判個幾年』」。後來林昭因遭一名看管毆打而提出抗議，得到的答覆是：「凡人們受到攻擊時皆有自衛權利。」儘管當時林昭是「一個久被非刑負病絕食並且正戴著反銬的囚犯」。[36]

即使上手銬也成了令人生畏的酷刑，因為它演變成了一種離奇至極的刑罰藝術。懲罰性上銬，即雙手扣在身後的反銬，上銬時間短則一天，長則數月。反銬期間，生活不能自理。吃飯、睡覺脫衣、大小便都要請人幫助。有時，犯人被迫像狗一樣從地上舔食。每副手銬鎖上後，從鬆到緊有數檔。如上緊銬，可深陷入骨，導致皮肉皆爛，即使癒合，疤痕也永久難消，「宛如終身戴了兩副手鐲」。[37]

反銬有各種花樣。其一戲稱飛機銬，銬在上臂部位、阻斷血液迴圈，使手臂紫腫。如此上銬，把雙臂從背後扣到一起，宛如即將展翅飛翔。「其二為扁擔銬，一手自肩部反扭而下，另一手由背部拉上，銬在一起，如挑扁擔狀，故名。其三為豬玀銬，先將雙手自肩部反銬，再將雙腳銬上，然後將手腳硬拉過來，用另一副手銬將這兩副手銬銬在一起，狀如吊在屠場候宰的肉豬。這幾種銬法，時間稍長，都可導致被銬者筋斷骨折，終身殘疾。」[38]

林昭所經受的懲罰性上銬對她的身心折磨如此之大——有時用了兩副手銬把她雙手銬在身後，上臂、手腕各用一副——每當她回顧那些時日，總無法按捺住心中迸發出的悲傷：「在彼處備遭摧折，屢被非刑，百般慘毒，瀕絕者數！寸心之悲憤冤苦沉痛激切，不堪追憶，不可回想，不忍言說！憶之如癡，想之欲狂，說之難盡也。嗚呼！哀哉！此是何世？！」[39]

★

中國歷史上的刑訊逼供至少可以追溯到西周時期。到了秦朝，「笞掠」已相當常見。漢代規範逼供的《箠令》則明示：「笞者，箠長五尺，其本大一寸，其竹也，末薄半寸，皆平其節。當笞者，笞臀。」明朝的《明史紀事本末》第十四卷〈開國規模〉言：「捶楚之下，何求不得。」[40]

一九一二年中國的末代皇朝被推翻後，中華民國頒布了禁止刑訊逼供的總統令。一九三五年，國民政府推動的司法改革明確規定審訊中「不得用強暴、脅迫、利誘、欺詐及其他不正之方法」。然而，國民黨秘密警察在審訊被捕的共產黨人時，這些規定也都置之腦後，全然不顧了。

中共早在一九二二年，即建黨後的一年，就呼籲終止刑訊逼供。然而，二十世紀三〇年代初紅軍的內部清洗和四〇年代的延安整風運動都廣泛使用了酷刑。毛澤東懷疑部分黨內幹部以及投奔延安參加革命的進步知識分子對黨不忠，以肅清國民黨「特務」為由，發起了所謂的「搶救」運動，其中普遍使用酷刑。毛時代的中共高層領導人薄一波回憶起他在延安時聽說有些窯洞「每天晚上鬼哭狼嚎」。後來他發現上百人被關押在幾個窯洞裡。「他們都是『搶救』的知識分子，是來延安學習而遭到『搶救』的！」許多人精神失常，他們有的狂笑、有的哭嚎。[41]

一九五〇年，鎮反運動伊始，政務院（國務院前身）和最高人民法院頒布了中華人民共和國「禁止刑訊逼供」的第一號令。然而實際操作中，該指示被普遍地置之不理。[42]

★

一九六三年十月，被移交第一看守所兩個月後，隨著秋意漸深，林昭陷入了淒涼。那已是她首次被捕後的第三個年頭了。「秋心秋緒，鬱作秋聲」，眼前的蒼涼使她想起另一個「秋」。

秋瑾（一八七五～一九〇七），二十世紀初中國最著名的女權意識革命者，她的詩中即以「秋」喻指其生存時代的蕭瑟。早年秋瑾被父母許配給開當鋪的商人為妻。一九〇四年，剛與丈夫離婚的她登上了一艘開往日本的船。她在〈有懷．游日本時作〉一詩中寫道：「放足湔除千載毒，熱心喚起百花魂。」在日本留學時，她接觸到當時一些最激進的民族主義思想，一九〇五年加入孫中山領導、致力於以暴力推翻滿清統治的同盟會。一九〇六年，秋瑾回到中國。雖然她也曾憧憬過男女平權、婦女教育等社會改良，但此刻更願意投身一場壯烈、血腥的革命，去迎來一個新社會的誕生。

一九〇七年秋瑾因參與策劃推翻帝制的武裝起義被捕並被斬首。她的臨終遺言是抄自清代詩人陶澹人的一行詩句：「秋風秋雨愁煞人。」[43]

對林昭來說，自己和秋瑾有著相似而未竟的政治夢想。因此她決定用秋瑾就義前寫下的斷句為韻，作轆轤體七律五首。她用看守所提供寫自白的紙筆在詩的「序」中寫道：「有願補石，不避續貂。」所指是神話中蒼天塌陷、天河之水注入人間的危急關頭，女媧冶煉五色石補天、堵住天河洪水的傳說。秋瑾自己的詩中也有「煉石無方乞女媧」一句。

林昭表示，儘管自己無法與秋瑾相提並論，她哪怕狗尾續貂也要接續鑒湖女俠的詩句「哀時明志」。林昭的詩合集為《秋聲辭》，是這樣起始的：

秋風秋雨愁煞人，
憑對遙天吊荊榛。
狐鼠縱橫山嶽老，
脂膏滴瀝稻粱貧。
爲悲寂寞求同氣，
敢避艱難惜一身。
夜夜腸回寒蛩泣，
丹心未忍逐青磷！44

一九六三年十一月，林昭經歷了一場由天而降的悲痛。「沉重而熾烈的痛悼與悲愴之情像鉛的溶液驟然澆注在我心頭，閣下，兩個小時以前我剛從報紙上讀到你遇刺逝世的消息。」林昭在〈囚室哀思〉裡寫道。那是十一月二十四日，約翰・甘迺迪（John F. Kennedy）總統被刺身亡後兩天。[45]

林昭對甘迺迪的敬仰可以追溯到一九六二年保外就醫期間。「在愚民政策的重重封鎖與百般壅蔽之下我只能讀到您不多的言論而且是被割裂得支離破碎的，但即使只是片段的三言兩語也仍然煥射出無比強烈、無比肫摯的人道感情」，林昭解釋道：「我記得您說過：『一切為爭取自由而鬥爭的人都是我們的兄弟。』」這句話摘自甘迺迪一九六二年十二月二十九日的一次演說。新華社在之後第二天的一份通訊中援引了這段話，以譴責美國試圖在古巴「使反革命復辟」。按當時常規，新華社通訊被各主要黨報轉載。[46]

林昭在〈囚室哀思〉裡這樣寫道：

> 您說過：「自由是不可分割的，只要有一個人還受著奴役，就不能說人類是自由的！」啊！偉大的政治家，偉大的美國人，您向我們——當代中國

反抗暴政的青年戰鬥者更深刻、更廣闊地揭示了自由這一神聖概念的豐富內涵，從而更加激勵了、鼓舞了我們為她奮起獻身的決心、毅力和勇氣！[47]

甘迺迪這句話引自一九六三年六月二十六日他在德國柏林牆邊發表的歷史性演講〈我是柏林人〉（Ich bin ein Berliner）。中國媒體當時未登載，但是九天後，七月五日新華社的一篇通訊譴責甘迺迪西歐之行是「美帝國主義侵略野心的大暴露」，稱甘迺迪的演說「完全露出了他要吞併德意志民主共和國和消滅社會主義陣營的兇惡本相。他狂妄地叫囂，『只要每四個德國人中有一個得不到自由人的基本權利』，『就不可能保證真正的和平』，『只要一個人受到奴役，就不能說全人類都是自由的』」。[48]

林昭是在《人民日報》或《解放日報》上讀到這段內容的。這兩份報紙都是提籃橋監獄用來對犯人進行思想改造的政治學習材料。[49]可是這種意識形態的活疫苗其結果適得其反。林昭寫道：「愚民政策之把一切腦袋定型化的努力看來終於是可悲地勞而無功了……因為它終究不能使我們不愛自由。自由，這個人類語言中最神聖、最美麗、最高貴的名詞永遠燃起人們特別是青春心靈之最強烈的愛戀與追求的感情！」

她堅信，甘迺迪「對於苦難深重的中國懷抱著真摯的關切、同情與悲憫」，接著寫道：

總有一天我要來，是的，我一定要親自來謁見您——謁見您的墓，向您獻上不止是一把花束而是我們、當代中國青年群這一份景仰與追思的心！……作爲基督門徒我們各人誠實的靈魂，無論何時永遠共同呼吸、居住而且活躍在基督的愛裡。那麼您的在天之靈必定知道：今天，在距您祖國萬里之外的地方，在我們生活這地球的另一邊，在紅色中國的某所監獄中，一個臂上披著鐐銬創傷的青年自由戰士強支病軀以草莖爲筆，就著最簡陋的墨水和紙，憑對鐵窗仰望遙天默默寫下了對於您的悼念和哀思！[50]

林昭悼念甘迺迪的〈囚室哀思〉改定於十一月二十五日。之後不久，她再次被上了兩副手銬。那時手臂上的傷口還未癒合。重新用刑，事出何因並不清楚，但可能是看守所繼續逼供所需。獄方並以防止自殺為由，派一名林昭稱為「秘密特務」者住進其監房，日夜看守並且對她施以「虐待侮辱謾罵毆打」。

一九六四年二月五日那天，林昭悲憤交集、吞服藥皀自殺，但未能如願。[51]大概是求死前後，她寫下〈自誄〉一詩。作為一個含冤受屈的政治犯，她哀歎「家國多難，予生也哀」，同時為自己在少女時代投身共產革命而「失足自憐」。

林昭這首六十四行的四言詩採用了中國最古老的、約三千年前就已成形的詩體。詩中昭示，她「初心似水，指證蒼天」：

風塵寂寞，天涯淪落，黍離歌殘，銅駝沒綠！
故劍茫茫，故園就荒，舉世無道，我適何邦？
窮途倡狂，載哭興亡，九畹蕪穢，五内摧傷！
百慮重憂，謂我何求，慟念來日，血淚交流！
已歌燕市，無慚楚囚，子期不見，江波悠遊！
愁不能輟，憤不忍説，節不允改，志不可奪。
書憤瀝血，明志絕粒，此身似絮，此心似鐵。
自由無價，年命有涯，寧爲玉碎，以殉中華。[52]

林昭：〈自誄〉（1964 年血書），1965 年筆墨謄抄字跡。

在絕望喪志和高尚情懷的混合思緒中，林昭似乎認同了一個儒家的悲劇傳統——當庸君背棄「大道」被奸佞之臣蒙蔽時，每每有忠臣寧死不屈、選擇失敗而堅守崇高的道德理念。「玉碎」所指的是世世代代儒家之士所面對的生命或尊嚴兩者之間的痛苦抉擇。典故出自《北齊書．元景安傳》。西元六世紀，東魏丞相高洋篡位後大肆誅殺東魏宗室。當時唯有請求改姓高才能逃脫一死。遠房宗族陳留王元景皓卻言：「豈得棄本宗逐他姓？大丈夫寧可玉碎，不能瓦全！」[53]

〈自誄〉是用自己的鮮血寫成。這是我們目前所能讀到的林昭最早的獄中血書。此時紙筆俱無，雙手反銬身後。以血為墨就像選擇四言詩體一樣，一定程度上是出於無奈。[54]

但同時也是一個刻意的選擇：血書在中國歷史上由來已久，起源於虔誠修佛的一種古老實踐。儒家強調身體髮膚受之父母，刺血而書有違孝道。然而，東漢以後出現的庶民佛教卻將它提升為一種「美德的示範」。據稱釋迦牟尼前生曾為最勝仙人，時有天魔出現，對他說：「我今有佛說一偈，汝若能剝皮為紙，刺血為墨、折骨為筆，書寫此偈，當為汝說。」於是仙人歡喜踴躍，以利刃剝皮、刺血、折骨，捨身求法。

在中國，有關佛教信徒刺血為墨以表誠敬之志的最早記載，可以追溯到西元六世紀。當時梁武帝熱心信佛，引發許多佛教徒仿效。《梁本紀》記載，西元五四六年同泰寺火災，梁武帝欲為法事、克魔消災，「於是人人贊善，莫不從風。或刺血灑地，或刺血書經」。[55]刺血書經由此成為虔誠信佛之極致，並逐漸進入世俗文化。

明代傳奇劇本《和戎記》渲染西漢王昭君的悲劇，而血書就出現在劇本的高潮。面對匈奴大兵壓境，朝廷送上這位美色絕倫的宮女出塞和番，嫁給單于，以安撫這個頻頻進犯的中亞遊牧部落。王昭君接近漢番邊界時，怒斥滿朝文武畏刀避箭，鑄成漢元帝的恥辱和自己的犧牲。

「有多少文共武，百萬鐵衣郎，沒個男兒性，忍將紅粉去和番，要那將軍則甚」。在烏江投河自盡之前，她為自己的堅貞美德作了最後的表白：「沒有紙筆，不免將指尖破血，寫書一封。」托南飛的白雁傳書悲傷的元帝：「若到南朝見明主，方顯昭君一片心。」在毛澤東時代的中國，寫血書也成了一種革命聖禮：「文革」期間，成千上萬爭當革命幹將的北京學生，也用鮮血寫下忠於毛澤東的誓言。[56]

★

一九六四年春天，林昭得到了短暫的喘息。三月二十三日她提交了一份「血的供辭」後，手腕和臂膀上的兩副手銬總算被取下了。供詞內容她沒有清楚透露，但似乎都與她在一九六二年致陸平的信以及向全世界呼籲的文章〈我們是無罪的！〉有關。後來的起訴書中沒有提到她認了什麼罪，也沒有任何證據表明她曾揭發其他任何人。[57]

四月十二日是林昭舅舅許金元殉難的周年紀念日。曾為中共地下黨員的許金元在一九二七年國民黨的清剿中被秘密殺害。自己「在紅色的牢獄中」哭舅舅，這讓林昭倍感其中殘酷的諷刺意味。她寫道：「假如您知道，您為之犧牲的億萬同胞，而今卻只是不自由的罪人和饑餓的奴隸！……」那段時間裡，林昭還完成了其它許多作品——書箚、韻文、散文、詩篇，包括一首〈致枷鎖〉之詩，但至今都未找到。五月二十日，林昭又被戴上了手銬。[58]

八月份，離靜安區人民檢察院對林昭正式起訴不到三個月，對她的審訊似乎加大了力度。八月下旬的一天，她「遭女監眾鴇婆榜掠」。此時仍紙筆皆無且雙手被銬，於是她用鮮血在襯衫的兩襟和背上寫下「冤枉！」、「天日何在？！」等字以作抗議。[59]

九月七日，她的手銬被取下了。九月二十六日，紙筆又都交還給她，可能是讓她寫認罪供詞並揭發別人。然而，她卻寫出了一組七律，痛斥毛的統治。[60]

第一首與毛澤東在一九四九年寫的《七律．人民解放軍占領南京》同韻，內容則是怒斥毛的帝王霸氣。當年中共軍隊渡過長江，占領中華民國國都南京，毛澤東即興寫下這首詩。當時他眉飛色舞，對「百萬雄師過大江」，從蔣介石軍隊手裡奪取南京大加抒情讚美：「天翻地覆慨而慷……人間正道是滄桑。」[61]林昭逐行把毛的詩詞翻了個底朝天：

雙龍鏖戰玄間黃，冤恨兆元付大江。

蹈海魯連今仍昔，橫槊阿瞞慨當慷。
只應社稷公黎庶，那許山河私帝王？
汗慚神州赤子血，枉言正道是滄桑！[62]

十多年前，毛澤東曾是林昭心中指路的「紅星」，她也曾「在心裡默念著我們偉大的領袖——親愛的父親的名字」。那過去的十多年裡，她走過了一段漫長的人生道路。

不過林昭還是不免抱著一絲希望，期盼毛澤東能有悔過的一天。一九六三年重新被捕後，她曾不止一次為毛的「靈魂祈禱」。她這樣解釋：「我終究是一個基督徒……我既無權代替天父赦免，也無權攔阻天父赦免！」她想知道，「假如他能痛切自懺至於感動天心」那又將如何？[63]

一九六四年九月至一九六五年三月期間，她總共完成了九首七律。其中大多數都如上首詩一樣是針對毛而寫，時而痛斥、時而誠諫：

李洪三世悼終軍，
歷劫再來日未曛！

伐骨親仁先複禮，
洗心偃武以修文；
眾生堪念當離曆，
昊帝垂憐猶待君；
寶筏迷津迅受渡，
好成正果上青雲！[64]

「永夜沉吟徹骨寒，瑤琴寂寞對誰彈？」林昭的另一首七律這樣問道。宋代抗金名將岳飛，因無法勸阻朝廷改變對金兵進犯採取退讓求和的亡國政策，寫下〈小重山〉，傾訴自己的悲憤。林昭的詩表達了對岳飛「欲將心事付瑤琴。知音少，弦斷有誰聽？」的共鳴。[65]

林昭的七律詩詞韻律嚴謹且充滿歷史典故，但對於審訊員和上海靜安區人民檢察院審理林昭案件的人員來說卻無甚用處。起訴書於一九六四年十一月四日完成，以「偵訊案卷八冊」為依據，正式公訴林昭為「『中國自由青年戰鬥聯盟』反革命集團主犯」。[66]

她被控與蘭州大學右派同夥勾結，「共謀出版《星火》刊物，進行造謠煽動，陰謀偷越邊境叛國投敵」。起訴書稱，林昭「在保外就醫期間和在監所中進行了一系例（列）反革命活動，妄圖推翻人民民主政權，破壞社會主義事業，勾結帝國主義作反革命的垂死掙扎。實屬怙惡不悛的反革命分子，罪行極為嚴重」。鑒於此，檢察院要求「依法嚴懲」。[67]

按檢察院一貫做法，起訴書準備期間，林昭始終未知其具體內容或步驟。十一月五日，即起訴書完成後的第二天，她突然得到獄方的寬大待遇：雖然家人仍被禁止探訪，但第一看守所自林昭收監以來第一次允許其家人送來一包她要的物品，內有棉衣、肉鬆一袋、原汁豬肉一罐、粒糖一袋、餅乾一盒，還有「水餃二十只」。

對於囚犯來說，這些都是罕見的奢侈品。雖然監獄定時提供三頓飯——上午七點半、十一點、下午四點——每人每天糧食總定量只有三百七十五克，另加一些蔬菜，總是不夠填飽肚子（到了國定假日會例外加點肉）。那天收到包裹後，林昭被帶到審訊室，看著女獄警把她母親送來的新鮮餃子「蒸熟與食」。[68]

林昭待遇的改變也許是因為正式審訊已經結束，或是因為即將向她宣讀嚴厲的起訴書，在重大打擊之前，先緩和一下她的心情。無論怎樣，這都讓林昭「對之震愕，咽不能下！」她開始揣摩這前所未有的寬宏之舉是否有毛澤東在背後指使。因為她在獄中寫的文字總是落在監獄當局手中，那麼毛本人是否看到了這些文字而試圖收買她、誘使她屈服呢？她後來在給母親的信中這樣解釋水餃事件：「那臭毛蟲還特為讓你們送水餃子來調戲我呢！」[69]

沒過幾天，林昭又被帶回到殘酷的現實裡。十一月九日，又一次勸她「檢討」的「夜間談話」引起她一番涕淚俱下的抗議。當時她的情緒一定是相當激動，獄方指責她「胡鬧」，當晚又給她上了手銬。這一次林昭要連續戴六個半月的手銬，直到一九六五年五月二十六日，也就是被移交上海市監獄的前幾天。戴手銬的時間如此之長，「不知道在二十世紀六〇年代的今日可能夠取得全國紀錄乃至世界紀錄保持者的榮譽？」後來她在給《人民日報》編輯部的信中這樣問道。[70]

十一月十日，林昭被推入一個「不比一張雙人床更大的」的禁閉室裡，加重對她的懲罰，也可能是因為獄方知道即將對她宣布的起訴必定引發反抗，因而加以防範。[71]同時，紙筆也再次被收走。接下來的幾個月裡，她只有自己的鮮血可以用來寫作。

悲憤欲絕的林昭「以玻璃片割裂左腕求死」。又一次自殺未遂後，她開始絕食，但遭挫敗。看守用「來沙而溶液浸泡橡皮管」從她的鼻腔插入，強行對她灌食，導致她鼻腔粘膜「浮腫刺痛」。幾天後，「所謂的檢察院偽職人員前來提審，入室未能作一語而鮮血殷然已見隨聲咯下點染遍地」。[72]

十一月二十三日是她父親自殺身亡的忌日。她在牢房的牆上以自己鮮血繪設了一個父親靈位，而後停止了絕食。後來她又在靈位前添上了一個血繪的香爐和花飾，香爐上還有「裝飾性的雲紋」。在靠北的牆上，她畫了一個血的十字架。[73]

林昭是在十一月十七日被告知起訴書的內容。兩周後她拿到書面起訴書。十二月五日「審訊開庭」，林昭作了自我辯護。起訴書指控她「在監所中又用高聲呼喊的方法，煽動在押人犯暴動」。林昭自辯時揶揄道：「『起訴書』上漏列了我曾在監獄中建立一個軍械局與三座兵工廠、兩個軍火倉庫的重要事實！」

幾個月後，當再次拿到紙筆時，林昭冷言冷語為起訴書逐句加注，還不斷改正起訴書中的錯別字。加注的起訴書的部分內容如下：

〔被告〕官僚資產階級出身（注曰：不知所云！）……一九五〇年起參加土改、五反工作隊，（注曰：確證這名「被告」一未紐約受訓、二非臺北派遣，而是當初被你們所煽惑利用的天眞純潔的追隨者、盲從者之一！）

……主犯林昭犯有組織反革命集團，進行反革命宣傳鼓動，勾結帝國主義為敵人供給情報，策劃偷越國境，和煽動在押犯人暴動等，破壞社會主義事業，陰謀推翻人民民主專政的嚴重罪行。（注曰：苫塊昏迷，語無倫次，卻是抬高了黃毛丫頭的聲價，三生有幸，不勝榮幸！）

……被告寫的反革命文章《海鷗》，為張春元印成宣傳品，《普洛米修士受難的一日》則登載於《星火》第一期上（注曰：竟然連普洛米修士與海鷗都要「反革命」，可見這一「革命」之該反而且非反不可已到了什麼程度！）

……在逮捕以後，就一直不思坦白認罪（注曰：你們如此罪惡滔天還不肯認，林昭反抗無罪，當然不認！）。[74]

林昭很清楚，儘管起訴書文法與遣詞瑕疵百出，法律概念空洞，最終還是要導致有罪判決。因此她決定在「『公安局與它的政治犯之間』尋找一個仲裁者！」「審訊開庭」後的第二天，她要求檢察院為她轉一封信給上海市市長柯慶施。「按著中國傳統的說法，守土有責的地方官乃是民之父母！」她在信裡提醒道，「那末（麼）柯市長，我請求您為我作主。」[75]

身居高位的柯慶施自一九五八年以後一直擔任上海市長，一九六一年開始任中共中央華東局第一書記。林昭認為上海地區的知識界和一般民眾對他都比較服膺。[76]可以想像，當時她相信柯可以成為一名現代騎士，在危難時刻現身，拯救她這位在柯管轄區內誤遭監禁的年輕女知識分子。

實際上，柯慶施自「大躍進」以來就一直追隨毛的激進路線。作為毛澤東與江青的親信，他曾批判資產階級文化的流毒，並於一九六三年公開提出文學應當「大寫十三年」，歌頌黨的領導。在一九四三年延安的「搶救」運動中，作為中共最早老黨員之一的柯慶施被當作「反革命分子」進行整肅，因拒不認罪而被捆綁起來，他的妻子不堪迫害，跳井自殺身亡。但毛澤東出面救了他，從此他一生狂熱地追隨和效忠毛。[77]

林昭不可能對柯的左傾言行完全不知，然而當時在完全沒有法律手段來抗辯對其指控情況下，向柯呼救似乎成了最佳選擇。一九六五年二月，她再次被看守毆打後，寫了很長的第二封信給柯，詳細描寫了事件的經過。[78]顯然，一九六四年十二月給柯寄了第一封抗辯信後，這位上海市長並未出面保護她。她也不知信是否送到了柯慶施手裡。

此時她瀕臨絕望，感到自己的精神已到了崩潰的邊緣。驚恐中她在「靠門那一堵窄窄的西壁下端，水泥罩牆上寫著幾行徑寸的血字：『不、不！上帝不會讓我瘋狂的，在生一日，祂必定保存我的理智，如同保存我的記憶！』」

二月底的一天，她再一次與看管交鋒。看管嘲笑她曾被灌米湯鼻飼（「灌著還省了刷牙呢」）。聽著，她陷入了精神恍惚的痛苦沉思中。「我怔怔地一動不動地坐在那裡，又一次陷入了自從去年十一月十日被扯到那間小室中、並且在鐐銬之下割破脈管以後經常向我襲來的深度的麻木狀態」，林昭後來回憶道，「我似乎真地要瘋了！上帝，上帝幫助我吧！我要被逼瘋了！可是我不能夠瘋，我也不願意瘋呀！」[79]

她並未像她所擔心的那樣被送進精神病院，而是更深地陷入一種迷茫。一個新的、陰森的場景逐漸在她的腦海呈現：毛澤東本人變成了第一看守所所長。不久，她在送來的米湯裡開始「聞著一股子淡淡的『來沙爾』氣味」，喝完後發生肚痛和腹瀉。於是她再次絕食，在看守所拘押的餘下幾個月裡，大多數時間拒食固體食物，甚至米粥。[80]

有時候，她「情紊意亂神思不寧，甚且百脈憤（賁）張心血洶湧」。那種奇異的煩亂感「就像一道電光閃過醞釀著大雷雨的沉悶的天空，一種說不清楚的異樣的感應也閃過了年青人只是籠罩著一團決死之孤憤的沉鬱的心田！」以至她「『哇』地一下失聲大哭起來！……跟個孩子樣地嗚嗚哭著」。在那之後，「一種異樣的光芒永遠留在了我眼睛裡！」後來她的獄友不只一次告訴她：「你的眼睛裡有一種光，挺奇怪的，有時看起來很怕人！」儘管她已經出現了精神受創的跡象，但沒有得到任何精神病診斷或治療。[81]

三月五日，她仍然戴著手銬，將一九六四年九月下旬以來賦的九首七律，全部以血為墨抄寫到白襯衣上，並寫了一首四言詩作為跋語：

> 無題九章，以當絕命！自傷身世，更痛家國！
> 殉道有志，弘道無得；肝腸百回，淚盡繼血。

她曾「盡命完節」，賦詩進諫，只是此時已經「瑤琴韻斷」。

起初，看守拒絕接受林昭的血字襯衣。她因而絕食，於是第二天看守接受了襯衣，但幾個小時內連同她給柯慶施的的第二封信〈自訴二書〉一起退還給她，從小窗塞進，掉在禁閉室近門口的地板上，說：「這又不好打郵局寄的！」[82]當時她「鬧了一場」，直到夜間。最後來了一位打著官腔的人收下她寫的東西，笑道：「你呀，反動得快要歇斯的里了！……這股子反動的瘋狂勁兒，透了頂了！」

林昭要求給收據，並提醒他，這場交鋒不乏諷刺。「我責問他何以拒絕收受？那不犯人平日寫下的東西不拿出來都還在那裡千方百計地搜索，既自願交出來又為什麼不拿去呢？」[83]

林昭在她痛苦、躁動的心中也許還幻想著：她寄給柯慶施那兩封沾血的信，最終會落在柯的辦公桌上。這位上海市市長見其轄區內一位無辜的知識分子被關押並飽受虐待，會為之義憤填膺。對她來說，二十世紀六〇年代被認為是最受毛澤東信任的兩個大行政區黨委書記之一的柯慶施，是唯一能夠為她出面說話的人。[84]

四月十日，《解放日報》為林昭帶來了柯慶施在前一天猝死的消息。官方的報導隱晦如常，只是簡單地提及柯因病去世，於是催生了其被政敵謀害的陰謀論，一九六六年「文革」爆發後多有複加。實際上，一九六四年柯慶施被診斷患肺癌後，健康狀況已經惡化。他是死於膽囊炎引發的「急性出血性胰腺炎」。[85]

然而對林昭來說，許多蹊蹺點開始連成一個因果線條。在她看來，明顯的關聯是：自從她給柯慶施寄去上訴信之後，柯就「被留京不返」上海。她相信自己的血書已經寄到了柯手裡，他也一定為林昭而當面責問過毛澤東。她懷疑，長期以來一直對自己懷有性征服意圖的毛「由於對青年反抗者林昭的非禮之求的邪念和個人意氣用事，在剛愎護短和惡意嫉妒的驅使下謀殺了前上海市市長柯慶施氏」。柯「中毒」而亡，所以她才是其暴死的直接原因；柯是為她而死。[86]

林昭對自己臆想的柯被謀殺的反應是具有性格特點的激情和衝動：她寫了一首一百六十二行的四言詩〈祭靈耦文〉（血書題衣）悼念他「鴉群獨鶴」。然後，「遵著祖國民間古老的習俗以姬人之名為他立了牌位而成冥婚！」牌位是以自己的血設的，畫在父親牌位之旁。[87]

她的極端行為甚至連自己都感到驚訝，後來反思道：「要是他活著，我萬萬不得委身於他！他在黨內的地位也不低：上海市長，華東局第一書記，同樣是我的敵人呢。」對著柯慶施的亡靈她這樣寫道：「我也不至於就天真到那樣地步而以為你真是一隻雪白的烏鴉！」她意識到自己「對於死者的愛情也就是對於獨夫的抗議！」儘管怪誕，但愛之深也表明抗議之強烈。[88]

★

林昭一直拘押在第一看守所直到一九六五年五月底。最後幾周裡，她開始寫一篇題為〈告人類〉的長文。如在第一看守所寫的其他文字一樣，在她離開時被沒收了。這次長達近二十二個月的拘禁，其起伏波折的程度在所有囚犯中可能是無可比擬的。即使是看守在氣急敗壞時也提醒過她，並非所有的囚犯都受到同樣嚴苛的對待。他們問她道：「那麼些個犯人，誰跟你似地？」[89]

如果她沒有堅持不屈不撓的反抗，情況可能會不同。對於那些一心想活下去的人來說，屈服會有所幫助。《上海生與死》的作者、曾在殼牌國際石油公司上海辦事處任職的鄭念，於一九六六年被關進第一看守所。關押期間學會了在每次審訊開始時大聲背誦《毛主席語錄》，巧妙地為自己的觀點辯護。林昭不屑這種遊戲，儘管她很熟悉「酷喜在文字之中賣弄屁股」的「輕躁」的「毛風」。看守所有時向囚犯們兜售《毛澤東選集》，她則告訴他們別來打擾：「大可不必再來向林昭推銷什麼『選集』或『選讀』之類。」[90]

也許選擇寂靜會減輕她的痛苦。有個審訊員奉勸過她「把日子過得安靜一些」。畢竟，對所有囚犯的最基本規定就是順從。在第一看守所，犯人幾乎無一例外地認罪。如一位審訊員所言，不管怎樣，囚犯最終都會「求著給一個認罪的機會」；那些不認罪的人「在這個地方……頂不了多久」。[91]

其他看守也告訴過林昭要「學會涵養克服急躁」。但每當她想到「自稱為鎮壓機關或鎮壓工具的東西正在怎樣地作惡」，想到許許多多被流放或關押的右派分子「正在這條該叫專政的大毒蛇般的鎖練（鏈）之下怎樣地受難。想到這種荒謬情況的延續是如何斲喪著民族的正氣而增長著人類的不安，更如何玷辱了祖國的名字而加劇了時代的動盪……我還能不躁急嗎？」[92]

就在這種躁怒中，林昭戴著手銬，在禁閉室的牆壁上添加了血畫藝術的收尾之作。在她父親靈位的左側那一方牆上用鮮血寫下了魯迅於一九〇三年、時年二十一歲時作的〈自題小像〉一詩的末句：「我以我血薦軒轅！」她後來回憶道：「那字寫得很大，足有三寸見方。」

魯迅於一九三六年逝世後，他那句儒家情懷的詩早已被渲染成了為中共的革命事業無私奉獻的口號。林昭要澄清她的血祭與毛澤東的革命毫無關係，寫道：她的血是要供薦「我中華五千年衣冠威儀禮樂文明的始祖軒轅黃帝。供薦著我們這個古老而更優秀的民族精魂之不朽的象徵！」[93]

第六章 雪地之燈

魯迅先生說：路是人走出來的。但如果沒有第一個，也便沒有後來的，也仍然沒有路。而那第一個遵著遙遠的火光，走進沒有路的地方去，直到倒下，還以自己的鮮血爲後來者劃出了道路的人，將永遠、永遠爲我們所崇敬。

——林昭，一九五七年[1]

一九六五年五月三十一日，林昭在上海靜安區人民法院受審。根據一九六四年十一月提交的起訴書，她被以「怙惡不悛的反革命分子」的罪名判處二十年徒刑。同日她從第一看守所被移送到上海市監獄。

這次司法公正的流產，很可能讓林昭想到三十年前其父彭國彥在蘇北邳縣任縣長時遭受的厄運。當時這位謹小慎微、兢兢業業的縣長，因得罪地方勢力被控「浮收賦稅」中飽私囊。一九三四年他被判處五年監禁。

不過，彭國彥的遭遇還是比林昭好得多：他能夠向省高等法院提出上訴，隨後進行公開庭審，有律師代理他出庭，並有五百多人出席旁聽。雖然未能大獲全勝贏得官司，但最終還是保釋出獄。[2]彭國彥父女兩代人中，無數愛國人士歷經多年浴血奮戰，結束了國民黨統治下的社會不公。如今，父親蒙冤三十年後，中國的專制政權卻更加穩固。沒有公開庭審，也沒有辯護律師，受審時她孤身一人，所有的只是自身的憤慨和對判決的蔑視。

她在判決書的背面用自己的鮮血寫下以下的聲明：

> **看著吧！歷史法庭的正式判決很快即將昭告於天下後世！你們這些極權統治者和詐僞的奸宄——歹徒、惡賴、竊國大盜和殃民賊子將不僅是眞正的被告更是公訴的罪人！**
>
> **公義必勝！自由萬歲！**[3]

★

上海市監獄，俗稱提籃橋監獄，原名華德路監獄，一九〇三年由西人控制的上海公共租界工部局建成，以維護租界內的半殖民地秩序。到了一九三五年，擴建後的華德路監獄有十座大型監樓，約四千個囚室，號稱「遠東第一監獄」，也是當時全世界最大的監獄，還有著「厄運之城」（City of the Doomed）和「東方惡魔島」（Alcatraz of the Orient）的稱號。它占地面積六十畝，位於外灘以北的公共租界內，四周圍著五米多高的灰色界牆。監樓每層有兩排背靠背的水泥監室，每個監室正面是通風透光的鐵柵，面向長長的過道和外牆的窗戶。監室大約一．五米寬、二米深，大小相當於美國惡魔島（阿爾卡特拉斯島）聯邦監獄的單人牢房。通常情況下關兩個囚犯，但偶爾也有三個以上的囚犯擠在一起，睡在冰冷的水泥地板上。[4]

除了一般牢房外，還有稱為「風波亭」的幽黑禁閉室和「橡皮監」防暴監室，分別關押最頑固和有自殺傾向的囚犯。從一開始，提籃橋就關押了一些現代中國最重要的異見者和革命者。一九〇三年寫下《革命軍》一書、呼籲推翻滿清皇朝的鄒容，在提籃橋關押期間於一九〇五年死於獄中，時年不足二十歲。上世紀四〇年代，隨著民國時期進入尾聲，提籃橋也關押過日據期間的傀儡政府要員、日本戰犯以及幾十名為推翻蔣介石暴政而獻身革命的中共黨員。[5]

中共奪取政權之後，歷史又重演一遍：一九四九年以後，提籃橋成為上海地區已決政治犯的主要關押地。每次大規模政治運動都使提籃橋關押人數激增。一九五〇～一九五一年「鎮壓反革命」運動中，獄牆內就關押了數千人。一九五三年，提籃橋收押的「反革命分子」總數多達七千名，在押犯總數增至一萬七千人，最多時每個監室要擠下五名囚犯。一段時間囚犯人數有所回落，但在一九五五年「肅反」運動開始後不久再度攀升。「文革」時期，「反革命分子」一度占了在押五千多名囚犯的百分之四十三。[6]

並非所有囚犯都是林昭那樣的異議人士。一九六七年「文革」正如火如荼，一位上海工人和妻子因為分別加入了對立的派別而彼此感情疏離。一天晚上，上夜班的丈夫提前回家，發現妻子和造反派頭目在床上通姦。那男人倉皇逃走，丈夫操起一根棍子朝他妻子打去。慌亂中，妻子一邊用《毛主席語錄》遮擋一邊大聲喊著主席的教導：「要文鬥不要武鬥！」憤怒中丈夫奪過紅寶書撕得粉碎。妻子又捧起桌上的毛主席石膏像當盾牌，他把石膏像也一起打碎。當晚，妻子向公安局舉報了丈夫。他以現行反革命罪被捕，判處十二年徒刑。[7]

★

對林昭來說，回到提籃橋恍如隔世。第二天，她在牢房裡看到了陽光，這是近兩年來的第一次。「當我的視線穿過牢門投注於那被鐵窗柵欄隔成若干長方小塊的映著陽光的晴朗的天宇

提籃橋監獄，1929 年。

清晨霧霾中的提籃橋監獄，連曦攝於 2015 年 11 月。

時我禁不住熱淚橫流！」[8]

在接受三周例行對新入獄犯人的訓誡後，林昭被調換到九號樓，亦即女犯監樓三樓第五十三號囚室。這是提籃橋監獄東區靠近中部的一座五層T形紅磚樓，內有一百八十八個囚室。六月十九日，她盼到了母親和弟弟兩年來第一次的探視。[9]她告訴親人，上訴的事還得等候，「這案件是要等請到了律師之後去向人類文明的講壇——聯合國上訴的」。

她審視自己的處境後，找不到其它可行的方案：自己無法向臺灣的蔣介石政府上訴；而「國際共產黨與工人黨會議或其它諸如此類的什麼東西」也無甚用處。她清楚北京和莫斯科之間的緊張關係。一九六〇年在莫斯科召開的八十一國共產黨工人黨代表會議上，中蘇兩國發生了衝突。到了一九六三年夏天，中蘇破裂已成不可挽回之勢。[10]無論如何，不管哪一國的共產黨在她眼中都沒有任何道德權威。她無法容忍任何「不脫『共』家本色氣味的偽善的胡言！」

「這麼地，比較下來還是聯合國為上」，林昭寫道。儘管毛澤東的政府並不承認聯合國的法律或道義權威，「我們可是相當尊重！而且歸根到底（柢）先生們也還必需對它尊重。既然作為一個被地球上壓倒多數之國家所承認以及參加的國際機構它代表著人類文明社會中許多公認的基本原則，因之也就在很大的程度上代表了整個文明人類！」[11]

★

林昭向聯合國上訴是一年後的事。此時她全力投入了兩個更加緊迫的大型寫作項目，都與上海市長柯慶施四月九日的死亡有關。其一是柯死後一個月、她還在押於第一看守所時開始的題為〈靈耦絮語〉的約二十三萬字的劇本。之後近三百日，她每日繼續這項既是劇本又是日記的寫作，直到一九六六年三月八日戛然而止，沒有結尾。其二是給《人民日報》編輯部的一封長信，於一九六五年七月十四日，也就是法國大革命首義、巴士底獄被攻占的周年紀念日開始動筆。那天林昭還發著高燒，躺在監獄醫院的病床上。這封信一直到一九六五年十二月五日才寫完。[12]

這兩項工作都足以令她身心交瘁。她的身體原先就不佳，在第一看守所近二十二個月的監禁更是摧殘了她的健康。十幾歲開始得的肺結核病已經惡化。六月份的X光檢查顯示，右肺結核已蔓延到肺的其它部分。[13]

林昭的X光透視是在提籃橋內八層高的監獄醫院做的。醫院建於一九三三年，是民國留下的遺產。在毛澤東時代，它繼續為較嚴重的疾病提供治療，但獄中的日常醫療服務是由多少有些醫學知識的「醫務犯」在監樓內提供。[14]上世紀四〇年代，毛澤東號召為中共領導層和軍隊服務的醫務人員要「實行革命的人道主義」。一九四九年後，它成為全國醫療機構的口號。監獄醫院也不例外。

林昭拒絕服用監獄醫生開的藥，儘管她被警告，若拒絕服藥最多活不過三年。[15]此抗議行為從一九六三年初就已經開始。那一年二至三月她在絕食抗議期間受到「粗暴而不人道的待遇」，於是停止服藥。到了第一看守所後，粗暴待遇更變成「非法虐待與非刑殘害」，於是她繼續不服藥以示抗議。「無論病魔足以對我構成為如何可怕的威脅，我既不願從你們也不願從任何處在你們權力之下的人那裡接受生命！」她解釋道，「作為基督徒，我的生命屬於我的上帝……從這個意義上說，我是願意甚至希望從自己中學時代的導師，帶領我受洗進教的美國傳道士那裡得到對於肺病的藥物治療。」

那些傳教士早已離開中國。林昭沒有她們的地址，但她相信如果允許她發出「一封公開信」，還是可以聯絡上她們。在此之前，她仍將拒服藥物、堅持抗爭。[16]

她從一開始就決定，〈靈耦絮語〉必須用自己的鮮血來寫。她相信柯慶施是為了自己而流血身亡，所以必須以鮮血回報。她承認「精力總感不足，特別一寫血書，就更覺疲累，夜中寫來尤其」。但是「偏是夜中」與柯慶施亡靈的感應「最為明晰，自己的思路也更清楚」。現在沒了手銬，寫作的速度也加快了。

〈靈耦絮語〉的寫作開始一個月以後，效率開始提高。鮮血易凝固一直是個問題，但如今她把擠出的血放在「塑膠調羹裡不大凝結，即凝結了也仍可以磨開蘸著書寫！」只是蘸上水將凝澱磨開使用「有時則是生成凝澱之後泌出的水分，是故血色深淺不一」。[17]

林昭被移到提籃橋監獄後首先做的事情之一是，為父親和柯慶施各設立一個新的靈位。在第一看守所，她把父親的靈位畫在牢房牆上。但在提籃橋，囚犯經常被移到不同的監室，所以她要做一個可以隨時帶走的靈位。六月十日淩晨她拿出一件「青色嵌條白襯衣」，戳破右手中指，在襯衣前襟兩邊為他們各繪製了一個靈位。完成時，天色已經大亮。[18]

七月九日是柯慶施死後的「三月忌辰」。林昭當日「神思恍惚鬱鬱終日」。那天下午獄中出售番茄，她買了幾斤「在血衣靈位之前作了一番供薦」。到了晚上，她悲傷不已，把讚美詩〈再相會歌〉（God Be With You Till We Meet Again）唱了七遍。這首詩歌由美國公理會牧師傑瑞米亞・蘭金（Jeremiah Rankin）於十九世紀八〇年代創作，後經傳教士傳入中國，長期以來成為中國教會葬禮常選的歌曲。監獄內沒有聖經或讚美詩，但她仍記得歌詞。唱著唱著她「伏在那兩座鮮血的靈位上昏睡過去」。第二天早上醒來，發現襯衫上柯的靈位已經被淚水沾漬而模糊了一塊。[19]

作為補救，她決定舉行一個更正式的儀式：為柯慶施的靈魂施洗並重新繪設他的靈位。在獄中，每星期天她都獨自做「教堂的大禮拜」，早上九點半開始唱讚美詩和禱告，直到午飯時分。一九六五年七月十一日是禮拜天，她早上清洗了臉盆，倒入那一天限供的清水。然後「戢（戳）指在水上畫十字並虔心默禱」：

> 願此水因基督門徒的祈禱祝願及愛與犧牲的象徵——十字寶架的無上應力而成聖！天父啊，願以此聖水洗滌清潔那含冤以終抱恨沒世的不幸的靈魂！……
>
> 願那靈魂之中在生殘留的一切罪孽過惡因此水的洗滌而得消盡！天父，主啊，願他在基督寶血的宏恩救贖下獲得再生而進入永生！……

接著，她將襯衣上繪著柯慶施靈位的右襟浸入水中緩緩漂洗，一邊唱著十九世紀的讚美詩

〈白超乎雪〉（Whiter Than Snow）。這首歌的中文譯本收錄在一九三六年由不同宗派教會聯合出版、流傳甚廣的《普天頌贊》裡。儀式結束時，她唱著聖詩「萬古磐石為我開，容我藏身在主懷！」將襯衣掛在牢房的鐵門柵欄上晾乾。當晚，她再次刺破右手中指，取血依照衣襟上原來的靈位圖樣重繪。她相信柯慶施流的血已經「免除了」他的黨籍，如今她的施洗可以「使他的靈魂更加與主接近而獲得救贖宏恩！」[20]

靈位繪製完畢，七月十四日林昭準備就緒，開始寫長信給《人民日報》編輯部。信這樣開始：

在這個肇始以來一直以其崇高勇烈的人道激情深深叩動每個愛自由者之心弦的著名的日子裡，我——奇怪的讀者又開始起稿給你們寫信，假如這久被折磨的衰弱負病之軀的記憶力還不曾十分喪失了其準確性的話，那末我記得這是法國大革命首義的日子！[21]

這是她給《人民日報》編輯部寫的第三封信。前兩封是用自己的鮮血寫的，分別於一九六四年十二月和一九六五年二月交給第一看守所的獄警投郵，但未收到回信，也不知信是否寄到。她寫道，編輯們可能「收不到一個青年反抗者在桎梏之下指名寫給你們的血書」，或者「收到了那樣慘厲的血書而竟然噤若寒蟬莫置一是」。無論何種情況都「同樣說明你們的報紙對你們的秘密特務系統說來不值一張草紙！」[22]

《人民日報》於一九四六年開始發行。毛澤東為之命名，後來一直是中共的喉舌。林昭則提醒編輯部：「即使就作為御用的情況中心，你們的報紙也非常之不值一哂，這原因主要在於：雖然它本身也是極權警察國家中整套特務恐怖統治機構的組成部分之一，按著你們報紙——無論如何它總還是一張報紙——的功能而言主要地還只是裝飾門面的。」[23]

林昭這封信寫得慷慨激昂，有時也顯得雜亂，但卻感人至深。它是對自己推斷的柯慶施謀殺案的喊冤，是對她作為政治異議人士所遭受的虐待和酷刑的抗議，是對共產革命殘酷的邏輯和實踐的透徹批評，也是對自由與正義作為文明社會基石的深切肯定。

她堅持認為毛澤東「謀殺」柯慶施只不過是「爭風吃醋」、「惡劣透頂」的低俗行為，而中共的國家機器則是為毛的獨裁邪行服務。同時期江西省長邵式平和國防部副部長劉亞樓因病之死也引起她的懷疑。她警告說：「若以這種速率死下去，你們的那些貴中央委員們可是確確實實在很短時期以內就將死得更無噍類矣！」[24]林昭對柯等人死亡的推斷是錯誤的，但她準確預見了毛澤東統治下政治鬥爭的殘酷結局。不久，毛澤東發動的「文化大革命」應驗了其預言。

對於自己在監獄裡受到的虐待，林昭承認，作為一個投身政治鬥爭的人，已有在陣地上負傷的心理準備，但「滅絕人性」的非常規武器卻另當別論：

而貴第一看守所對於這個負病已久體質十分衰弱的青年……又作下了一些什麼呢？不計其數的人身侵犯！駭人聽聞的非刑虐待！光是鐐銬一事人們就玩出了不知多少花樣來：一副反銬，兩副反銬；時而平行，時而交叉，等等不一。臂肘之上至今創痕猶在不消說了，最最慘無人道酷無人理的是：不論在我絕食之中，在我胃炎發病痛得死去活來之時，乃至在婦女生理特殊情況——月經期間，不僅從未爲我解除過鐐銬，甚至從未有所減輕！——比如在兩副鐐銬中暫且除去一副。天哪天哪！眞正地獄莫及，人間何世！[25]

林昭指出，這種暴虐是極權統治的必然結果。即使「全國人大就手銬的使用問題通過一項決議而略為規定一個範圍」，禁止酷刑，「也還是未必有用，莫說全國人大那只破殼，即使貴黨的全國代表大會通過決議明確規定手銬的使用應如何如何，對於你們黨內的太上皇——秘密特務們也不會具有一絲一毫的約束力，是所以人稱紅色中國為警察國家，而我更直指之為恐怖統治！」[26]

★

暴政固然是「獨夫毛澤東之該死的剛愎自用輕躁任性」的結果，但林昭認為，毛「之所以能夠如此肆無忌憚地一意孤行甚至竟然弄到如此無法無天地胡作非為的程度，應該確認為是先生們之貴黨特別是貴中央什麼玩兒長期以來對這個暴君一味遷就、姑容、放縱的結果！長期以來，當然是為了更有利於維持你們的極權統治與愚民政策，但也是出於嚴重封建唯心思想與盲目偶象崇拜雙重影響下之深刻的奴性，你們把獨夫當作披著洋袍的『真命天子』，竭盡一切努力在黨內外將他加以神化」。於是「日月都是有了毛澤東才明的！草木都是有了毛澤東才生的！……這種典型中世紀式的荒謬可笑的的偶象崇拜的狂熱在某些時候某些地方幾已達到了令人作三日嘔的地步！」[27]

除此之外，毛澤東的獨裁統治還仰賴於中共「秘密特務」的恐怖監視。她質問：「我們還能向何處去尋找一點民主氣息呢？！誰都不能供給人們以自己沒有的東西，而先生們的貴黨之內除了集中、集中、集中，而且是恐怖的集中！根本就早已沒有了任何民主可言！」

林昭承認，自己是走了漫長的一段路才得出這個結論。最初是因為身處新聞行業「隱約窺見了一個非近代的東方式的野心家之輪廓」，而最終「在自己的原有基礎上對獨夫大大地喪失信仰！」

轉捩點是反右運動，「因為憑著識別毛風的本事我很可以確定當時貴黨中央黨報的某幾篇社論諸如《文匯報在一個時期內的資產階級方向》之類皆出獨夫手筆。」[28]一九五七年六月十四日發表在《人民日報》上的那一篇署名「編輯部」的社論，是反右運動早期開的一炮，確實是由毛澤東親自撰寫。黨制定的所有重要政策都是根據毛澤東的意圖，這一點她十分清楚。

更讓她拋棄對毛澤東的幻想的是之後發生的事情：「一九五八年之『人民公社好！』以及在所謂『大躍進』之旗號下的諸般烏搞」造成「社會生活在粗暴干預下的嚴重紊亂失調，經濟的衰退與民生的凋敝，特別是農業的破壞，農村的行政劫掠與農民的徹底貧困化」。她寫道，毛澤東本人「首先應該對那些稱得上『左』傾冒險主義的做法以及由此造成之百業混亂禍國殃民，哀鴻遍野餓殍滿壑的悲慘局面擔負責任」。這些文字與林昭和她的右派朋友們在一九六〇年的地下刊物《星火》中的大聲疾呼十分相似。

她還指出，毛澤東必須為他「與赫魯曉夫進行的骯髒交易，炮擊金、馬那以失敗告終的軍事冒險」承擔責任。一九五八年八月二十三日，毛澤東下令炮擊國民黨占據的福建省離岸島嶼金門和馬祖，持續了大約六周以後轉為單日炮擊、雙日停火的兒戲般的軍事行動。表面上是試圖強占這些島嶼當作進攻臺灣的跳板，毛澤東的目的更可能是製造一場臺海危機，破壞赫魯曉夫試圖與美國和解的外交努力，並迫使蘇聯幫助中國製造原子彈與美國進行核對抗。[29]

至於毛澤東「與赫魯曉夫進行的骯髒交易」，顯然是指一九六二年十月毛表示中國支持蘇聯在古巴的導彈部署，換來赫魯曉夫在中國與印度衝突上支援中國的承諾。北京與莫斯科的這場交易是在甘迺迪於十月二十二日宣布對古巴實行海上「隔離」、導彈危機進入高潮的前幾天達成。林昭當然不可能知道其中的細節。

但對她而言，很明顯這是一宗討價還價後達成的交易：十月二十日，中國軍隊衝擊印度的邊界陣地。十月二十五日蘇聯《真理報》發表聲明支持中國。同日北京也宣布「中國政府完全支持蘇聯政府」與美國對抗。林昭寫道，顯而易見這一切都是「在獨夫出自賭鬼本性的荒謬乖舛的冒險決策之下所召致！」[30]

★

接著，林昭痛斥毛澤東「對於當代『海瑞』的殘酷鬥爭無情打擊」。一九五九年在中共中央的廬山會議上，因國防部長彭德懷批評「大躍進」，毛發動了對他的批判。林昭寫道：「那以後在所謂反對右傾機會主義之幌子下於貴黨內部全面進行了清掃運動，從而在一定程度上相當有效地肅清了貴黨黨內儌幸尚能留存到那個時候的比較正直良善比較開明通達比較能以民瘼為念的一部分人士」。其結果是，「多少也曾有過幾頁英勇鬥爭歷史的中國共產黨就這樣地幾乎完全喪失了正義性更喪失了生命力」。[31]

如果一九五七年的反右運動是毛澤東對普通異議人士的打壓，那麼清洗彭德懷則表明，即使是黨內高層的忠誠反對者也絕對不容。彭德懷從二十世紀三〇年代初開始與毛共事，是毛倚重的忠實戰將。他的落馬凸顯了「君臣之道」的冷酷現實。源自孔孟的這一理想化的政治規則，要求為臣的對亦君亦父的統治者鞠躬盡瘁，從理論上確定了一個仁君明主和耿耿忠臣之間的良性互惠關係。

而實際上古往今來為臣者只得受專制統治者任意主宰，屢屢蒙冤受屈。林昭稱彭德懷為「當代『海瑞』」，把他與四百年前直言進諫昏君的明代清官作比較，在時間上比毛澤東首次公開提出早了數周。一九六五年十二月二十一日，毛澤東對他的幾位助手說：「嘉靖皇帝罷了海瑞的官，一九五九年我們罷了彭德懷的官。彭德懷也是『海瑞』。」《人民日報》則是到一九六六年一月才在一篇社論裡公開把這兩位被罷官的人物並稱。[32]

海瑞這位明朝地方官員在毛澤東時代被從歷史中召回，在短短幾年內，從一個模範清官一落千丈而變成封建統治階級的爪牙和幫兇。其結局是，一九六六年夏末的一天，一群憤怒的紅衛兵懷著對海瑞遺骸的滿腔階級仇恨，從墓穴裡掏出他的幾塊顱骨和踝骨，付之於革命的篝火。[33]

★

歷史上的海瑞因批評嘉靖皇帝朝綱不振、官場腐敗而險遭殺頭。當時嘉靖皇帝癡迷道術、追求長生不老，不理朝綱卻忙著取宮女經血煉丹。後來，海瑞當江南巡撫時還清理大量豪戶利用人們「投獻」田產而兼併的土地，勒令受獻者退田。

由於缺失一個安全之策可以公開批評統治者，長期以來中國文人一直採用借古諷今這種微妙的語言藝術，進行高風險的文學投注。一九五九年初，北京市副市長、著名明朝歷史專家吳晗身不由己地被捲入其中。當年四月，毛澤東因不滿許多地方官員浮誇不實、弄虛作假、謊報糧食產量，在上海召開的中共八屆七中全會上鼓勵幹部學習海瑞敢說真話。他還給吳晗傳信要他執筆寫海瑞。其結果就是讓吳晗創作使其致命的劇作《海瑞罷官》，於一九六一年在北京首演。[34]

無人比毛澤東自己更清楚吳晗這部劇的源起。吳晗最初接受此任務並開始構思，與數月後的一九五九年九月國防部長彭德懷被罷官無關。但到了後來，兩者的類比似乎順理成章，於是吳晗被懷疑有「借古諷今」之嫌。畢竟，彭德懷在批評「大躍進」時也主張退田給農民，而且毛也在一九五九年罷了他的官。一九六五年，毛澤東導演了一場針對吳晗《海瑞罷官》的惡毒的文學審查。

不為林昭所知的是——其實黨的領導層本身也都蒙在鼓裡——一九六五年二月毛澤東密派

江青到上海，準備對《海瑞罷官》發動宣傳攻勢。毛真正的目標是那些對其激進政策冷淡、同情彭德懷的高層領導人。在上海這次隱蔽的行動中，除了江青以外，毛依靠的正是左派的上海市長柯慶施。柯特別派了張春橋和姚文元兩位宣傳幹將供江青調用。

一九六五年十一月下旬姚文元在《文匯報》上發表的〈評新編歷史劇《海瑞罷官》〉，是「文革」的第一炮。它導致北京市委領導班子垮臺，接著炮火轉向更高層的黨內領導人，包括從毛的革命戰友變成政治宿敵的國家主席劉少奇。他們全都成了反革命修正主義分子。這場一直到毛澤東一九七六年死去才終結的「文革」，使得全國兩千多萬人及其家屬受到迫害，並奪去了約兩百萬人的生命。[35]

★

林昭並不知曉毛的陰謀，也無法預測「文革」無情的演變過程。然而，她還是察覺到了毛澤東繼續革命的不祥徵兆，在致《人民日報》編輯部的信中發出了後來證明是真實的、令人寒心的預言：「在先生們之貴魔鬼政黨的內部由於要切實保持人們那種惴惴其慄而唯諾是從的

『精神狀態』更必須經常尋找相斫相殺的鬥爭對象，故不怕爬得再高而死的機會比之通常情況下是一發為多！——從明殺、暗殺、故殺、謀殺，不見血地殺直到『畏罪自殺』。」[36]

她指出，這種暴力迴圈所依賴的是馬克思主義「階級鬥爭」理論，一個使政治迫害合法化的概念。她斥之為「樓梯上打架」，一種削弱人們道德判斷力的理論：「站在你們所藉以打架的那具貴樓梯上是永遠無有真正的是非可言的！」[37]

由於黨內實行恐怖專制獨裁，所以上下「同聲『萬歲』之餘，曾未聞幾人敢步『海瑞』之後塵」傲霜凌雪，「直要到今日之下讓這個青年反抗者激於義憤不顧死活地來直揭而痛陳你們之獨夫的可恥罪惡」，揭露那驅動中國共產革命的黑暗之力。林昭寫道：「中國自古以來為王為寇者無不深曉這一條封建中世紀的政治規律：天下靠打而民無二主！」毛澤東之為王，「不過他是適逢其會而去把這一條中世紀政治規律披加上了那該死而又該死的所謂馬列主義的外衣！」

但是，即使中共全黨都願意忍受毛澤東的暴政，它也「沒有權利迫使廣大的中國同胞特別沒有權利強使如林昭這樣的反抗者都來像你們一樣忍受這個暴君的統治而分擔他之一切惡劣行為的恥辱，作為堂堂神明華胄的黃帝子孫的我輩完全拒絕承擔如此一份放棄人權沒身為奴的褻瀆文明始祖、辱沒清白父母的荒謬的『義務』！」因此，反抗奴役就是寫這封長信的「內在邏輯與根本原因」。她要《人民日報》編輯部「為你們貴黨那個荒涼寂寞死氣沉沉的什麼『中央……』招魂！」[38]

除此之外，林昭的抗議之作還有另一個發自肺腑的緣由。

在這封信裡，她提起了一則有關林肯和一隻豬的故事，故事來自一八九四年出版、由大衛・湯普森（David Decamp Thompson）撰寫的《亞伯拉罕・林肯：美國第一人》（*Abraham Lincoln, the First American*）一書。她最可能是在景海念書時讀到這個故事，並以驚人的準確度記住了故事的情節。她寫道，每當她想到「天心仁慈垂憐一再寬貸期限等待你們痛悔」，而「你們卻只是利用著祂的寬貸——利用著祂的仁愛又繼續造下了許多罪惡」，每當「自己對這個現實之不絕如縷的感情遭受到殘酷考驗之際」，她都會想起這則故事。

故事裡，有一天林肯趕著車去參加婚禮，途中經過一個泥沼，看見一口豬陷在裡面掙扎，眼看快遭滅頂之禍。他想救那只豬，但一看自己剛換上的新衣服，不免遲疑，便又趕起車走了，但是那只豬的慘叫一直在耳邊迴響，所以終於還是調頭回到泥沼邊。他「費了九牛二虎之力，幾乎沾成了個泥人，最後總算使勁兒把它扯了上來。事後人們稱讚他的行為，但也有人說他做的不值。他道：『我不是為那口豬，我為我自己的良心！』」同樣，林昭解釋說，「我也不是為那口豬，而是為我自己迷途重歸的基督徒的良心。」[39]

遺憾的是，她使勁兒想扯上來的那只豬在泥沼裡越陷越深。她給《人民日報》編輯部的信正準備收尾時，姚文元在上海發表了〈評新編歷史劇《海瑞罷官》〉，在「文革」第一幕裡轟然登場。當時《人民日報》編輯部沒有立刻轉載姚文元的這篇社論，惹起「偉大領袖」的震怒。毛澤東很快對《人民日報》社的總編輯吳冷西發難，說該報「沒有馬克思主義，或者只有三分之一甚至四分之一的馬克思主義」。[40]幾個月內，吳冷西就丟了他在《人民日報》的官職，成了「文革」的第一批受害者之一。即使是這麼一位中共意識形態的捍衛者，也逃脫不了這個反復無常的「獨夫」的懲罰。最後，幾乎無人能逃脫為毛澤東的革命祭旗之命運，姚文元和他的革命同夥也不例外。

★

林昭給《人民日報》編輯部的第三封信是一份政治宣言。她本想用自己的鮮血來寫，但「實在時間不敷而精力不夠（血書速度較慢而且累人……我也幾乎每天都還在以血書寫別的東西）」，最後想出了一個妥協的辦法，「以墨水謄錄而在每頁之上加蓋著若干血的私章」。[41]

一九六五年下半年，她同時在進行著〈靈耦絮語〉的寫作。如果說她寫給《人民日報》編輯部的信不留情面又常帶譏諷，〈靈耦絮語〉則是含有親切感的私語，感情強烈奔放，既是自傳體又偶現幻想。它採用了劇本的形式一天一天地展開，劇中一個主角是她自己，另一個主角是柯慶施的亡靈。當年五月她以冥婚形式嫁給了柯。她那已經去世五年的父親也在劇本裡時隱時現。

林昭每天用自己的鮮血寫下當日的一幕，註明日期並按序編號，後再用藍黑墨水謄寫在六四開的薄紙上。這一幕幕記錄了她於一九六五年至一九六六年期間在提籃橋的風雨歲月；它交織著獄中的詳細實錄和她幻想中柯慶施亡靈的每日造訪，以及他們在一起的浪漫時光。很明顯，其中描寫的事件細節都是基於實情。[42]

一九六五至一九六六年間大約有十個月之久，或許更長些，〈靈耦絮語〉不僅是林昭寫的劇本，也是她的生存方略。這項寫作將她孤獨的牢房變成了一個魔幻世界，在那裡她兩位親愛的逝者——柯慶施和她的父親——可以自由出入，隨時來與她說話並提供安慰。一九六五年五月三十一日她從第一看守所被移送到提籃橋。當天寫下的一幕，即現存〈靈耦絮語〉手稿的第一幕，是這樣開始的：

她：（欣悅地）回來了！……

他：昨夜就回來了……小冤家是累了，你睡得眞酣哪！也難爲你了，昨天一口氣寫下來那麼些！

柯慶施為了他的新娘而來，他要來保護她：

他：……我在這裡，我就在這裡！我守著我的小冤家哩！

她：是的，你在我身邊，你守著我！——瞧，今個出門我什麼不拿就披上了這幅青花喜紗！……我們成過婚了！我是你的！

他：是我的小新娘子！——我可愛的小新娘子！……我眞愛你！你不知道，上了年紀的人感情比較內向，實在我眞疼戀得你如狂！[43]

柯亡靈的陪伴還幫助她堅持寫完給《人民日報》編輯部的長信。〈靈耦絮語〉中一九六五年八月十一日的一幕這樣寫道：「從早晨起他就伴著她。兩人於無聲的感應與默契之中寫著致『人民日報編輯部』的一封信——反抗者預定的戰鬥行動之一。」[44]

林昭與柯慶施的對話讓我們察見她所經歷的情緒波動和內心掙扎，如下所示：

她：（疲乏地）可是我累了！……我追求寂滅！

他：不呢，親愛的，在靈的境界之中只有昇華，沒有寂滅！

她：（如前）那麼我又向何處去放下自己痛苦的重擔？

他：（撫愛地）那就是向仁愛無匹的天父的懷抱！……爲什麼竟忘記了這位庇護者呢？[45]

在幻想中柯的亡靈面前，林昭反思著自己情感的起伏。她承認自己有著「本能的狂怒、激動真至於不克自製的地步！……我可真是神經質地容易激動而且一下就跟浸入沸水的寒暑表那麼升到頂點！」一天下午，當囚犯被召集開會批鬥在押的基督徒時，她驀然在內心聽到神的呼召：「起來！我的孩子，為我去戰鬥！」面對叛教者「公然誣衊天父」，她感到自己就像一名兵士躍出戰壕向前沖去、責問她們：「出賣上帝得幾塊錢？猶大出賣耶穌得到三十塊錢，可是他一文沒來得及化（花）用就吊死了呢！」[46]

柯的亡靈贊許了她的鬥爭和作出的犧牲，提醒她：「我的妻呀！你死過都不是什麼一回兩回了！……你不過仗著天佑以原身從死中復活，而你所奉獻於天帝真道的活祭那是比之簡單的一死更不知要慘痛而高昂得幾多呢！」劇本中，作為一個新近皈依的信徒——林昭前不久才為柯的靈魂施洗——柯對基督教的教義所知甚少，仍然把上帝稱為「天帝」。柯稱：「你死過了！……墳墓埋不住你，你又站起來了！」[47]

在〈靈耦絮語〉中，我們也目睹了林昭瀕臨絕望的時刻：有一天，在一場電閃雷鳴的狂風暴雨中，她「悲呼聲聲，熱淚如傾」地祈求上蒼施行公義，因她聽人說「雷鳴時呼天以禱最靈驗了」。〈靈耦絮語〉這一幕讓人想起李爾王在荒野上的對天祈求——「震撼一切的霹靂啊，把這生殖繁密的、飽滿的地球擊平了吧！打碎造物的模型，不要讓一顆忘恩負義的人類的種子遺留在世上！」與此相似，林昭在那日記式的一幕裡記敘她自己「奮身躍起合掌跌跪，雷聲之中夾雜著她淒厲的呼喊……蒼天報應！蒼天報應！蒼天哪，報應喲！」[48]

〈靈耦絮語〉同樣也展現她的牢獄生活中曾有過的片刻的平靜與安寧。一九六五年夏末的一個晚上，她告訴柯，那天室外活動時她沿著監室外的過道行走，從鐵窗柵欄間抬望，她驚歎於「那漂浮著白雲映被著陽光的藍得那麼清澄而更柔和的長天。在那樣美麗的天幕之映襯下，監獄那一幢幢深灰色的配著黑色鐵柵的長方形的樓房是顯得更陰沉、更難看和更不入眼了」。自己作為劇作裡的主人公，林昭繼續描寫著：「她凝視著，凝視著，無聲地微語於無聲的歎息裡……宇宙，造物主這神妙的宇宙是多麼浩大。」[49]

一九六五年十月一日，監獄的高音喇叭大聲播放著嘈雜的國慶日慶祝活動。林昭寫道：「大喇叭哇哇怪叫著放送遊行實況，歇斯的里的『萬歲』號子重重刺戟著傷心人哀憤沉痛的肝腸。」她以自己的方式紀念這一天，一早就把九封抗議信交給了監獄方。像往常一樣，獄役送來了前一天的《人民日報》。與《解放日報》一樣，《人民日報》是供提籃橋內的小組政治學習使用。那一天又看到毛澤東的照片放在頭版。她「盯著那個鬼形」看了一會兒，便驟然一陣衝動用血「點染出了他兩手以及身上的——血！」

為慶祝國慶日，提籃橋的囚室打開半天，讓囚犯出來在過道上走動。林昭用第三人稱記錄著：「她默然解開頭髮而穿上了那件繪設著兩具親人之靈位的藍嵌條白襯衣」，走到窗前。鉛灰色的天空飄著雨絲。在窗玻璃裡，她看到一個蒼白憔悴的身影。「她抬臂整理一下披散的頭髮而在左側使白線繩子草草地結了一結，白線頭兒順著髮梢飄垂下來，她拂著它，卻看到了更多的星星點點的白髮。」此時她還不滿三十四歲。看著長長的走道的另一頭「那些似乎是歡樂著的人們」，她臉上露出一絲淡然而冷冽的神情。[50]

因為國慶，囚室接著又打開了兩個下午，而她也持續著自己的致哀。她用一塊長長的紗布繫在頭上，「似髮帶而又似孝帶。那兩端挽成一個結子在顏面左側飄垂下來」。

人們開始嘲笑她，說她像越劇《梁祝》中弔孝哭靈的祝英台，在祭悼梁山伯。

看守斥責她不雅，她反問道：「那怎麼？頭上繫什麼帶子也有合法非法的麼？」

「不是這麼說的，難看。」

她反語道：「那麼審美觀點本來有『階級性』，我只自以為漂亮！」[51]

十一月十一日，林昭為獄中一名叫陸有松的「反革命」犯被處決而感到驚愕。這可能是她到提籃橋後第一次處決犯人的事件。陸是民國後期上海一個被國民政府認可的工會領袖，上世紀五〇年代被判處二十五年徒刑。一九六五年，監獄當局離奇地起訴他在獄中組織一個親美反共聯盟，並籌劃武裝越獄行動，很快就判他死刑。[52]

林昭質問，這人命關天的事，豈能當兒戲？當陸有松被帶去刑場時，她在監室的牆壁上寫下四句血詩，譴責這項死刑判決，末兩句是「曾未惜死，苟活至今」。[53]

★

林昭幻想中與柯慶施的對話，也戲劇性地記錄了她針對毛澤東該不該為其罪行受懲罰這個問題曠日持久的矛盾思緒。毛如果悔改是否可以得赦免？報仇行為是否正義？作為基督徒的她是否可以為柯的「被殺」復仇？苦苦思索後林昭告訴柯的亡靈：「要他的命並不符合我的政治利益……我的利益歸根到底只是我的祖國！」

柯問她：「假若他滾下來了，你跟他算劃過了帳沒有呢？」

「天心仁愛總給他留著後路，走不走可是他的事情了！」

他追問：難道你要放下「為我復仇的權利……不再去要他的腦袋了呢」？

她默然半響以後才靜靜地啟言：「那麼你知道，除了是一個政治學徒，我還是一個基督教徒！……我的政治利益本不在於非得去要他的腦袋」。說不定「上天許可赦免或從減」。無論如何，「作為基督精兵一切當以天父主旨為依歸，從天父來說所要的也不是他那區區一顆腦袋」。[54]

但她還是繼續思考著這種辯解的另一面。「人誰都必須為自己的行為以至過失付出相應的代價，更莫說是為自己的罪惡了！」她認為這樣的觀點「符合天父上主的公義」。

「老在那裡搖擺不定……你呀，充滿著矛盾，我是看得很清楚！」柯冷語道。他追問：必要時，「你忍得下手教一個人流血嗎？」

「假如教某一個人流血可以使千千萬萬人免於流血！——我會的！」

假如是教一個人流血以「抵償千千萬萬人」所流之血呢？

她猶豫了一下，低下目光答道：「也許……。」他淡笑一聲，搖了搖頭。[55]

至於寬恕，她認為那不是無條件的。「無條件的寬恕等於縱惡！」對與錯之間絕對不能模糊：「難道誰還能剝奪或限制得了人們正當的復仇報冤之權利麼？」[56]

就這樣，林昭內心裡矛盾重重、反復思考著寬恕與上帝救贖的可能性。在〈致《人民日報》編輯部信〉裡，她則作出了以下的公開表白：

我越來越加清晰而且深切地察見你們那家魔鬼政黨所犯下的那樣許多可怕的、驚人的罪惡！在那些時候我悲痛地哭了！我哭那些被你們作下之可怕的罪惡所糟踐、所逼迫、所誘惑與所殘害的不幸的靈魂！然而就是在這當中，在接觸你們之最最陰暗最最可怕最最血腥慘厲的權力中樞——罪惡核心的過程裡，我仍然還察見到、還不全忽略過你們身上偶然有機會現露出來的人性的閃光從而察見在你們心靈深處多少還保有著未盡滅絕的人性！在那些時候我更加悲痛地哭了！我哭你們之擺脫不了罪惡而乃被它那可怕的重量拖著愈來愈深地沉入滅亡之泥沼的血污的靈魂！你們看到這裡想來是無動於中的，但我寫到這裡時眼眶裡已經又湧上了灼熱的淚水！先生們呵，奴役他人者必不能自由：這特別對於你們來說是一條如何無情地確實的眞理呵！？

爲著堅持我的道路或者說我的路線——上帝僕人的路線，基督政治的路線，這個年青人首先在自己的身心上付出了慘重的代價！這是被你們索取的，卻又是爲你們付出的！[57]

作為人，她聲稱自己沒有權利代理神懲罰罪人。雖然她承認那些「以殺滅共產黨為志者」並不比共產黨人更可責備，但她自己未能接受暴力。「自由的性質決定了它不能夠以暴力去建立」。[58]

十一月二十三日是林昭父親去世五周年忌日，她在父親的靈位前獻上祭品——母親月初探監時帶來的牛肉和紅燒蛋，她刻意留下了一些。她向父親的亡靈傾訴，說那些供菜「不配供祭爹爹，所恃者不過是一念懺悔的誠心！」[59]

十二月中旬，她寫完給《人民日報》編輯部的信並交給獄方，於是便有一些時間做手工藝品。她用糖果包裝紙和其他可以找到的紙片折疊製作，做好了就伸手到監室外的過道上，把兩個臉盆合起，將做好的貼紙放在上面的盆底上擺放著。[60]其中有一個碎紙做的十字架，還有用唐代詩人李商隱的詩「春蠶到死絲方盡，蠟炬成灰淚始乾」立意的「春蠶」。[61]她告訴柯的亡靈，自己要為「春蠶」和「蠟炬」分別造像。

另一對手工作品題為「春時」和「小詩」。[62]林昭的靈感來自魯迅於一九三一年寫下的一首悼念當年被上海巡警抓捕、被國民黨當局龍華淞滬警備司令部草草處決的青年進步作家「左聯五烈士」的詩：

慣于長夜過春時，挈婦將雛鬢有絲。
夢裡依稀慈母淚，城頭變幻大王旗。
忍看朋輩成新鬼，怒向刀叢覓小詩。
吟罷低眉無寫處，月光如水照緇衣。[63]

與她那一代大多數作家相同，林昭的文學素養是在革命熔爐中煉成的，其善惡分界、「小詩」與「刀叢」之區別總是十分清晰。作為政治異議人士被監禁，又在獄中經受了反覆虐待，這一切都加深了這種簡單的區分，讓她成為「春蠶」、視自己為「蠟炬」。這種經歷使她難以像馬丁·路德·金〈寄自伯明罕監獄的信〉中更有反思性和哲學性的抗爭那樣，進入更細緻入微、更平和的境界。

不過，她還能偶爾從單一的「戰鬥」中緩解出來：除了製作手工藝品外，她還能用一根小釘子，在一個壓平的牙膏管鉛皮上刻畫著自己最喜愛的迪士尼角色——拉小提琴的米奇老鼠和提起裙角的米妮。[64]

聖誕夜，晚餐是米湯、胡蘿蔔和白菜，「她歡欣地唱著那些美麗的聖誕頌詩領受了下來」。

六十年之前，提籃橋剛建成時，管理監獄的是西人，當時清廷派去考察上海監獄的法部郎中在《考察監獄記》中寫道，提籃橋每周輪流有魚、牛肉、豬肉和赤豆供應。如今，毛澤東的政權以革命的嚴厲取代了從前帝國主義的放縱；囚犯每天早餐二市兩稀飯（一百克），午餐晚餐各三市兩乾飯。據一名囚犯回憶，在米飯上面常是「一層無油的雞毛菜」。牢飯裝在長方形、略呈弧形的鐵格中——約三指寬、一個手掌高、二十多公分長——從牢房的鐵柵中塞進監室。[65]

平安夜的晚餐並不奢侈，但當晚林昭唱的聖誕歌曲卻振奮心靈，促她「以血寫作一篇靈感洋溢的短文『基督還在世上』」。她希望多寫這樣的專題短文，「慢慢積多些給它們一個總名：『靈修小識』」。她祈禱：「天父賞賜靈感：我要是能寫得像『沙（荒）漠甘泉』……那樣，我就太感謝了！」《荒漠甘泉》這本由美國傳教士麗蒂・考門（Lettie Cowman）撰寫的每日靈修彙集於一九二五年出版，一九三九年譯成中文，成為二十世紀中國基督徒中最受喜愛的靈修著作。[66]

一九六六年一月十三日，林昭吐了大量的血。注射了一針仙鶴草素來止血，但她拒絕去監獄醫院或服用醫生開的維生素K幫助凝血。

想像中，她對著柯慶施的亡靈憤然道：「由它吐去！我還找不上更好的死法呢！」[67]

但至少需要多休息，柯回道：「羅馬城不是一天造起來的！」

她微笑道：「就不是一天造起，可得學陶侃運磚。」

西元四世紀的東晉名將陶侃立過赫赫戰功，因被權臣嫉妒而被降級調任邊城廣州。陶勵志勤勉，拒不苟且偷安，每天堅持搬磚煉身：「輒朝運百甓於齋外，暮運於齋內。人問其故，答曰『吾方致力中原，過爾優逸，恐不堪事，故自勞耳』。」像陶侃一樣，林昭也絕不閒著。「我還是幹我的！——一息尚存，鞠躬盡瘁！」[68]

一九六六年二月五日，每月一次的探監日，她的母親和妹妹來看她。又是一次不愉快的會面。母親再次責備她在監獄裡惹麻煩。林昭說了自己的病情之後忍不住聲淚俱下：「說說清楚，回頭別什麼都推在我不吃藥的頭上！我要給他們逼死了！他們要我做的事情是我不能做的！」她是無法被改造的。母親每次探監一提「改造」，她都極不耐煩，不願意聽下去。[69]

二月中旬，她感覺上帝又傳令她開始新的寫作計畫。為做好準備，她又用筆謄錄了幾頁〈靈耦絮語〉交給看守。一九六六年三月八日記錄了又「一場混戰」之後，〈靈耦絮語〉的寫作驟然停止。不清楚她為何停止寫作，或是〈靈耦絮語〉還在繼續，只不過最後部分丟失了。[70]

我們所知道的是，三月下旬林昭因吐血過多再次住院。對大多數囚犯來說，鐵窗外沒有百葉窗遮擋視線的監獄醫院，多少也會減輕一些牢房的鬱悶。負責治療林昭的醫生曾面無表情但聲音柔和地勸她安靜一些，在醫院多住幾天。但這一次住院並不安寧，她寫到與獄方再次「決裂」。也許是因為她又追問獄方如何處理她寫給《人民日報》編輯部的信。三月三十一日那天她得到答覆：她的信不能轉。[71]

第七章

提籃橋裡的白毛女

我的頭髮已灰白，但不是因年邁，
也不是像某些人那樣驟感憂惶，
一夜之間變得白髮斑斑；
我的肢體已佝僂，但不是因勞累，
是討厭的歇閒耗盡了活力，
是地牢的囚居把它摧毀……

——拜倫，〈希隆的囚徒〉，一八一六年

不怕你們把林昭砸成了粉，我的每一粒骨頭碴兒都還只是一顆反抗者的種子！

——林昭，〈致《人民日報》編輯部信（之三）〉，一九六五年[1]

一九六六年五月六日，一位特殊的探監者到訪。張元勳是林昭北大的同學，和她一樣被劃為右派。那一天他以「未婚夫」的名義來見。張在北大時曾追求林昭未果，反右開始後與幾個北大右派學生秘密籌劃到外國使館尋求政治庇護，事情敗露後於一九五七年十二月二十五日被捕，判八年徒刑，送往河北省的一個勞改場。一九六五年十二月刑滿，但按當時慣例他被勒令留在勞改場繼續接受改造。不過，作為刑滿獲釋的犯人，他每年有一周的探親假。一九六六年，林昭家人徵得提籃橋獄方同意，允許他五月初專程來上海探訪林昭。[2]

張元勳來看林昭，目的是要「開導她從『頑抗』中退下」，保住自己。林昭的母親許憲民與獄方談過此意圖，獄方大概認為可以通過這位「未婚夫」來訪，讓林昭終止與柯慶施所謂的「冥婚」，放棄對其認定的毛澤東「謀殺柯氏」事件的不停抗議。

五月六日，許憲民和張元勳一起來到提籃橋監獄。副獄長嚴肅地警告張：「允許你與林昭見面是我們經過研究的一次特別照顧，我們希望能使林昭得到感化而幡然悔悟，監獄你是知道的，你如果做出不符合我們要求的行為，其結果你是清楚的！」

張和許被帶進了接見室，室內放著一張長案子和十幾排聯椅。一會兒進來了三名衣著警服的「管教幹部」和四位便裝年輕女子，可能是筆錄員。不久，約二十名佩帶手槍的軍人進了屋，表情嚴肅地列坐在聯椅上。接著，張元勳聽到屋外又傳來了腳步聲。

他回憶道：

林昭終於走進接見室！她的臉色失血般地蒼白與瘦削，窄窄的鼻樑及兩側的雙頰上的那稀稀的、淡淡的幾點雀斑使我憶起她那花迎朝日般的當年！長髮披在肩膀上，散落在背部，覆蓋著可抵腰間，看來有一半已是白髮！披著一件舊夾上衣（一件小翻領的外套）已破舊不堪的了，圍著一條「長裙」，據說本是一條白色的床單！腳上，一雙極舊的有絆帶的黑布鞋。最令人注目而又不忍一睹的是她頭上頂著的一方白布，上面用鮮血塗抹成的一個手掌大的「冤」字！這個字，向著青天，可謂「冤氣沖天」！[3]

林昭是從監獄醫院被帶來的。一月下旬，她因肺結核病情惡化進醫院住了兩周。近期她又因咳血被送回醫院，一直住到六月。[4]

她進門見到張元勳時朝他「嫣然一笑」。她手中捧著一個布包和一大卷衛生紙。一位身著醫生白大褂、內著警服的女警醫攙著她，身後是一位佩槍的警士。她被帶到張的對面隔著長桌坐下。

一位「管教幹部」警告：「林昭，今天張元勳來與你接見，這是政府對你們的關懷，希望你通過這次接見受到教育，以便加速自己的認罪與改造！」

「乏味之至！」其語未休便被林昭打斷。

「管教幹部」並未被激怒，只是尷尬地說：「這是常事！」

林昭不屑一顧，抬手指向周圍，問張：「這些人，你們那裡叫做什麼？」

張起先不敢回答，直到那位「管教幹部」告訴他可以開口後才答道：「隊長。」

林昭回答：「一樣的，一樣的！我們這裡還叫『政府』！與他們說話，要先喊『報告政府！』在北大跟語言學家朱德熙先生學現代漢語，還沒聽見朱先生說過人變成了『政府』！在這裡謬誤已是習慣……這幫東西怎麼能是政府呢？」

張儘量保持面無表情，聽著林昭在一屋子差不多三十人面前講述自己經受的虐待：獄方故意把她調到「大號」裡，唆使女流氓打她；每晚開會對她進行鬥爭，一群「潑婦」用下流話罵她，理屈詞窮、氣急敗壞時就對她一齊動手，群起而攻之。女犯為了「積極改造」、「靠攏政府」，對林昭這一「反革命犯」「撕、掐、踢、打」，甚至「又咬、又挖、又抓」，爭取「立功」，有時甚至「扒掉我的衣服，叫做『脫胎換骨』」——而獄警卻在一旁無恥地看熱鬧。

說到這些，林昭情緒激動，她取下頭上的「冤」字白布，用手指把長髮分開，露出頭髮被揪掉後的光禿頭皮。她邊說邊咳嗽，不時撕下一塊塊的衛生紙，把帶血的唾液吐在紙上。「管教幹部」打斷她的話，衝著張元勳說：「她胡說！她神經不正常，你不要相信她的這些話！」

林昭搶白說：「神經不正常？世界上哪個國家對神經不正常人的瘋話法律上予以定罪？你們定我『反革命罪』的時候怎麼不說我是『神經不正常』呢？」

稍停，她轉向張，請他多關照她的母親和妹妹弟弟，語未畢就淚如雨下，失聲痛哭。

張元勳給林昭帶來了一提包的水果、蛋糕、鐵罐裝的「大白兔」奶糖和奶粉。「管教幹部」撕破奶粉的密封，撬開盒蓋，用鐵釺戳了多遍。檢查完畢，張元勳才把這一堆東西推到林昭面前。她拿起一塊蛋糕，轉向旁邊的一位女警醫嚴肅地說：「倒一杯水！」

中共執政十多年後，都市文明的禮儀在人際間幾乎已消失殆盡。取而代之的是革命的放浪作風，以粗獷和不屑資產階級柔情為傲。離開景海女師之後，林昭大概只習慣這種社交禮儀。被捕入獄後，作為反革命分子所遭受的待遇，也難以軟化她的待人態度，使之更為客氣。只有在給母親的信裡以及在〈靈耦絮語〉中與柯慶施的亡靈進行想像中的對話時，我們才瞥見她那鐵面外表之下的溫柔。

上午十一點「管教幹部」宣布接見結束。分手時，林昭吟誦一首七律贈與張元勳，以紀念他們歷經九年風風雨雨之後的短聚。

吟畢，她說：「如果有一天允許說話，不要忘記告訴活著的人們：有一個林昭因為太愛他們而被他們殺掉！我最恨的是欺騙，後來終於明白，我們是真的受騙了！幾十萬人受騙了！」

接著，林昭伸手到舊布兜裡，取出一個用糖果包裝紙折疊成比韭菜葉還窄的紙條編結成的帆船。多年前她曾寄給張元勳一張自畫的賀年卡，上面畫著一艘帆船，還寫著「直掛雲帆濟滄海」一行字。「今天還是那只雲帆，卻飄落到這裡」，張心中感歎道。

出門前，一位負責提籃橋監獄工作的處長召見了他們，說：「我們對林昭已仁至義盡，她不接受教育，抗拒到底，只有死路一條！」沉默片刻後又說：「我們也沒有辦法。」[5]

顯然，提籃橋允許此次極不尋常的探監是對林昭進行思想改造的又一嘗試。畢竟，她作為在押反革命犯拒不改悔，這給監獄出難題，也讓領導們難堪。然而結果很明顯，張探監時勸她「好好改造、平安出獄」的話如雨落荷葉不留痕跡。[6]很快她又著手一項抗議活動，寫其〈上訴書致聯合國〉。

★

自一九六五年五月被判刑之日起，林昭就決定要上訴聯合國這一「體現著自由世界人類文明公義原則的偉大國際機構」。她給《人民日報》編輯部的信中寫道：「只要林昭留得一口氣在，是不久要將它上訴於聯合國的！……正義的自由戰士決不容許自己忍受像這樣一個齷齪可恥得無比下流的非法不義的所謂『判決』之侮辱！正是這個齷齪判決使我們獲得了更充分，更有力的進行上訴之權利！」伸張「被踐踏的公義」已成為她的生活目的，只要一天活著，就「必定要向目的進軍！」[7]

張元勳探監後五天，林昭開始動筆向聯合國上訴，用了三天時間寫完。她要求「親自向聯合國提供證詞」；假如自己死去，「那麼我要求聯合國向有關方面詳細、嚴密而確實地審查並公布林昭的全部案件包括我本人在生之際所寫下的一切！」她相信聯合國的調查將「顯示我遭受了如何可怕地殘忍而險惡的逼迫、折磨、凌虐與摧殘！」

上訴書再次展現她不屈的意志和堅定的信念：

我不知道我這上訴書什麼時候才能眞正向聯合國致達，但我憑著對於上帝公義和世人良知、對於人類社會文明政治道義的最爲堅定的信念，確信它必定——早晚有一天能夠！……我相信而且確實認爲：憑著林昭的全案已經足使一切人清楚地看到十七年前在中國大陸上以暴力奪取政權並在十七年中以暴力維持統治的這個所謂政黨——恐怖權力集團已經在它所造下那種種一切駭人聽聞的可恥罪惡之中墮落到了如何腐爛敗壞至於糜朽不可收拾的地步！從而使一切人清楚地看到：聯合國特別是美國在長時期來對於它的諸般作爲是多麼符合仁愛憐惻的天心！又多麼符合文明政治的道義！

這同時也影響了我個人以及我們同時代人艱苦鬥爭奮戰不懈的眞正意義：我們，中國大陸青春代對於這個不義政權魔鬼政黨的戰鬥正是世界自由人類保衛生活、保衛自由、保衛基本人權之總體戰役的一個組成部份！也正是基由著這一點我要向聯合國提出上訴！我將懷抱著這一份公義必勝的信念堅持生活，或者懷抱著這一份信念捨生取義！自由萬歲！

美國萬歲！

聯合國和她所堅持捍衛的基本人權萬歲！

林昭

主曆一九六六年五月十一～十四日。[8]

現存林昭最早的文字是寫於一九四七年的一篇題為〈黃昏之淚〉的自述性散文。時年十五歲的她將自己的思想比作「一隻受驚的野兔，忽而天南，忽而地北的，不知跑到了哪裡去」。文中不屑愛國和建功立業的陳詞濫調，寫得細膩入微，充滿困惑、憂鬱與反思。二十年的風風雨雨之後，她的迷茫和自疑很大程度上已經被一種激情四溢、奔放不羈的文風所取代，驚嘆號屢見不鮮。[9]

★

林昭致聯合國的上訴書在「文化大革命」正式開始的兩天前寫完。其時，上海和北京黨報編輯針對姚文元發表的〈評新編歷史劇《海瑞罷官》〉一文的幕後較量已歷時六個月。

一九六六年二月，以北京市長彭真為首的「五人小組」提交給中共中央的彙報文件試圖化解姚文元的左派攻勢，將《海瑞罷官》的問題定性為學術問題，然而，這份〈二月提綱〉被毛澤東批為「徹頭徹尾的修正主義」。

五月，中共中央政治局通過的內部文件〈五一六通知〉點燃了「文化大革命」的火把，讓一場荒誕、瘋狂、野蠻、煽動著仇恨和暴力的群眾運動席捲全國。這份通知由毛澤東親自定稿，為全國範圍內的政治大迫害定下了意識形態基調：

> 混進黨裡、政府裡、軍隊裡和各種文化界的資產階級代表人物，是一批反革命的修正主義分子，一旦時機成熟，他們就會要奪取政權，由無產階級專政變爲資產階級專政。[10]

〈五一六通知〉中另一個不祥之兆是毛澤東的警告：「例如赫魯曉夫那樣的人物，他們現正睡在我們的身旁。」

一九六六年五月底，北京清華附中開始成立「紅衛兵」組織，誓言保衛毛主席，反擊修正主義與走資派。八月八日，〈中國共產黨中央委員會關於無產階級文化大革命的決定〉（又稱〈十六條〉）公開發表。決定稱：「我們的目的是鬥垮走資本主義道路的當權派，批判資產階級的反動學術『權威』，批判資產階級和一切剝削階級的意識形態。」

決定還強調：「無產階級文化大革命，只能是群眾自己解放自己……不要怕出亂子。毛主席經常告訴我們，革命不能那樣雅致，那樣文質彬彬，那樣溫良恭儉讓。」[11]

其後兩個月的「破四舊」全國性運動中，北京的紅衛兵抄了三萬三千多戶的家。上海在三周內也有近八萬五千戶的家被抄。北京在「紅八月」期間（實際繼續到九月初）共有一千七百七十二人被迫害致死。僅一九六六年九月，上海就有五百三十四人被殺、七百零四人自殺。「文革」期間上海共有一萬一千五百一十人被殺或自殺。全國範圍內，「文革」造成約兩百萬人「非正常」死亡，其中包括約十三萬五千名被處死的「反革命分子」。[12]

一九六六年夏，林昭的獄中寫作沒有提及「文革」的爆發，但她一定在報紙上讀到相關報導。提籃橋監獄內的高音喇叭每天也播放官方電臺的新聞。此時，她對毛澤東領導的革命的運作方式已相當熟悉。她在一九六五年給《人民日報》的信中就曾指出，中共已經「高度統一於毛風——高度統一於黑暗、殘忍、陰險、惡劣、卑污、苟且地拜倒於權力更加不擇手段地追逐權力的邪氣之下」。由於黨內高層爾虞我詐、爭權奪利，她警告過「貴中央委員們可是確確實實在很短時期以內就將死得更無噍類矣！」[13]

因此，一九六六年夏天爆發的惡性事件大概並未讓林昭感到震驚，但卻給一直跟隨毛澤東鬧革命的人帶來強烈的震撼。他們中有些人經歷了政治覺醒，偶爾也有人大膽採取異見行動。年僅十九歲的王容芬就是一例。

一九六六年八月十八日，毛澤東首次在天安門城樓檢閱紅衛兵——他末次革命的突擊隊。北京外國語學院德語專業的四年級學生王容芬，參加了這次有百萬人之眾的紐倫堡式集會。當女學生宋彬彬給毛戴上一枚紅衛兵袖章時，整個集會達到高潮。紅衛兵從而得到了「偉大領袖」的慫恿、踏上暴力的征途。正是在這個集會上，國防部長、即將成為毛澤東指定接班人的林彪發出了「破四舊」的號召。翌日，下著瓢潑大雨的上海也效仿舉行了一場大型群眾集會。[14]

林彪的講話以及廣場人海裡發出歇斯底里的「毛主席萬歲！」口號聲令王容芬深感困惑。作為德語專業的學生，她不由想起自己曾聽過希特勒演講的錄音。紅衛兵和納粹之間的相似讓她驚詫。

隔月，她給毛寫了一封短信，請他「以一個共產黨員的名義想一想」自己在做什麼，這場運動意味著什麼。「請您以中國人民的名義想一想：您將把中國引向何處去？文化大革命不是群眾運動，是一個人在用槍桿子運動群眾。」她在信的結尾聲明退出共青團。信寄出後，她又用德文寫了一封同樣內容的信，買了四瓶「敵敵畏」農藥，走到蘇聯大使館門前，一瓶一瓶地喝下。她希望俄國人看到其屍體時能發現口袋裡的那封信，把她以死反抗「文革」的事傳遍全世界。事與願違，她醒來時卻發現自己躺在公安醫院裡，後來被判無期徒刑。一九八一年才平反釋放。[15]

★

「文革」開始後，林昭的母親許憲民和親友們急切想辦法救林昭出獄。紅衛兵帶來的翻天覆地的變化給了她們一線希望——也許這場動亂可以推翻對林昭的錯誤判決。畢竟，當時很多地方的紅衛兵都把當地黨政領導人打倒了，他們還可以接近包括毛的夫人江青在內的「中央文革小組」。它原是一個高層寫作班子，此時已成了「文革」的神經中樞。[16]

文革小組掌握的實權讓作家王若望突發奇想。王是林昭母親的朋友、老黨員，一九五七年被劃為右派。「文革」期間他在造反派小報《井岡山造反報》上看到一條消息，說文革小組的兩位紅人接見了一名戴過右派帽子的地主，給平反了。王若望認識中央文革小組的幹將王力，想出了一個有豪俠氣概的大膽計畫：他找了五位可靠的青年人，都是上海的紅衛兵，帶上他為林昭說情的信去北京找王力。

由於林昭是在一九五八年陸平任北京大學黨委書記時被劃為右派的，而陸又在一九六六年被紅衛兵打倒，所以有可能把林昭說成是被陸平錯劃的右派。許憲民負責路費，王若望負責給王力寫信。結果是一場空，以慘敗收局。五位送信者還沒見到王力就被「文革聯絡小組」當場攆了出來。[17]

「文革」給提籃橋帶來最明顯的變化是，監獄取消了家屬的定期探監。一九六六年六月許憲民最後一次月訪，頭上披著黑紗。獄警再次告知她：林昭在監獄裡表現不好。提籃橋監獄從早期開始就要求囚犯參加勞作；女犯通常被分配做編草席、縫紉、製衣、製鞋等。一九四九年以後，大多數女犯也都繼續進行各種勞作，如製鞋、糊盒、縫紉和洗滌等，通常每天工作八小時。林昭抵制監獄的各種規定，包括這種勞動。讓她在工廠幹活，她卻剪下一塊白布繡上一個大大的「冤」字（大概跟張元勳探監時看到的頭頂巾相似）。許憲民回答說林昭心裡的確有冤枉，獄警生氣道：「看來你的探監對在押犯思想改造不利。」[18]

直到十月林昭才再次見到母親。十月初她寫了一封血書給許憲民，告訴她：「我要見你，請你就來！他們怕讓你知道我被虐待的情節！」但還是不讓見，直到她絕食抗議後才安排探監。下一次探監則要再過四個月。[19]

探監的取消給林昭帶來了新的艱難：她不再有家裡送來的肉或奶粉增加營養、彌補監獄食物的匱乏，也得不到家裡送來過冬用的棉被、絨氈或棉襖。她拒絕向監獄借被子，或向監獄醫院索取肺結核的藥。提籃橋規定，囚犯若需要家裡補給可以每月中旬寫一封信，讓家屬下個月初探監時帶來。林昭在一九六六年十二月十四日給母親的信中說，如果他們再禁止家人給她捎來所需物品，「唯一的後果不過是叫我凍一個冬天，多咳些嗽，多吐些血，多給他們些難堪，而決不可能達到使我向他們借被的目的！」[20]

林昭拒絕向獄方借被並非僅僅出於自尊：她有過教訓，知道監獄出借物品往往變成控制囚犯的一種方式。在第一看守所時，獄警作為一種懲罰手段曾強行取走借給她的被子使她「受凍不得眠息」。[21]所以她只好做心理準備去挨過又一個寒冬。

一九六七年二月中她在給母親的另一封信裡說：「一冬受冷，經常氣急：每一兩日便見痰中帶血，嗆咳則猶其餘事。」她斷斷續續地絕食抗議，有時一天吃二兩食物，有時什麼都不吃。[22]

★

那一年的寒冬只是預示著更昏暗的時期即將來臨。提籃橋監獄裡曾有的革命秩序開始瓦解。這種變化先從獄外開始。在北京，曾試圖抵制「文革」的中共元老開始倒台。一九六六年十月底，名義上的國家元首劉少奇和他的盟友、時任中央書記處總書記的鄧小平已失勢。那年夏天，劉、鄧派了一些工作組到北京的大、中學校給左派學生的過激行為降溫。在毛的眼裡，這是「站在反動的資產階級立場上，實行資產階級專政，將無產階級轟轟烈烈的大革命打下去」。十月二十三日，他們被迫在有全國黨政高級幹部參加的「中央工作會議」上分別作檢討。[23]

全面混亂的局勢一觸即發。一九六六年十二月二十六日是毛澤東七十三歲生日。飯桌上他說了一句輕鬆風趣的祝酒詞：「為展開全國全面內戰乾杯！」隨著一九六七年上海「一月風暴」的到來，這場內戰全面展開。一九六六年底，上海工人革命造反總司令部（工總司）指揮十萬多名造反派，在上海市委附近發動了一場打擊對立工人造反派「赤衛隊」的血腥武鬥。一九六七年一月六日，工總司等造反派召開「打倒上海市委」萬人大會，批鬥上海市委第一書記和市長，奪了他們的權。[24]

上海市委、市政府解散後，二月五日造反派合併原先分開的黨、政機構，成立了新政權機構「上海人民公社」，以體現一八七一年巴黎公社人人平等的精神，即公社委員由群眾直接推選。但實際上，負責「上海人民公社」的是原上海市委的宣傳旗手張春橋和姚文元。作為江青的盟友並幫助她打響了「文革」的第一炮，他們倆被提拔到最高領導層，成為中央文革小組的主要成員。

一時間，似乎中國到處都變成大大小小的公社——至少張春橋和姚文元希望如此。最後，毛一時清醒叫停了這個名稱。他問，照這麼做，「如果全國成立公社，那中華人民共和國要不要改名？改的話，就改成中華人民公社，人家承認你嗎？……改了以後駐各國的大使怎麼辦？」[25]

一九六六年七月以後，監獄不再允許林昭讀報。她一再撕破或用血塗抹報紙上毛澤東的照片讓獄警氣急敗壞。這種行為帶給他們巨大的政治風險，因為未能阻止此類褻瀆行為絕非小事。[26]

即使沒有報紙，林昭也還是能通過監樓內高音喇叭播放的中央人民廣播電臺的新聞和監獄通告，了解到「文革」的重大事件。到一九六六年十一月底，天安門廣場上共舉行了八次大型紅衛兵群眾集會，人數共達一千兩百萬。毛澤東在天安門城樓上檢閱他的年輕膜拜者；這些處於革命迷狂中的人群高喊「毛主席萬歲！」直到把聲音喊啞，並揮舞著一百多萬本「紅寶書」，把天安門廣場變成一片「紅色的海洋」。這種精心策畫、讓群眾展現革命虔誠的表演，只是加深了林昭對其稱之為「毛蟲」的鄙視。她寫了更多的血書，痛斥毛澤東、周恩來等「罪大惡極的匪首」。[27]

一九六七年二月九日，提籃橋將囚犯集中到監獄大禮堂，通知他們「上海人民公社」已經成立。上海市委書記和市長被推翻的消息一定讓他們困惑，林昭也不例外。她對那些被打倒的中共元老——毛獨裁統治的最新受害者——「產生了一種新的政治感情」，哪怕他們原來與毛、周等「一模一樣地混蛋」。這也包括北京市長彭真。「我寧願豁免彭真！只要他堅持不對『毛澤東思想』讓步」。上海市長曹荻秋「跟彭真等一樣，倒是蒙了上主恩典的揀選！跟林昭多了一重香火因緣哩！」[28]

政治動亂給提籃橋帶來另一明顯的變化是，獄方取消了春節的「休假」。通常在節假日獄方會延長囚犯在監室外放風時間。林昭在大年初一寫道：「今年全無喜氣，一來這造反政權不給休假，二來從昨天到今天一點葷味沒吃上。」這一年的春節只有胡蘿蔔和鹹菜下飯。林昭寫了一對告誡惡有惡報的春聯，掛在鐵門的兩邊，不用紅紙，而用「白紙血書」。[29]

第二天一早醒來，發現對聯已被取下。她火冒三丈，開始大聲喊口號抗議。「二十四號」是一名勞役犯，她平日自認為負責管教林昭，聽到林昭的抗議聲跑了過來，打開對著她監室的外牆上的兩扇窗，沖著她喊：「反革命分子！你叫，讓你叫！」

林昭一下攀上鐵門，從那裡可以看見窗外街道上的行人。她竭盡全力大聲喊道：

「打倒禍國殃民的共產匪幫！消滅罪惡滔天的共產匪幫……中國人起來把共產匪幫趕進墳墓去！」

林昭在一九六七年二月十日的〈戰場日記〉裡寫道：「今天又下雪了，雪下得很大。見到這雪我心裡有一種親切的感激的欣慰！人們，來日讀到我這個記錄的人們，這是天父上帝的許可呢！」她注意到，那年冬天她每進行一次抗議都要下一場雪。聖誕前夜她為被毛迫害的的彭德懷喊冤，耶誕節就下了雪；一月兩次抗議後也都下了雪。

「偶合嗎？也許是，可也忒湊巧了吧！不，這是天父給與孩子的見證！親愛的天父同意我的立場以及態度！為此我更加信心堅定而滿懷感激！啊，親愛的天父，在這樣偉大全能的主帥統領之下兵士原只需要一往無前地奮身戰鬥，別的什麼事都不在意中！真理、公義在我們一邊！我們必勝！」當時在監獄外，政治動亂正在蔓延。女監樓臨街，林昭經常聽見「裝了喇叭的宣傳車吱吱哇哇開來開去」號召人們「革命造反」。那一天，她為路上的行人提供了讓人耳目一新的口號：「人權萬歲！自由萬歲！美國萬歲！聯合國萬歲！」[30]

無論誰在街上聽到這些口號都會認定那是瘋話。那些日子，無意中說錯話都可能有嚴重後果。「文革」期間，群眾集會時人們機械地喊著「打倒……」和「保衛……」的口號，喊著喊著難免前後混淆。有時該喊「保衛」卻喊了「打倒」而被抓捕。在福州的一個政治學習會上，一個幹部無聊時聽到別人消化道發出雜聲，就隨便在火柴盒上寫了「放屁」二字，卻未注意火柴盒上印著「最高指示」和一句毛主席語錄，當場被人檢舉揭發。上海有一個識字不多的小販賣反絨皮鞋，不經意把「翻毛」寫成「反毛」，為此判了八年徒刑。[31]

「中國人起來向共產匪幫討還血債！消滅共產匪幫！」林昭繼續高呼，「打倒極權制度！打倒血腥統治！打倒恐怖獨裁！打倒特務走狗！打倒愚民政策！打倒奴化教育！打倒警察國家！」[32]

「文革」開始後不久，林昭就被從關押政治犯的女監樓三層移到幾乎空蕩無人的五樓，這樣可以相對隔離她，使她的抗議聲遠離其他囚犯。但即使這樣，監樓上下五層空間相通，並無隔音，她也確信外面街上可以聽到自己的喊聲。[33]

她以第三人稱描述：「林昭的嗓音又實在太嘹亮了！是當年街頭鼓動田間講話生生鍛煉出來的呢，卻好到現在用上！」

這時窗戶開著，冬天的冷風撲面而來。「下雪天原不挺冷但畢竟也有些寒意，我也絕不招呼誰個關窗！」她解決的辦法是把蓆子拿起來擋住鐵柵門的下端，又把她同監室另一個女囚的氈子用布帶紮在門頂高處，還把髒水潑出牢外以示抗議。「二十四號」勞役犯重新出現時，林昭大聲道：「下雪天你們故意開窗，存心虐待我負病的人！」[34]

林昭二月十一日即正月初三的〈戰場日記〉題為〈我是提籃橋裡的白毛女！〉。「文革」開始後，獄中條件愈發嚴酷，不僅報紙停發，她還被隔離到遠離其他囚犯的五樓，多次要求搬回三樓都置之不理。林昭寫道：「他們是想著把我愈加以隔絕愈好。」[35]

當天晚上，兩名勞役犯聯手對付林昭，她們輕侮、謾罵「紙老虎反革命」，還故意將其私人物品丟在地上，看守在一旁瞧著一言不發。林昭怒火中燒，發洩在自己唯一能碰到的監獄財物上。她端起馬桶就砸，馬桶爆開，木塊、桶底散落在囚室的水泥地上，門口處留下一灘糞便。儘管提籃橋監獄犯人的抗議事件中也有過砸馬桶、摔椅子的先例，但很顯然，嚴酷的監獄生活此時已消磨了林昭的神經，使她性情暴躁、易於宣洩極端情緒。

她一下攀上鐵門，大聲喊叫：「連你們穿制服的也聽著，我砸了馬桶！……半年多來，隔離監禁，使這些小人對我備致虐待！不止一次公然進行人身傷害！」接著，她對著外面的窗子繼續大聲呼喊：「提籃橋裡的白毛女，呼求上海公眾的同情和援助！我是林昭，北京大學中國文學系學生，提籃橋女監的政治犯！……提籃橋裡暗無天日！共產匪幫滅絕人性！『革命造反派』調戲女犯……聽見我呼籲的過路公眾……請傳布我的冤枉！」[36]

林昭自稱是毛澤東時代的白毛女，從一九六五年她給《人民日報》編輯部的信中就已經開始。她對於政治抗爭中是否凸顯自己的女性身分，心裡一直矛盾。「這當然並不是一般地受著東方式的中世紀重男輕女思想殘餘的影響」，她解釋道，不願使用女性代詞自稱的真正原因是：「因為作為一個兵士，一個戰鬥者，我的性別為我招致了一大堆稀奇古怪混帳荒唐至於人們聞所未聞不可想像的性質惡劣到了十足下流之地步的麻煩事情！……由此我簡直恨透了我自己的性別！」不過，她承認性別是不以個人主觀意志為轉移的事實。隨著頭上白髮日益增多，自己的境況和革命歌劇《白毛女》裡女主人公所遭遇的苦難愈加相似，更觸發了心中的悲涼。[37]

這部歌劇在二十世紀四〇年代末和五〇年代初就被中共用作土改中有力的宣傳武器。故事源於華北的民間傳說：一個神出鬼沒的「白毛仙姑」住在山洞裡，法力無邊，能保護窮人、懲惡助善。一九四五年，中共延安魯迅藝術學院幾名頗有才華的作家和作曲家把這個故事改編成一部激動人心的歌劇，賦予共產黨的階級鬥爭哲學以浪漫的表現形式。

歌劇《白毛女》中，貧農家的姑娘喜兒，其父因欠地租被惡霸地主逼債，除夕夜走投無路而自盡。地主把她搶走當丫頭——白毛仙姑故事有許多版本，一說她當了三姨太，另一說她遭地主強姦——隨後逃入深山，躲進一個山洞。多年後她的頭髮、膚色變白，形狀像鬼。後來，她參加革命的未婚夫隨八路軍回鄉，在山洞裡找到她。八路軍解放村民、鎮壓地主，這對男女攜手奔向一個光明美好的未來。[38]

對於獄中的林昭，這部歌劇激發了新的共鳴。從父親的自殺到她頭髮的早白，自己的遭遇與白毛女有太多的相似。《白毛女》的故事揭示了現實生活中的邪惡與不公，也揭示了求生與復仇的力量。一年前的一個深夜，林昭曾與其他囚犯有過一次對唱。她們放聲歌唱「偉大領袖」，表示思想已經得到改造，林昭則以《白毛女》的歌劇片段予以還擊：

想要謀害我，瞎了你眼窩！
我是舀不乾的水，撲不滅的火！
我的冤仇比天高！我的血淚流成河！
……喜兒呀，你要活！海水乾了也要活，石頭爛了也要活！
苦難的日子總能熬出頭，太陽底下報冤仇！[39]

這是來自不同時代的革命的豪言壯語。那時中共聲稱站在受壓迫的貧苦人民一邊，「解放」也就如天際線上的曙光。但在一九六七年的那個寒夜，林昭卻是對著女監樓緊閉的窗戶外的街道喊叫。這位「提籃橋裡的白毛女」求助的呼聲消散在空空蕩蕩的黑夜裡。

喊畢，她突然悲痛欲絕，淚流滿面地失聲道：「天父！天父！天父的震怒趕快到來！⋯⋯父啊，你的仁愛已經夠了！這許多正直善良的人付著代價已經夠了⋯⋯父啊，父的旨意哪天要我作殉道者，我都欣然為之！」

此時她心裡油然噴出一團復仇的火焰。雖然她警告過自己不應憎恨——一九六五年她曾寫道「若住在憎恨裡面，那就是住在魔鬼裡面了！」——但此刻對敵人卻幾乎是切齒痛恨。她在日記中繼續載述：「時日曷喪，與汝偕亡！我不惜與他們同歸毀滅，但求父的震怒迅速到來！⋯⋯此時此際，除了天父的慈惠與真道必勝的信念，確實再沒有其他東西能夠使我感到安慰了！雖然，我還是語不成聲，連聖詩也唱不下去。唱著『Nearer My God To Thee』，啟吻發聲，淚流滿面，哽咽至不能竟句！」[40]

「文革」開始後，林昭所曾痛斥過的「極權統治」的罪惡——對思想的奴役、對人權與自由的踐踏、不計後果為所欲為的決策，以及對毛的個人崇拜——只是變本加厲、愈演愈烈。按規定，提籃橋的犯人都必須參加小組學習，讀《毛主席語錄》以及《人民日報》和黨刊《紅旗》雜誌的社論，還得參加批鬥會，對拒絕思想改造者進行徹底無情的批判。[41] 林昭經常在午飯前聽到四樓的犯人「念著毛蟲口沫搗起鬼來」——大概指的是高喊毛語錄、開展監獄內階級鬥爭的喧鬧場面。[42]

「文革」如火如荼，囚犯們也爭相表現自己改造思想的積極性。為爭取「記分減刑」，幾乎目不識丁的犯人也會逐頁背誦毛語錄。記分制度可以追溯到一九〇九年，那時提籃橋的前身華德路監獄啟用記分減刑方法，鼓勵服刑人員通過端行兢業獲提前釋放。[43]

曾就讀耶魯大學的莎士比亞學者、復旦大學教授孫大雨也是提籃橋裡的一個反革命犯。此時他爭取「記分減刑」與其他犯人無異。孫大雨的名字在反右運動中人所皆知，他是毛澤東欽定的反革命頑固分子。在「民主黨派」的所有知名右派中，孫得到的懲罰屬於最為嚴厲的一類：他被解除所有職位、送入監獄。「文革」期間，他稱自己「現在很忙，天天要抄寫毛主席著作」而無暇寫獄中規定的檢討材料。[44]

國慶時，監獄命令囚犯寫詩歌頌黨和毛主席。國民政府的末任檢察長、著名法律學者楊兆龍寫的古詩讓管教幹部看不懂，就脫下鞋子連抽了楊三十多個耳光。[45]

★

一九六七年早春，「文化大革命」已經深入提籃橋。獄警和其他工作人員中的「革命造反派」也在界牆內異軍突起，讓當權者疲於招架。辦公大樓頻頻傳來呼喊口號聲，樓外和過道上貼滿了批判公檢法系統內「走資派」的大字報。[46]

「這監獄還有人管不？」二月寒冷的一天，勞役犯「二十四號」向林昭潑水、拿掃帚伸進鐵柵裡打她，獄警未加處理，於是林昭責問挖苦道：「小賊二十四號參加了『革命造反派』，奪了你們監長、指導員、所長的權了！……可這參加了『革命造反派』的把你們所長監長都當個什麼？……哎喲，勞役要奪你們的權了哪！」[47]

實際上，監獄內部的混亂狀況並不像囚犯希望的那麼徹底。囚犯仍然是囚犯，不過，一些原先想不到的人加入了他們的行列。有一天，一名原監獄幹部出現在監區掃地——他被造反派奪權當上了勞役犯，正接受思想改造。[48]

一九六七年三月，上海市監獄被軍管。由於全國各地造反派之間的暴力衝突不斷升級，毛澤東命令中央軍事委員會平息武鬥、恢復社會秩序。三月十九日，中央軍委發布「三支兩軍」

指示，命令各地執行支左、支農、支工、軍管和軍訓任務。其後五年裡，有兩百八十萬名官兵被派到全國各地的各級政府實施軍管。[49]

提籃橋監獄裡，三名軍隊幹部作為「軍代表」組成一個革命委員會，負責監獄的管理。其他的軍代表被派駐到所有監區的每一樓層執行上級命令。獄警和犯人都別無選擇，要服從軍代表的指揮。[50]

然而，新秩序並未遏制混亂和暴力，反而使惡性權力鬥爭有增無減。毛的革命造反派高呼著「徹底砸爛公檢法」的口號，批判、審查上海監獄系統內的一千兩百多名幹警，其中六十二人被迫害致死。[51]

提籃橋的軍代表坐鎮兩個造反派組織的「辯論會」，導致一名女警被逼瘋，後被判處十年監禁，關在她曾負責管理過的女監樓三樓。放風時，兩眼無光、頭髮蓬亂、身體瘦弱的她，被兩個自己曾經監管過的勞役犯拖著走，又踢又罵，不久就斃命。另一名獄警跳河自殺，軍代表帶領提籃橋的左派到現場對著屍體開「現場批鬥會」。還有兩個獄警「文革」期間自殺：一個跳樓，一個上吊。[52]

秩序瓦解，囚犯們從中獲益甚微。「文革」前，監獄依照舊管理規定，按時間為犯人提供基本膳食並允許家人探監、送入物品，至少表面上也禁止體罰。但隨著「文革」的深入，「群眾專政」取代了監獄規定，獄警態度愈加粗暴，手段更加嚴酷，虐待犯人事件也增多。獄方不僅限制家人定期探監、禁止送入食品，在一九六七年六月二十九日〈中共中央關於節約鬧革命、防止鋪張浪費的通知〉發布之後，甚至還以響應毛澤東「節約鬧革命」號召為由苛扣飯菜和開水。「階級鬥爭」也取代思想改造成為監獄內的新主題。[53]

對林昭和其他無數的政治犯而言，一九六七年一月十三日發布的〈中共中央、國務院關於在無產階級文化大革命中加強公安工作的若干規定〉最為致命。簡稱「公安六條」，該規定賦予公安系統「依法懲辦」的廣泛權力。除了殺人、放火、放毒、搶劫等刑事犯罪外，規定還將許多定義含糊的政治罪過列入必須施以「無產階級專政」的「現行反革命行為」。其中第二條這樣規定：

> 凡是投寄反革命匿名信，秘密或公開張貼、散發反革命傳單，寫反動標語，喊反動口號，以攻擊污蔑偉大領袖毛主席和他的親密戰友林彪同志的，都是現行反革命行爲，應當依法懲辦。[54]

第二條規定的實際執行中，任何對毛、林彪和其他許多中共領導人的口頭冒犯都被劃為反革命行為。毛死後，中華人民共和國最高人民檢察院特別檢察廳的一份調查顯示，「文革」期間，全國超過十萬人因「惡毒攻擊」罪被逮捕判刑。後來的獨立調查顯示，「公安六條」的禍害遠不止如此：〈規定〉發布後，僅在一九六八年毛發動的「清理階級隊伍」運動中就有三千萬人被鬥，五十多萬人喪生。狂熱施行暴力的有無產階級專政機關，也有自命的革命捍衛者。[55]

「公安六條」具體提到「攻擊污蔑偉大領袖毛主席」的罪行，表明此類「反革命事件」雖不常見但明顯已令最高領導層震驚。在上海，第一個按此規定被嚴懲的不是林昭，而是上海一家造船廠裡一名年僅三十歲靠自學成材的技術員，名叫劉文輝。

一九六六年的「紅八月」裡，劉文輝的家被抄，許多書籍被收繳，紅衛兵還打了他的家人。目睹大規模的暴力氾濫，劉開始在上海的一些大學校園裡偷偷張貼大字報，譴責中共暴行，宣導批判性的獨立思想。一九六六年九月，劉寫了一篇匿名文章，駁斥「十六條」，稱「文革」為「全民大迫害」。然後，他讓弟弟手抄多份，匿名寄往全國各地共十四所大專院校。劉文輝於一九六六年十一月被捕，一九六七年三月二十三日在上海文化廣場召開數千人參加的公審大會上受審，會後被執行槍決。[56]

另一位毛的批評者、上海市第一製藥廠三十九歲的工人單松林，其命運與劉文輝相似。單於一九六七年三月被捕，罪名是刻製反革命印章，印製和散發「反革命傳單、標語和匿名信件，惡毒地攻擊、污蔑我偉大領袖毛主席、社會主義制度和無產階級專政……污蔑毛主席和他的親密戰友林副主席」，還把「反革命印章蓋到張貼在街道上的中共中央有關文化大革命通告、通令和我們偉大領袖毛主席的畫像上……瘋狂地破壞無產階級文化大革命」。同樣根據「公安六條」，他被判處死刑。一九六七年八月二十八日，在上海文化廣場召開的同樣有幾千人參加的公審大會上受審，而後遊街示眾、執行槍決。[57]

★

林昭在一九六七年二月二十日的〈戰場日記〉中提到「公安六條」。[58]她似乎並不以為這項規定對自己的案件會產生什麼影響，因她已經被判二十年徒刑。

但事實上，「公安六條」發布後，革命怒火熊熊燃燒，給她加刑也就在所難免。「文化大革命」開始後不久，一九六六年十二月，負責管理提籃橋監獄的上海市勞改局，就已經準備了林昭案的加刑材料。勞改局當時屬市公安局，辦公樓就設在提籃橋監獄內，離關押林昭的女監樓不遠。[59]一九六六年十二月五日，勞改局的加刑報告提交給上海市公安局副局長王鑒，列舉了林昭在獄中犯的以下新罪行：

關押期間林昭用髮夾、竹箋（籤）等物，成百上千地戳破皮肉，用污血書寫幾十萬字內容極為反動、極為惡毒的信件，筆記和日記……謾罵我黨是「魔鬼政黨」，「樓梯上打架的階級鬥爭理論製造者」，是「極權暴虐只知以血與仇恨來維持統治權力的」「亡人馬克思的一幫無賴子孫」。……喪心病狂地謾罵我偉大領袖毛主席，是所謂「魔鬼」、「暴君」，「陰險毒辣、十惡不赦的獨夫黨魁」等等。……尤其嚴重惡劣的是，還一而再、再而三用自己的污血在報紙上刊載的毛主席照片上亂塗……甚至發展到了見到主席象（像）就要糟蹋的嚴重程度。還明目張膽地挖掉主席象（像）的頭部，用黑線倒掛在監室鐵門上，工作人員發現取下後，又變本加厲的大吵大罵，進行絕食抵抗……公開污蔑社會主義制度是「不義政權」，「搶光每一個人作爲『人』的全部一切」的「恐怖統治」，是「血腥極權制度」……是「貽羞祖國青史、玷辱人類文明的骯髒制度……污蔑人民公安機關是「秘密特務」，是「你們黨內殺人不眨眼的太上皇」，給了她「許多令人髮指的非刑殘害的暴行」，使她「遭受了可怕地殘忍而陰惡的逼迫、折磨與摧殘」。[60]

報告還稱，林昭「多次準備跳樓、上吊、砸碎玻璃窗，用碎玻璃劃破靜脈，企圖自殺」。（林昭獄中文字曾提到她「以玻璃片割裂左腕求死」，但未提自己企圖跳樓或上吊。）「雖然工作人員多方教育，並採取了單獨關押，指定閱讀書報，專人負責管教，家屬規勸等一系列管教措施，但林犯死不悔改，公開揚言『怕死不反共產黨』」。

有鑑於此，勞改局建議給林昭加刑。

三天後，一九六六年十二月八日，王鑒在這份報告上寫下謹慎的批示：「同意起訴加刑，請與檢察院、法院商量研究，有何意見。」[61]

隨後，上海公檢法系統在林昭案審議過程中出現了意想不到的插曲。一九六七年的「一月風暴」導致王鑒本人下台——一月八日造反派衝擊他的辦公室，從保險櫃裡翻出一宗已偵破案件的調查材料，是有關一封控告江青二十世紀三〇年代在上海的風流韻事和被捕變節的匿名信。那時的江青還未投奔延安參加革命，在上海當演員期間，情愛方面率性而為、灑脫不羈，政治立場也十分靈活。雖然匿名信案件已偵破，投信者也已被迫自殺，江青仍對調查材料不放心，反口稱破案過程是「反革命黑調查」。造反派把王鑒等誣為「反黨分子」，後來他和二十多位上海公安局官員都被押解到北京，投入監獄。[62]

「一月風暴」使上海市政府各部門陷於癱瘓，林昭案也就擱在半空中。三月，上海市勞改局和監獄都被「軍管」。革命造反的火焰繼續蔓延，但並未加速對林昭案加刑的最終決定。

與此同時，林昭全然不知對她的案件正在進行的審議，抗爭中仍懷揣希望、不屈不撓。她在三月份的家信中寫道：母親二月二十三日探監後，她「獨自悄坐著沉默了好半天。那時我只想對你說一句話：媽媽，我們要活下去！一定要活下去！掙扎著活下去！茹冰飲檗活下去！咬釘嚼鐵活下去！像『白毛女』裡喜兒那悲憤激越的歌辭（詞）一樣：海水乾了也要活！石頭爛了也要活！」[63]

八月，林昭又一次肺結核發作，被送進了監獄醫院。早春見到母親後已經又過了六個月。

按例，囚犯每月可以寄一封家信。一九六七年間她寫的家信裡，反復要求家裡送來自己要過但仍未收到的物品：罐頭、葡萄糖、粒糖、砂糖或者方糖、魚肝油、甘草片、生薑（炒一炒）、止痛藥膏（貼肺部）、舊衣舊布、自己用過的舊棉被、襪子、固本皂、洗髮粉、牙刷、牙膏、草紙。文具則需要白色打字紙、多孔活頁紙、筆記簿、練習簿、圓珠筆、舊鋼筆、民生藍黑墨水。她在信裡告訴母親和拆信檢查的獄警：「人們不用想著似乎容你買墨水紙張來就是為我寫東西提供了方便，再沒墨水我使上血都可以寫的！」[64]

九月寫的家信裡，她還要一塊八尺床單大小的防水油布，「近年上市的塑料布也行」。然後未加任何解釋補充道：「還得要件雨衣」。[65]

要雨衣和防水布是為了準備與提籃橋內的「文革」潑水鬥士作戰。沒有記錄顯明家裡給她送過這些東西。即使送了，也提供不了多少保護：六月中旬，上海市人民檢察院提交了一份蓋有「絕密」印章的林昭「反革命」罪起訴書。一九六七年秋天某日，負責上海公檢法系統的軍管會批准起草林昭的死刑判決書。[66]

第八章
血書家信

媽媽：

今天是什麼日子你記得麼？今天是我被捕的整整七周年！七年以前的那個夜晚，當你看見我被他們戴上手銬時，你哭了。儘管在自己的戰鬥生涯裡碰上同樣的考驗時刻你並不哭。

別爲我傷心，親愛的媽媽，烈火煉眞金呢！歸根結底我是在天父的手裡卻不在他們魔鬼的手裡！

今天我過得很平靜，毫無多餘的感傷因爲用不著！就從被捕這一天起我在他們共產黨人面前公開了自己之作爲反抗者的身份並且公開堅持我之反共抗暴的自由戰士基本立場，從這一點上來說，不但我自己別無退步，而且我與他們之間也決無兩全！基督親兵的仁心愛德僅只對於靈魂卻不能對於罪惡！天父引領我看清自己的戰鬥道路！

我眞有滿腹戰鬥的豪情欲抒，但就這幾句也還不知道你得到那會兒才看見；也許在展覽會上？一笑！

我要見你！我的媽媽，我要見你！

昭兒

主曆一九六七年十月二十四日[1]

這封家信是血書。同一日，她作了一首四言詩〈被捕七周年口號〉：

被捕七年，歲月雲煙！
家國在懷，興亡在肩！
剛腸嫉惡，一往無前！
大義凜冽，大節皎然！
眞金入火，何懼毒焰？
金是火煉，火熾金顯！
孤軍力戰，碧血日鮮！
心悲氣壯，意決志堅！
公道爲旨，正義當先！

有我無敵，豈計生全！
中華民國，締造維艱；
重光法統，後起著鞭。
一身未惜，要續史篇！
軒轅宗社，雄波海天！
人生自古誰無死？留得清名滿世間！[2]

一九六七年十月初林昭又開始寫血書，抗議監獄取消家人探監以及自己受到的「惡劣虐待」。監獄已經有六個星期不提供洗臉或洗衣用水，而且最後一次家人探監是在近六個月之前的五月份。那一次只有妹妹彭令范來。母親當時在蘇州，讓她很失望。[3]

她斷斷續續的絕食並未改善待遇。「欺負我的打手勞役倒今天一次明天連著一次地特別接見！」於是從十月十四日開始，她每天寫一封「即事抗議」血書給獄方，連同血書家信一起交給看守，重申恢復家屬探監的要求。這期間，勞役犯三番五次從囚室外向她潑水。[4]

獄方拒絕讓其家人探監可能是想在精神上擊垮她，征服她的意志。但林昭對監獄用在囚犯

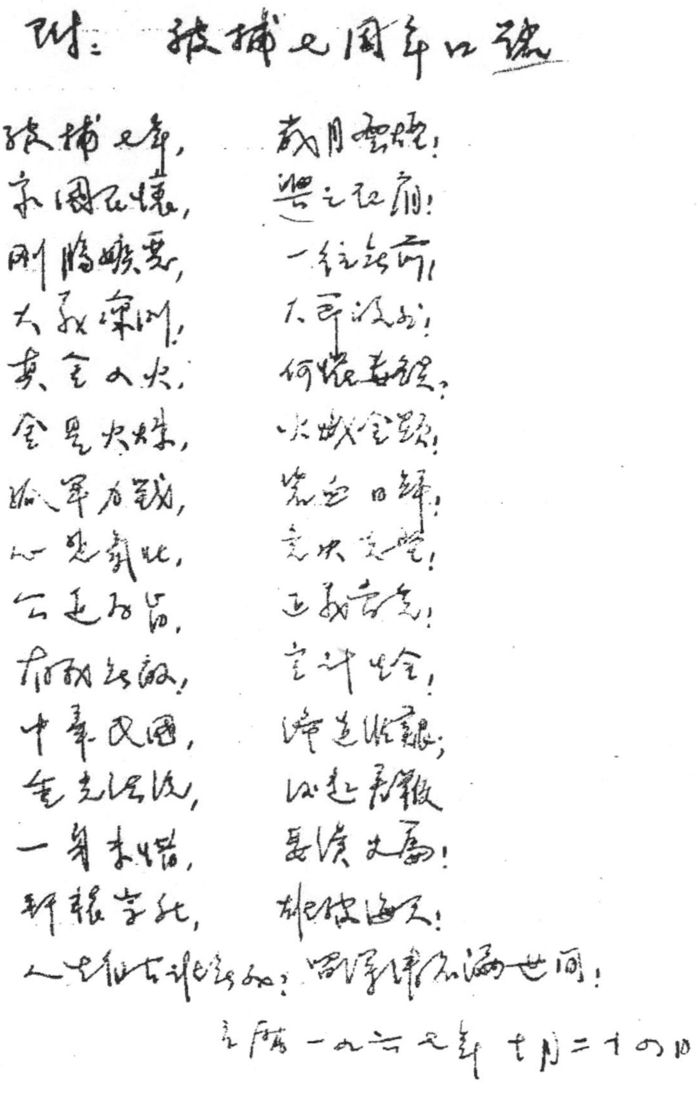

林昭：〈被捕七周年口號〉字跡，1967 年 10 月 24 日。

身上的侮辱性語言特別較真，這也於探監之事無補。據提籃橋規定，犯人可以每月中給家裡寄信，同時填好附發的接見卡，申請家人下個月探監。接見卡上有「罪犯」名字一欄需要填寫。林昭認為「罪犯」一詞是人身攻擊。她在家信中向母親解釋：「如眾所周知的那樣作為反抗者我是堅不『認罪』即拒絕對他們屈服的！因此我見了那張接見卡上的『罪犯』字樣本能地憎恨至於不能容忍！」

因此，每次發接見卡她要麼「裝一回鴕鳥」不接，要麼接過來也要非塗抹「罪犯」二字不可。她告訴母親：「我們是囚犯！不是什麼『罪犯』！」九月，發接見卡時她不接。隔月，獄方不給她發卡，並以她未填寫接見卡為由「乾脆取消了我的接見！」[5]

無奈之下，林昭宣布準備寫血書家信，直到家人獲准探監為止。十月二十三日開始，她每日寫一封血書家信，進行了長達一個月的抗議。她把這些信編號，每封結尾都署名「你的昭兒」，注上「主曆」日期，統稱〈血書家信——致母親〉。她並不奢望獄警把這些家信發出，寫完每一封血書後都用墨水謄到筆記簿上。有兩個多星期之久，每封血書家信都附上一份編號的「即事抗議」血書。十月二十四日是被捕周年紀念日，那天的血書家信是這一組家信的第二封。[6]

「血書家信」之三（一九六七年十月二十五日）：

親愛的媽媽：

天天盼望見到你，天天給你用血寫一封家信，同時也差不多天天向他們遞出血的抗議！……

今天在不舒服，頭痛，噁心，發冷。天氣漸漸冷了，我可連被子還沒縫上因爲被單給他們拿走了不還！你想惡劣不惡劣？！唉，媽媽，你不知道我的戰鬥如何艱難！但憑著天父的眞道和公義我一無畏懼！願你健康！我的媽媽！

「血書抗議家信」之七（一九六七年十月二十九日）：

媽媽，你好！

今天是安息日，補了大半天衣裳。有些衣裳已經夠作有朝一日回憶對比的控訴材料了！雖然在這裡面我還算是身上較光鮮的一類。莫説裡面，有時眺望街路，看看來往行人竟沒個衣著像樣的！上海如此，他處可想！到底十八年了呢？十八年前種植的樹苗已經垂蔭！十八年前誕育的孩嬰已經成人！可是我們舉國同胞這十八年來的如海血淚深仇大恨呵！到今天還不曾洗雪得伸！唉！媽媽！把中國人都共產共成花子只不過是這個混帳匪幫所有滔天罪惡之中的犖犖一端呢！他們的「德政」那叫海水爲墨也寫不盡！……

林昭開始寫血書家信抗議時，要求在十月底之前允許家人探監。[7] 十月三十日，她的心情是「異樣地蒼涼沉憤但又凜冽而凝定！」

她想起了一則故事，叫「The Brazen Head」（培根與黃銅頭像），來自詹姆斯·鮑德溫（James Baldwin）編的《泰西三十軼事》（*Thirty More Famous Stories Retold*）一書。她讀過這本書的英文原版，可能是在景海女師上學時讀過。故事中的培根修士是牛津大學的教授，還兼有巫師的魔力。他吩咐僕人邁爾斯守著他鑄造的一個黃銅頭像，等待頭像說出一個「對每個英國人都至關重要的秘密」的那一刻。邁爾斯心裡對這個頭像略為不屑，還挖苦了它兩句。可是到時候，黃銅頭像那副刻板的金屬般笑臉突然皺起眉頭，整個頭像從大理石底座上升了起來，發出雷鳴般的咆哮：「時間過了！」接著響起可怕的爆裂聲，黃銅頭像變成千百塊碎片。[8]

林昭在十月三十日的信中告訴母親：「我想到許多事情也想到……那篇帶些想像之神秘色彩的 The Brazen Head……想到那裡面的一句話：Time is past——時間過了！」她補充說，一年前自己也曾引過這句話，「一再警告他們」為時已晚，中共政權要趕緊懸崖勒馬。[9]

十月三十一日林昭寫下一篇〈血書聲明〉，一開始就用英文宣告：「The Time is past!」（時間過了！），她要求家人探監再次遭到了拒絕。即便如此，她誓言要「始終如一地忠於自由人類和自由中國抗擊共產邪道、抗擊極權制度、抗擊特務統治之捍衛人權自由、確立民族民主的正義戰鬥！」[10]

把寫好的聲明遞給獄警之前，林昭對著外牆和走道間的空間大聲朗讀，讓下幾層的人都能聽到。與三藩市灣的阿爾卡特拉斯聯邦監獄一樣，提籃橋監樓內五個樓層共用一個相當大的開放空間，這樣獄警可以同時監視各層情況。這也讓林昭可以向女監樓各層以「口頭朗讀的方式公布了我的血書聲明」——在第二天的血書家信裡她這樣告訴母親。

她還說，要從十一月一日起「更加有條不紊地來寫這些血書抗議家信以便來日在我的個人文集『自由書』中專成一輯，我已經給它們起了一個總名：『致母親』。」

林昭回憶道，家裡有一本舊書《誰無兒女？》（原名 *A Mother Fights Hitler*，直譯《一位母親和希特勒的鬥爭》），是她買的。「當年讀著它我就曾引起深沉的感觸，因為我不能不預算到自己可能有一天要遭受著如李登律師同樣的命運！即是成為暴政之下的一名囚犯！」[11]她之後的人生經歷證實了當初這種預感，但是，「比起中國共產黨人的暴政來，希特勒法西斯蒂都簡直算不上什麼的了！」她繼續道：

還想再寫一些，但是我很累了。沒有經驗的不會知道：寫血書儘管看著流血不多卻非常損耗神思！而且我今天已經寫出了三份血的抗議！沒有辦法，這些日子以來血書所占的比重愈來愈大，我簡直成天都在以自己的血發言！可是他們也只習以爲常見慣不驚！這些毫無人性毫無心肝的極權主義賊子！除去鑽頭覓縫千方百計地謀求保持他們的不義權力，此外簡直連一句人話也不懂！

我累了，明天再給你寫罷！我的媽媽，遙祝你此夜有一個平靜的夢境！

你的昭兒

主曆一九六七年十一月一日

林昭「血書抗議家信之十四」寫於十一月五日，標題是〈安息日的醜戲〉。「親愛的媽媽，就在今天發生了一幕醜戲：借著我曾罵一個曾經對我有過嚴重人身侮辱以及傷害行為之女看守的由頭，嗾了一群烏合之眾擁到我監房門前大唱其萬歲毛澤東啦，打倒反動分子啦，反革命死路一條啦，之類等等，鬥爭不像鬥爭，示威不像示威，指手頓足，醜態百出！」

那醜態百出的表演並非取樂，而是正兒八經的革命儀式。自一九六七年《解放軍報》元旦社論中提出「要無限地忠於毛主席，忠於毛澤東思想」開始，集體表忠的儀式開始出現，逐漸形成「三忠於，四無限」的「忠字化運動」，最終還發展為集體「忠字舞」，表達「千萬顆紅心在激烈地跳動，千萬張笑臉迎著紅太陽」。無論是在會議中、街道口、還是在公車、火車或飛機上都會出現指方向、挺胸膛、揮拳頭、掏心窩、踢壞蛋等「忠字舞」姿勢，監獄裡也不例外。[12]

那一天，女看守還特地找了個侮辱過林昭的「私娼」，夾在革命囚犯的人群裡。林昭寫道：「可也別說，這些極權主義狗賊原不見得比私娼更入流品！」

「那麼我怎樣呢？我稱讚他們之下流臭祖宗毛澤東的屁股為最偉大的屁股！高呼私娼公娼萬歲！野雞婊子萬歲！相公兔子萬歲並公共廁所萬萬歲！等等。為了表示我對毛澤東思想之深切體會和衷心頂禮我並把以前爭鬧中被他們扯破的襯褲和潑上污水的長褲頂在頭上而以兩手舞著兩條褲腿作扭捏姿勢而唱……總而言之：一場混鬧！」

人群裡有人看著忍不住要笑。「可別說，連我自己也忍不住作笑！」林昭告訴母親，「弄到臨了跳出一個十三點來扒在地上沖我叩了個頭！那些人乃亦借因下臺一擁而去！天知道！世界上居然會有這麼一回事情！」

當天在林昭囚室外上演的那場醜劇使她意識到，幾乎每日提交一份即事抗議血書給獄方，已經進行大約三周，繼續下去已毫無意義。她寫道：「從他們現在當事這個極權上層分子軍事接管這座監獄，可以說他就是在目無法度地胡作非為而為所欲為！」但即便如此，她還是會「堅持每日寫這些血書家信，這不僅是我這一段生活以及心情的詳實記錄更是對這些極權主義狗賊的有力控訴！親愛的媽媽！我的戰鬥很艱苦但它也鍛煉我更成熟並且更堅強！致以安息日的祝福！」[13]

十一月八日一早，林昭把發來一格子的飲用水潑掉，整個上午進行抗議。她透過囚室的鐵柵向外面大聲述說自己一家過去如何為中共工作，「從而又引動了這滿腔抑制不住的悲憤而不僅熱淚縱橫痛切失聲！……再見！親愛的媽媽，我正冷冷地準備迎接明天的戰鬥！」[14]

「血書抗議家信」之十八：〈冷粥、冷飯和冷水〉

親愛的媽媽：

天氣冷了呢，你們身體都好嗎？我很想念你們，儘管我不能爲你們做什麼，也正如你們不能爲我做什麼一樣。

今天傍晚把露在門口抗議血書下面以當抗議示威的中午的冷飯稍早一些拿了迸來……

天氣冷了，寒風撼搖著窗子冷冷作響，我可還睡在水門汀上而且被子還不曾縫起來呢！……今天這麼大的風他們卻故意讓勞役犯把近室窗子打開了吹我！我問到勞役犯道別處窗子都關著，你爲什麼偏開這邊兩扇窗？我給吹得在發燒了！……

明天再給你寫，我的媽媽，現在我要去朗讀我的信了。這些日子以來我每晚都向空間朗讀這些血書家信以便讓更多的人有機會了解我所遇到的事情！祝你晚安！親愛的媽媽！

你的昭兒

主曆一九六七年十一月九日

林昭血書抗議家信之十九寫於十一月十日，題為〈天父潑進監獄裡來的「冷水」〉。隨著寒冬悄悄來臨，她愈加感受到了自己的艱難處境。「媽媽，你現在要是見到我囚室門首的一幅景象，准保你氣不動。」她砸過一次馬桶；為避免自己氣頭上再次砸桶就把它遠遠地推到監室外的走道中間，「而旁邊狼藉滿地的是污水、小便、大便、草紙以及沒有吃而扔了出去的飯粒菜渣。」多日過後，地上那一灘污水仍無人收拾。「我也不請他們收拾！自己的大便那氣味怎麼也得比毛澤東萬歲芬芳可愛得多！」

附近還有另一灘水，「就是這封抗議家信題目所說天父潑進監獄來的冷水——雨水，天落水」。雨已經連續下了多日，林昭囚室附近的屋頂漏了水，漏下的雨水已經和她潑出去的那灘水合流了。

> 但這事情又有什麼值得一說的意義呢？——在一般情況下屋漏那就是屋漏而已，沒有很多意思；可在我的情況下，合著他們與我鬥的心境，事情就有了意思。……這會子天父——我的好天父可把冷水潑進監獄裡來了！也許是給我的安慰：向我顯示我所要的「冷水」天父會給我漏穿了屋頂潑進監獄

裡來；也許是對我的激勵：表示天父也充分贊同而且直接參與著我之往外潑水的抗議行動！無論如何，我只是把這件看來細小的事情當成一種靈異的見證！當然見證還不止此！親愛的媽媽，我眞的碰到了好多令人驚異的足爲天父聖靈見證的事情！咳，頭上怎麼沒有天呢？！[15]

就這樣，此時神思異常活躍而意志堅定如故的林昭，持守著自己的信念。她補充道：「今天在絕食中我默想了很多而且天父的靈感也極其清晰分明！使我得到深切的安慰！作為一名基督親兵再沒有比確知自己想做的事情符合主旨更加愉快的了！」[16]

★

「親愛的媽媽，你死了嗎？！」林昭十一月十二日的信是這樣開始的，「來日看到這麼突如其來不成文理的一句時恐怕誰都不免為之詫怪：這是什麼話呀？」前一天晚上她唱著喪事禮拜的讚美聖詩〈再相會歌〉悼念柯慶施，看守聽煩了罵道：「你母親死了你倒沒這麼傷心！」

林昭明白，正常情況下這不過是一個「無聊的詛咒」，但她很清楚許憲民患有慢性心臟病和高血壓，也擔心自己的血書抗議是否又連累了家人。「像目前這樣天天拿著你寫血書抗議家信做抒情文章題目會不會招致他們對你和弟弟妹妹的迫害？……而幾年來我連累你們之處已經太多了！所以阿弟要責備我是天下最自私的人！」[17]

弟弟彭恩華的責備曾刺痛林昭。他對她的固執抗爭甚為惱怒：因她一人堅持反共立場，全家都成了政治賤民，且隨時可能遭受更嚴重的後果。在毛澤東時代，個人的政治罪過總要牽累家屬，迫使許多人離婚或與家人斷絕關係以「劃清界限」。即使家裡放著右派或反革命分子的家人骨灰盒也可能被問罪。[18]

林昭並未罔顧自己的行為會對其家庭造成的影響，但她認定：「我所爭者只是我們作為一個獨立的自由人所受自天賦的基本人權！在這樣一場慘烈的戰鬥中我義無反顧！更加無法考慮自己或親人的安危！」[19]

時至一九六七年，林昭家人不僅成了政治賤民，而且為了供給她在獄中的生活所需，一直承受著沉重的的經濟負擔。一九五二年，許憲民與他人聯合投資創辦的蘇福汽車公司在「五反」運動之後歸為國有，家裡的財產也隨之蒸發。五〇年代中期許憲民已經買不起進口抗肺結核藥給兩個女兒了。

一九五五年，林昭天資過人且早熟的妹妹彭令范以優異成績考入了上海第二醫學院，於一九六〇年畢業。就在林昭被捕前，她在上海郊外的一家醫院找到了一份醫生的工作。令范的收入不多，離家很遠，住在醫院的宿舍裡。弟弟彭恩華雖然聰明、成績優秀，但可能因為林昭是在押的「現行反革命」，而未能上大學。二十世紀六〇年代，他致力於日本俳句的研究，盡其所能地遠離政治。[20]

家庭經濟來源日漸枯竭，許憲民每月收入僅十二元，難以提供林昭所需的錢和物品。有時家人也抱怨她列出的補給清單。林昭承認「老向家裡要這要那」未免自私。「家庭又已為我受了不小的連累，我有什麼理由多向你們伸手呢？雖然，媽媽，人不論在什麼境地之中不論遭受著什麼總有一種重建生活的願望，這應該說也是很自然的。……一個人既然在苟延殘喘，便自然會有各種生活需要，這也是沒有辦法的事情。」她心裡常常內疚，母親探監時「看媽媽的棉襖袖子都破著這個孽障心裡很有蒼涼之感！」但她終究還是開口要罐頭食品、葡萄糖粉、肥皂、洗髮粉，以及舊衣服、郵票和錢，好在獄中買草紙等生活必需品。[21]

一九六七年七月林昭再次住院時曾給母親去信寫道：「哀哀父母，生我劬瘁！我的媽媽，想到我不能對你養育之恩有所報答甚至不能在暮年給你帶來一些安慰反倒要帶給你深重的刺激，我悲痛斷腸！」此時，唯一能為母親做的就是禱告。「主啊主啊！請保佑我母親的生命！……我寧願壓縮下自己的壽算但求讓我的母親能夠延年！讓母親生活到公義得勝的來日！」[22]

★

到了十一月中，因家人不得探監，林昭處境已十分窘迫。她無錢買草紙，隨著血液變稀、凝血率降低，寫血書也日趨艱難。[23]

她在十一月十五日的家信中寫道，母親以前探訪時曾叮囑她，要耐得閒，「那麼我的媽媽，你才不知道我是實實在在的一點都不閑！……寫東西之外，生活上的雜務小事似乎也就已經老幹不完。」儘管獄中的虐待和天氣轉冷使她體力衰弱，可她還是「充分發揮著魯濱孫精神」。一條舊的柞綢西褲臀部磨破以後，她自己拆開翻改了。[24]

在提籃橋，囚犯每月可以借用兩次縫紉針，每次幾小時。其他時間沒有針但林昭仍可以手縫，用的是她在上海第一看守所時學來的犯人「絕活之一」：「借著一段頭髮絲的牽引，再找根小竹刺或斷鉛絲在布上通些洞眼把線穿過去，活兒就縫得了，我好多東西都是這麼縫起來的。」她喜歡魯濱遜，儘管自己的處境「還與魯濱孫有所不同甚至不同很大……比較起來我還情願做魯濱孫！與大自然接近著那太幸福了！即使是那些吃人的野人，比著這些萬惡的極權主義分子也就可以認為是質樸而單純得可愛的哩！」[25]

家人探監中止又無錢可花，獄中生活日趨艱難。她不時的絕食使自己「嘴唇乾燥而身上發熱」，但她還是堅持寫血書家信。十一月十六日給許憲民的信中說：「這個月過到現在單這些血書家信大約就累積了兩三萬字，將來出版全集或則編纂遺稿又多一本了。」[26]

她告訴母親，日用品所剩無幾，紙還有幾張，信封可只剩一個了。「這個月且沒讓我開大賬！」——賬上空無一文。按提籃橋規定，家人探監所帶現金都由獄方收存並把金額記在「大賬」上，供獄中購物支用。「郵票草紙都沒了，我大便是動手撈的！」[27]

寫了近一個月每日一封的〈血書家信〉後，林昭意識到血書並未產生任何影響。她每天把寫好的信交看守郵寄給母親，但始終沒有回音。十一月十九日是禮拜天，她在囚室裡做著單人「唱詩崇拜」，開始覺得自己「專以鮮血抒家族之情似乎戰鬥意義還是不夠強烈的呢！」她承認自己絕望與仇恨日增：「這些混帳極權主義賊子統統都是不可救藥的！」此時，她準備告別前一階段的鬥爭，轉向自己曾摒棄過的「堅壁清野」。[28]

「親愛的媽媽：」林昭在十一月二十一日的〈血書抗議家信之三十〉中寫道，「致母親這個抗議題目我想著要暫時收束過它了！一方面我也不知道你的近況究竟怎樣。另外麼就是我說的：這個主題範疇於我當前之所面臨的鬥爭似乎已經顯得狹窄了些。」極權統治帶給她「身心各方面損害是永遠無法補償的！于我是這樣，於我們這一輩同時代人是這樣，于我中華舉國同胞桑梓父老也是一樣！」

〈致母親〉寫了數周之後，林昭有時感到文思枯澀，於是開始關注其他主題。她這樣解釋：「蘇東坡曾謂文如行雲流水，但行於所當行，止於不可不止。總的說來其基本精神在我領會無非是說明文章貴乎自然。至於性情文章那當然更是，一流於矯作或為做文章而做文章，那便沒有意義了。」[29]十一月二十二日，她寫了最後一封血書家信，承認自己的血書抗議無濟於事。

血書抗議家信之三十一：〈我願順服主旨〉

親愛的媽媽：

今天寫完這一封血書抗議家信，從明天起這個題目我準備暫時停頓下來了。你當然和我一樣不會忘記：明天是爹爹殉難的七周年忌辰！……

最近一些日子以來我想了很多，多半是從自己這方面去想的，有時想得非常沉痛因爲我深深反省著自己的錯誤！我是有許多錯誤雖然性質各不相同：有些屬於鬥爭缺乏經驗，那倒還容易改正；有些則屬於自己做人的輕率，這就更值得從根本上去檢查了！……總的說來，我對待問題還是自信忒過，這特別對於基督徒來說是一個嚴重問題！「我」太多了，主就少了甚至沒了！這話我曾經說過別人，卻又是沒嘴說自身！我太自以爲是了！忘記了我的主！忘記了我自己的本分只是個僕人！這是我的許多錯誤和煩惱的根源！而說到底，這還是一個信心問題！聖經上明明說了我們的一切都在天父手裡，爲什麼我不能像有許多教友那樣自然處於衷心地做到一無掛慮萬事交托而愉快歡欣地順從主旨呢？這不正說明自己在信心堅定方面還是有所虧欠於主嗎？唉，親愛的媽媽，在肉體裡要發出信心來可眞是難啊！……我太聰明，太能幹了！沒有主的許可，沒有主引領保守，我能夠做得了什麼呢？我什麼也不能做啊！

所以這也就是我作爲信徒的重要一課！親愛的媽媽，我願學習順服於主旨，盡著我作爲僕人的本分；讓我把自己的痛苦與希望、理想與寄託一切種種全都交給我的主而使心靈成爲我崇拜主的聖殿吧！……所以我說我倒願意沉默以便深思祈禱：天父幫助我戰勝魔鬼！

親愛的媽媽，願天父聖靈的感應與你同在！生活在這個統治之下對於我們每個人來說都不是一件容易事情！更別說你們還不幸而爲我的親屬了！在蒼涼的心情中我向你和弟妹遙致我之痛苦的愛和思念！我的親人們呵！願你們能夠被蒙著天父聖靈的保佑和爹爹在天之靈的呵護！再見！我的親愛的媽媽！

你的昭兒

主曆一九六七年十一月二十二日

林昭驟然否定「我」和「肉體」、「願學習順服於主旨」，這極不尋常但也不完全令人意外。

二十年之前，她在景海女師所認識的基督教著重社會改良，不帶任何神祕的寂靜主義色彩。但是，中國本土的基督教神學在一九四九年中共建政時已經成形，其最具影響力的表述見諸聚會處（又稱「小群」）創始人倪柝聲的末世「時代論」論著。這種神學要求信徒徹底否定「肉體」，在基督裡把「己」釘死在十字架上。[30]

一九六三年林昭在提籃橋審前監禁期間，曾接觸過畢業於南京基督教靈修神學院的獨立傳道人俞以勒，可能是俞將倪柝聲的神學傳授給她。當時，余曾試圖引導林昭將政治意識從其基督信仰中滌蕩出去，但未成功。此時，林昭的獄中反抗屢屢碰壁，於是強調順服神的舍己神學與她漸趨合拍。[31]

但縱然她「願意沉默」，結果還是做不到。第二天，為紀念父親七周年忌辰，她再次禁食，而後突然靈感來潮，著手寫作三篇文章。第一篇是一份「血書聲明」，解釋其政治立場是「根據著大道之行天下為公的民族古訓，根據著天下興亡匹夫有責的民主原則，根據著近代世紀深入人心的文明政治思潮和人權平等宗旨，根據著基督教義的人道愛德」。

她意識到自己政治幼稚——居然會相信理性規勸可以改變極權統治，會相信中共統治者能悔改認罪。在過去的幾個月裡她「估計失當」：「林昭自認為對中國共產黨極權政治匪幫占據著舉足輕重的戰略地位；卻忘記了在自由人類反共抗暴的總體戰役中間我的戰位只是一名普通兵士！」[32]

★

此時，毛澤東統治下的中國並未出現「自由人類反共抗暴的總體戰役」的任何跡象。然而確實有人敢於質疑中共——哪怕這種質疑僅如曇花一現。借用艾米莉．狄金森〈許多瘋狂——是最神聖的理智〉詩中的話來說，當絕大多數中國人正癡迷於革命「理智」的「最虛無的瘋狂」之時，有人也像林昭一樣，被「最神聖的理智」的「瘋狂」所驅使。[33]

一九六五年，曾接受精神病治療、在北京的鐵道設計院作清潔工的王佩英聲明自動退黨，認為中共曾為解放人類而奮鬥，但如今已經墮落成「高官厚祿，養尊處優」的政黨，「已經站在人民頭上壓迫人了」。王於一九六八年被捕，一九七〇年被判死刑。她被架在囚車上遊街、押往刑場。押解人員為防止她喊口號抗議，用一根細繩子勒住她的脖子，從身後拽著。因為勒得太緊，未到刑場她已被勒死。[34]

在上海，反對共產革命的「瘋狂」註定了中國著名音樂家陸洪恩的命運。一九六五年一月，這位古典鋼琴家與上海交響樂團的指揮被診斷患有精神分裂症並接受治療。一年後舊症復發，在一九六六年五月的一次政治學習會上，他公開反對姚文元的社論〈評「三家村」——《燕山夜話》、《三家村箚記》的反動本質〉。與早先批判吳晗《海瑞罷官》的社論如出一轍，姚文元新發表的社論，是毛澤東用來打倒北京市委的輿論工具，是他炮轟「中國的赫魯曉夫」劉少奇的序幕。

陸洪恩在精神受刺激的狀態下，為赫魯曉夫的「修正主義」辯護，並高呼「赫魯曉夫萬歲」。陸以直言不諱、經常發表政治不正確言論著稱。在之前的一次小組學習會議上，他針對一九四二年毛澤東〈在延安文藝座談會上的講話〉提出：「是貝多芬面向工農兵，還是工農兵面向貝多芬呢？我看應當是工農兵面向貝多芬。工農兵應該提高自己的文化藝術修養，逐步熟悉交響音樂。」後來這成了他「刻骨仇恨工農兵」的罪證。這一次，陸不是被送回精神病院，而是被逮捕並押送上海第一看守所。[35]

文革轟轟烈烈，公開批鬥「反動分子」也成了「造反派」熱衷的革命儀式。為炫耀其新獲得的權力，許多「造反派」組織都前往上海第一看守所，借用知名囚犯開批鬥會。陸洪恩當時是熱門的人選。

在一個擁擠不堪的劇院裡，陸戴著高帽，依然無視周圍的一切已經天翻地覆。他蔑視「樣板戲」，私下稱之為「破爛女人搞的破爛貨」。批鬥會上，造反派要他老實交代攻擊「樣板戲」之罪，他反問：中國音樂、戲曲的優秀作品比比皆是，為什麼只許演唱樣板戲而「毀壞傳統」？憤怒的造反派衝上前去，當場撕裂了他的嘴唇。據其獄友回憶，陸被送回監獄時滿身是血，無法吞咽食物，但仍輕輕哼唱貝多芬的《英雄交響曲》和《莊嚴彌撒》。[36]

幾個月的反復批鬥，加上殘酷的背銬和毆打，把不到五十歲的陸洪恩折磨得只剩下一副骨架，頭髮花白並開始脫落，不時還精神錯亂，驚恐地叫喊：「巫婆（江青）來抓人了。」他還對紅色產生條件反射，一見紅色的或有「毛」的紡織品——毛巾、毛衣、毛褲——便要咬。他聲明：「在巫婆搞的這場『大革命』中，我陸洪恩寧做『反革命』！」那時，已被處決的反革命分子劉文輝的殘疾弟弟、政治犯劉文忠是其獄友，陸請求劉將來有機會去維也納一定要為他在貝多芬的墓前獻上一束鮮花。三十三年後，劉文忠踐行諾言，替陸洪恩完成了這個遺願。[37]

陸從小就是天主教徒。同林昭一樣，在第一看守所的兩年多時間裡，他從讚美詩和祈禱中找到了心靈的慰藉。一九六八年四月二十七日，陸洪恩和另外六名「現行反革命分子」在上海文化革命廣場（前文化廣場）舉行的公審大會上被判處死刑。這是五一國際勞動節前，對中國社會進行的帶有宗教色彩的潔淨儀式。據《解放日報》報導，大會結束後，七名反革命分子「當即被押赴刑場，執行槍決。這時場內外的革命群眾長時間的高呼口號，無不拍手稱快」。[38]

「懲罰，從一種難忍的感官刺激的藝術，已變為剝奪權利的司法運作。」米歇爾．傅柯（Michel Foucault）這樣描述啟蒙運動以來西方刑罰制度的演變。他認為，現代「死刑儀式」的特點是「展示場面的消失和痛苦的消除」。革命的中國同時保留了場面和痛苦。[39]

★

在與世隔絕的獄中，林昭可能並不清楚其他「與人民為敵」者的遭遇。然而，經歷了近七年的鐵窗生涯後，她對提籃橋外的嚴酷現實不抱任何幻想。她這樣寫道：「我知道奧斯威辛集中營和別的許多集中營，我也知道赫魯曉夫秘密報告，但從那些裡面你們能找得出什麼一點兒相類似的東西來和我所說的這一切作比較呢？！和這樣一些對於人的惡毒侮辱野蠻踐踏比較起來，單純的死亡乃至肉體的非刑都似乎是很可愛的了！」一九五六年赫魯曉夫的「秘密報告」對史達林生前流行的「個人崇拜」以及他的「獨攬大權」、專橫、粗暴和濫用職權進行了批判。[40]

林昭在父親忌辰寫的第二篇文章用的是筆墨，取名為〈心靈的戰歌！——我呼籲人類！〉。作為「世界自由人類反共抗暴統一陣線戰鬥大軍隊列之中的一名小小的、年輕的兵士……我痛切呼籲自由人類對於我們被奴役、被壓迫、被踐踏和被損害至於無以為人之地步的中國民眾的正直同情！」她希望自己的呼籲會送達「人類良知的最高法庭」。

「我堅持著向極權制度共產魔鬼們爭奪我的基本人權因為我是一個人！而作為一個獨立的自由人我本來應得享有自己之一份與生俱來的受自上帝的完整的人權！」既然一個人的基本人權和民族同胞們整體的基本人權「不容割裂」，「我們為自己戰鬥也就是為我們的祖國、民族、同胞父老以及一切被奴役者戰鬥！」[41]

她重申自己幾年前所作的宣告：「監獄是我的反抗陣地！活在這個萬惡極權制度之下，真正的反抗者幾乎只有這樣一個陣地！」除此之外，「真正內在的陣地那是反抗者戰鬥不屈的心靈！」[42]

〈父親的血〉是林昭生前寫下的最後一篇長文，以血為墨，共約一萬四千五百字，一九六七年十一月二十三日動筆，十二月十四日完成。她要以此血書來理清自己的心緒，接受喪父的現實，並反思自己曾與父親有過的衝突。一九六〇年十月她被捕後，只過一個月父親就悲慘離世，而她在看守所直到第二年夏末才被告知死訊。「父親在世時純粹由於我的過失我們親子之情不夠融洽。」她承認，如今意識到這一點為時已晚。

林昭堅信，父親的死並非毫無意義。至少，他不肯屈從共產政權的邪惡勢力，被定為「歷史反革命」後拒絕「認罪」，正如自己如今不肯屈服一樣。「謝謝上帝！十八年來以迄於今，遍地腥膻的中國大陸上總算還有一些拒絕向共產黨人『認罪』屈服的所謂『頑固分子』勉力維持著我國黃帝子孫之不絕如縷的民族正氣！」他們是以此踐行「我們中國……一句古老的訓條：士可殺而不可辱！」

然而踐踏「人格尊嚴感和內在自信力」正是中共所求，她在文中寫道。中共政權是要通過侮辱踐踏來取得「聊當快意的阿Q的精神勝利：這個人拒絕向我們屈服，可是我們糟蹋過他了！——他不肯向我們低頭，可是我們踩過他的頭了！就像一則寓言中所說的臭蒼蠅那樣：飛到泰山頂上去拉了一泡屎，然後得意地發著嗡嗡之聲宣告道：泰山有什麼了不起呀？我在它山頂上拉過屎了！」

林昭指出，中共極權暴政製造了一大批被踐踏的「異民」（「名稱是我杜撰的」）——所有那些政治清洗的受害者，包括「歷史反革命」、地主、富農、「右派分子」、「現行反革命」和他們的配偶、親屬和友人。「這些『異民』比之印度種姓制度下的賤民還低！……對於我輩『異民』的歧視虐待侮辱迫害竟然到這樣一種程度：強迫寺廟僧眾訂出所謂『愛國公約』：拒絕為死去的『反革命分子』誦經超度！」[43]

那麼留給「異民」的唯一出路只有死亡。「可怕的死亡也就在這種意義上變成了抗議和解脫！……只留下他們今世之肉體生命所凝結的一汪鮮血當作一種悲憤沉痛的無聲然而永存著的見證和控訴！」她承認自己曾多次自殺未遂，繼續寫道：

> 血呵！血呵！作爲一個基督教徒我想在這裡請求所有的基督教會和羅馬教廷：公正地論斷我們中國大陸上之眾多死難者的自殺行爲！不要一般地對待問題至少不要把我們處在共產黨人極權暴政下之一切死難者的自殺行爲一概按照通義看爲是靈魂的罪惡！無論這些死難者們是不是教徒！上帝所賞賜的生命本該是美好的！因之輕意捨棄生命這是一種罪過！可是在這該受絕滅詛咒的魔鬼暴政之踐踏下面我們爲人的生活被摧殘糟蹋到了怎樣觸目驚

心慘目傷心的沉痛悲涼的地步呵！正是爲了維護生命的美好和尊嚴、自由和純潔！我們中國的眾多死難者毅然捨棄了他們寶貴的生命以堅決抗議共產魔鬼極權暴政對於生命的污辱和踐踏！對這樣一種情況難道可以據著常情論斷嗎？！我想仁愛的天父也未必會裁判他們的自殺行動爲有罪而只會愷惻地寬恕了他們之飽受苦難的靈魂！那麼公義的聖教會呵！請爲中國大陸上暴政迫害下的死難者們作追思禮拜，望安靈彌撒吧！

假如沒有「自由世界裡一切正直善良人們」的同情，死者「還能向何處去尋求著一點點人們的溫暖以覆被他們冤恨的遺骨呢？……只有在想到你們、想到我是在向你們傾訴的時候，我胸中這顆創鉅痛深的麻木的心靈才感覺到一點人性的溫暖！」[44]

★

過去，許憲民每次探監都為飽受孤獨煎熬的林昭帶來短暫的情緒緩解，如今探監已經終止。

「親愛的媽媽！你活著嗎？！」十二月十六日林昭又一次在信中催問。信上說，這個月總算是用上了草紙，但身體很壞。過去月經停過，現在又停了。[45]

一九六七年十二月二十九日，一個「滴水成冰的嚴寒的」日子，林昭終於收到了母親來信，是三天前寫的。這封信自我審查的程度難以確定，許憲民只說她病危過幾次，送到醫院才被搶救過來。「因而主管同志對你講的完全正確。我等於死而復生」。她隱晦地寫道：「我一直沒有勇氣給你回信，也沒有勇氣前來接見你。因為你的行動語言太激動，太荒唐，也太胡鬧了。」信上還說，林昭的弟妹都要她「斷然隔離。友人又屢屢向我進諫，要我從思想上擺脫你，不然我定然會為你這個小冤家憂鬱而終」。

許憲民告訴女兒，自己一直把每月探監見見面、通通信、談談家常「算是我人生的最高願望」，可是即使見了面，也不能享受到其他家屬那樣的欣慰。「這原是很容易做到的，都被你破壞了」。見面帶給她的只有失望和痛苦，有一次在歸途中昏倒。「你是我的一部分骨肉，你為了什麼定要造成這樣嚴重的惡果？……你對我還有一分愛心麼？」她懇求林昭「重新理智起來」，聽她的話。她還答應如果下個月自己身體好些會來探監或寫信給她。[46]許憲民全然不知，自己再也見不到女兒了。

信是十二月二十九日晚上交給林昭的。當天下午她取到弟弟從家裡送來的一包東西，但沒有見到彭恩華。「見到了你的筆跡，知道你還活著，這就是我唯一的安慰！親愛的媽媽！現在，我所關心的幾乎只剩了這一件事情，雖然我除了交給天父之外什麼也不能為你做。」那天穿上母親給她送來的灰絨線衫時「心中一陣莫名的奇異的感觸，一時不禁熱淚如傾。……我祈求道：天父喲，僕人為作戰至於不惜殉道，別無所求只求父保全母親的肉體生命！」[47]

林昭給母親的回信寫於一九六八年一月十四日。這是現存林昭遺稿中的最後一封信，用筆墨寫成。她回應許憲民信中對自己「胡鬧」行為的抱怨，承認早在拘押於第一看守所時就曾被指責是在「胡鬧」。「而我則以自己的血毫不客氣地頂撞道：『林昭……一向只知堅持鬥爭，不知何謂胡鬧！更不知鬥爭之別名竟是胡鬧！』……我『胡鬧』什麼？！『胡鬧』的是我麼？！」

她告訴母親，自己能理解她所經受的痛苦。她還在北大念書時見過卓婭·阿納托利耶芙娜·科斯莫傑米揚斯卡婭的母親。在二十世紀五〇年代的中國，卓婭是家喻戶曉的名字。她是蘇聯衛國戰爭中一名年輕的女英雄，據說，參加敵後遊擊隊的卓婭，被德國人俘虜，扒光衣服、用皮帶抽打，又被強迫穿著內衣赤腳在雪地裡行走，雖嚴刑拷打，但拒不出賣戰友。

一九四一年十一月二十九日，卓婭被處以絞刑。赴刑場前留下了一段激動人心的遺言：「你們絞死我，但我並不孤單，我們有二億同胞，是絞殺不盡的！我們的同志會為我報仇……勝利將屬於我們。」一九四二年，卓婭被追授蘇聯英雄的稱號。母親柳・科斯莫傑米楊斯卡婭在她的《卓婭和舒拉的故事》一書中，紀念卓婭和她的同為戰爭英雄的弟弟；一九五二年該書中文版出版發行。[48]

林昭在給母親的信中回憶道：「我見到她（卓婭的母親）是——大約一九五五年或五六年，在北大，她向我們全體同學作了一次簡短的講話。」演講之後，林昭和另外一、二十個同學護送她走出會場，登上小汽車，向她獻花束，請她簽字，和她握手，親吻她。當最後汽車就要開走時，她帶著微笑向學生們舉手告別。「很奇怪，就是這最後的一瞥——她恐怕未必還在人世了！——在我心頭留下了奇異的感觸和不滅的印象！哎呀，媽媽你不知道，她的微笑雖然含著母親的愛意可是那麼深沉地寂寞，充分流露了她內心深處的蒼涼！」

每每回想起卓婭母親的微笑，林昭都不勝感慨：「作為一個母親，恐怕與其寧願自己兒女成為死去的英雄，還只是更願兒女成為活著的庸人或說常人！異國青年的熱情雖然真誠於她何補？！她內心的空虛難道是可以從我們的花束和擁抱中得到任何一點補償的麼？！」

林昭在信中描述了心中的內疚：「親愛的媽媽！親友們和弟妹們對你的勸告是完全正確的！你別把我放在心上！……除了對不起你，我就是對不起弟妹！爹爹則不必說了！……像對媽媽一樣，我也迫切希望有一天能向弟妹補過！」她懇求母親「萬事交托罷，不要活在憂慮裡面，聖經上不是說叫我們連明天都不用為之憂慮的呢！」[49]

★

此時林昭察覺到自己來日無多了嗎？她並不知道自己的死刑判決在一九六七年底之前就已擬定、正等待上級批覆，但最後一封信裡，並未顯露多少以前那種寸步不讓的風格。與前相比，信中帶著更多的靜思冥想和降服，以及一絲憂傷與遺憾，似乎正在為自己的一生作最後的陳述。

她寫道：「我在深思中嚴肅地審查自己的生活史，並且懺悔自己所犯的罪孽！唉，親愛的媽媽，我原來以生活道路筆直生活經歷單純自負自許，可是一旦從懺悔罪孽的角度上去自審平生，就也每會感到前所未覺的震動和沉痛！」雖然在二十世紀五〇年代初參加土改時「手上沒有血」，可是「手上沒有血身上還不多少濺了血嗎？！」

談到個人生活，林昭隱晦地提到，自己在大學期間個人持身方面曾有輕率行為。「『反右』以後在一種世紀末的心情裡放縱了自己的感情！這本來也只算小德出入小節未檢，卻是處在了這地位上竟被他們當作唯一資以對我惡意侮辱下流褻慢的『根據』」。尚不清楚她是否暗示和甘粹一度準備結婚時曾有過短暫的性關係，或是和北大同學羊華榮之間有過性關係。羊後來回憶，一九五七年到一九五八年間的冬天，他和林昭當時同是政治流浪兒，相處一起時「為抵禦冬夜的寒冷，我們也比較親近」。[50]

林昭也曾在〈靈耦絮語〉裡寫到，反右以後她和另一個「天涯淪落人」曾「借著維納斯的杯子聊以澆愁」。如今她勸弟妹「千萬千萬謹記我的教訓！於愛情問題務要慎重！」希望他們會有「體面的、完滿的婚姻」。林昭也懇求母親調和自己剛烈的個性，檢視自己，並直面任何「過錯以至罪孽」。[51]

她確信母親會贊同她的看法。儘管之前的探監都是在密切監視下進行，家中來信也都經過審查，林昭可能還是得知母親已經在六〇年代初信奉了基督教，並在一個地下教會的浴缸裡受了洗禮。[52]

林昭在這封信中作的最後也是最重要的懺悔，是有關一宗奇怪的背叛母親之「罪」。二十世紀四〇年代初，許憲民作為國民黨專員，從華西潛回蘇州地區參加抗日時，曾把林昭委託給自己的母親照顧。那時有許多男士與許憲民秘密聯絡來往，外婆對許的節操產生懷疑，硬逼著林昭說出母親的風流韻事，甚至哭著說她包庇母親，「這許多的男男女女在一道日裡夜裡會不那個的嗎？」

林昭寫道：「經不起老人家總這麼糾纏，逼到最後我只好胡說造謠了。說些什麼年長歲久大都忘了，反正都是很可笑的。」到了一個地步，「當時我自己想想已經怕了！……就只覺得好婆這樣逼著我說謊說下去我跳在黃河洗不清！」

後來林昭試圖收回不實之詞，卻引起外婆聲淚俱下地罵她沒良心護著娘。「媽媽！天父在上！我真正為之暗暗苦惱了一些日子。……這一件塵封的往事，這一樁陳舊的罪孽就在我記憶裡沉埋了二三十年，直到近日在自審生平而徹底懺悔中才把它挖掘出來。」她補充說，自己之所以承認此事「只是想通過這樣向你懺悔解除我心靈上這一部分的罪孽感！……親愛的媽媽！事情就是這樣，你能原諒我嗎？」[53]

至於當下，林昭心裡很坦然。「他們壓我下場，我這場下不了！所以若不讓你來你就不來罷，不讓送東西或就不送罷。」她補充說，如果「有些人開門」——要她答應不可接受的條件——「我且走不出來呢！胡鬧就胡到如此程度！」信的末尾，她告訴母親自己當天沒吃什麼，很累。

那天晚上，林昭突發奇想，在燈下「力疾」兩頁，補上一個長長的清單，告訴母親自己想要的東西，其中有日用品如牙膏、襪子、舊衣褲、面盆、席子，以及雙色圓珠筆芯、練習簿、筆記簿、打字紙、信封信紙等文具。接著，她的想像力開始飛翔：

我要吃呀，媽媽！給我燉一鍋牛肉，煨一鍋羊肉，煮一隻鹹豬頭，再熬一二瓶豬油，燒一副蹄子，烤一隻雞或鴨子，沒錢你借債去。……魚也別少了我的，你給我多蒸上些鹹帶魚、鮮鯧魚，鰳魚要整條的，鯽魚串湯，青魚白蒸——總要白蒸，不要煎煮。再弄點鯗魚下飯。

月餅、年糕、餛飩、水餃、春捲、鍋貼、兩面黃炒麵、粽子、團（糰）子、瓷飯糕、臭豆腐乾、麵包、餅乾、水果蛋糕、綠豆糕、酒釀餅、咖喱飯、麻球、倫教糕、開口笑。糧票不夠你們化緣去。

酥糖、花生、蜂蜜、枇杷膏、烤麩、麵筋、油豆腐塞肉、蛋餃，蛋炒飯要加什錦。

香腸、臘腸、紅腸、臘肝、金銀肝、香肚、鴨肫肝、豬舌頭。……

——等等，放在汽車上裝得來好了。齋齋我，第一要緊是豬頭三牲，曉得吧媽媽？豬尾巴——豬頭！豬尾巴？——豬頭！豬尾巴！——豬頭！豬頭！豬頭！……

嘿！寫完了自己看看一笑！——塵世幾逢開口笑？……

致以女兒的愛戀，我的媽媽！[54]

林昭的奇想還正逢時。過兩周就該過年了。農曆新年的除夕，家家都會有一個團圓的晚餐，是一年裡最奢華的一餐，至少在她童年和青春的記憶中如此。

★

林昭平反後，她的獄中手稿於一九八二年歸還家人。其中找不到她在提籃橋最後三個月裡所寫的任何文字。難道她完全停止了寫作？這不太可能。是否像在第一看守所，紙筆都被剝奪？這有可能，但她會繼續以血為墨寫作，只是無法像以前那樣把血書謄抄在筆記簿上。

據一九八一年重審林昭案為其平反的審判員證實，監獄規定不得銷毀被處決犯人留下的文字，而是將之收集歸入囚犯的檔案。最後歸還林昭家人的獄中手稿來自副檔，其餘的是正檔，歸到上海市區外一個機密檔案文件收藏處。其中有她的審訊記錄，可能也有其他被視為反革命罪行重要證據的獄中手稿。[55]在林昭檔案解密並公布於眾之前，她在一九六八年一月十四日以後寫過什麼不得而知。

上海市高級人民法院的記錄顯示，一九六八年四月十六日，上海市公檢法軍事管制委員會正式批准林昭的死刑判決。[56]判決書結尾部分如下。林昭如果讀到這段文字，一定會嘲笑其粗劣的行文、革命性的陳詞濫調和其所顯示的司法流產：

> 在審訊中，林犯拒不認罪，態度極爲惡劣。
>
> 反革命犯林昭，原來就是一個罪惡重大的反革命分子，在服刑改造期間，頑固堅持反革命立場，在獄內繼續進行反革命活動，實屬是一個死不悔

改、怙惡不悛的反革命分子。爲誓死保衛偉大領袖毛主席，誓死捍衛戰無不勝的毛澤東思想，誓死保衛以毛主席爲首的黨中央，加強無產階級專政，玆根據中華人民共和國勞動改造條例第七十一條和中華人民共和國懲治反革命條例第二條、第十條第三款之規定，特判決如下：

判處反革命犯林昭死刑，立即執行。[57]

蹊蹺的是，判決書中的序號表明它最初是在一九六七年下半年擬定的。為何拖至次年四月才執行，至今仍是個謎。四月十九日，由張春橋和姚文元分別擔任正副主任的上海市革命委員會，批復同意林昭死刑判決書。法院檔案中有這樣一句公式化的附注：「林犯對判決無要求。」據載，事實上林昭接到判決書時，用鮮血寫下最後一句遺言：「歷史將宣告我無罪。」

同一天，作為正式手續，林昭的死刑判決書報最高人民法院覆核。當時全國各地司法與社會秩序已全面崩潰，在此情況下還表面履行司法程式的確非同尋常。[58]

到了一九六八年，最高人民法院已幾乎喪失所有司法功能，這是自上世紀五〇年代以來政治發展的結果。一九六三年，最高人民法院和最高人民檢察院開始統合兩者的功能。當年它們向全國人大提交聯合工作報告，強調其中心工作是支持正在進行的全國性政治運動。第三屆人大從一九六四年開始，其第一次會議的報告顯示，用階級鬥爭的觀點處理案件（即使是民事案件）、打退敵人的猖狂進攻，是最高人民法院和最高人民檢察院的核心工作。在此背景下，無法想像最高人民法院對林昭的死刑判決會有任何質疑。四月二十三日，法院覆核同意。[59]

★

那時，林昭已從女監樓被移到三號樓。這是特別關押政治犯的監樓，也是囚犯進出提籃橋過渡時期集中教育，以及死刑犯行刑前的臨時關押區。這五層磚混結構的監樓建於一九二〇年，是提籃橋內現存最老的建築，坐落在監獄的西北角，離監獄界牆外的舟山路只有幾米之遙。最早定名為FG監——因樓內的F、G兩監區而得名——國民黨統治的後期更名，美稱為「仁監」。一九四九年中共奪取政權，對往日儒家情懷的取名頗為不屑，改之為「三號樓」。「文革」期間則冠以軍事化名稱「三中隊」。[60]

林昭被隔離在空蕩蕩的第五層的一間囚室裡。在那裡喊叫，聲音所能傳的範圍有限。為防止她的精神污染，監獄採取了進一步措施，給她戴上一個橡膠頭套，叫「孫悟空帽」，罩住整個頭部，只露出眼睛和鼻子，這樣就出不了聲，只有在吃飯時才把頭套取下。這段時間裡，幾乎可以肯定林昭是雙手背銬，可能還戴著腳鐐。[61]

四月二十九日，林昭被帶到提籃橋東北角、建在原監獄露天刑場之上的千人大禮堂。在這座灰色大樓裡，獄方召開了預先編排好的「公審大會」。[62]按照慣例，獄方召集其他囚犯參加公審，對提籃橋內影響最壞的抗拒改造分子，表達他們的「革命憤慨」，同時向他們展示抗拒改造的下場。

林昭戴「孫悟空帽」（胡杰油畫畫作）。

林昭不是從其囚室而是從監獄醫院被押赴監獄禮堂。早先她的肺結核再次惡化，咳了許多血之後，被送進醫院。那天，當武裝人員衝入林昭病房時，她正躺在病床上，掛著輸液瓶。據當時為其治療的醫生回憶，她的體重已降至不足七十斤（約三十五公斤），但眼睛仍閃爍著光芒。「死不悔改的反革命，你的末日到了！」武裝人員沖她喊道。林昭從容不迫地要求換掉醫院病袍，但被拒絕了。於是她請一名護士代向醫生告別。那時，醫生就在隔壁病房，聽到聲音不敢出來，渾身發抖。[63]

那一天下午，響亮的革命口號在大禮堂裡回蕩。據一名當時在場的提籃橋前囚犯回憶，林昭站在台上不能出聲，臉和脖子通紅，一個稱作「閉口梨」的橡皮塞子堵住她的嘴，一張口就會膨脹。還有一根細繩子拉在脖子上，必要時可以勒緊消音，以確保萬無一失。[64]

★

二十世紀六〇年代後期，上海許多死刑都在提籃橋監獄西北面五公里的「靶子山」執行。那是一九三七年日軍占領上海後建造的射擊場，後面堆起的一個人造土丘。一九四九年以後仍用作部隊和當地民兵的射擊場，後來也用作執行槍決之地。「文革」期間，有時候會有一隊卡車押著五花大綁的死刑犯，每輛車兩三名，從公審會場經過市區街道一路遊街示眾，前往靶子山。一九六七年八月二十八日，「反革命犯」單松林很可能是在靶子山被執行槍決。[65]

有關林昭被槍決的經過，其胞妹彭令范提供了以下細節：許憲民一位朋友的兒子，那時在已停用的上海龍華機場作雜務勤工儉學，他稱目睹了行刑過程：四月二十九日下午三點半左右，兩輛軍用吉普車飛快地開到龍華機場的跑道上，停下後兩名武裝人員從車裡架出一個雙手反綁的女子，口中還塞著東西，身上穿的似乎是醫院的病袍。從遠處，那孩子認出是林昭。一個軍人朝其腰後踢了一腳，她就跪倒在地。那時走出另外兩個武裝人員，對她開了一槍。她倒下後又慢慢爬起。於是又開了兩槍，看她不再動彈後，將其拖上另一輛吉普車飛速離去。[66]

實際上，林昭槍決地點並不在龍華機場，也不在靶子山。主持林昭案平反的退休審判員證實：當時龍華機場旁邊的確有一個刑場，但林昭不是在那裡被槍決，而是在公審大會後於提籃橋監獄內執行。他披露的細節，與其他記載，包括一名提籃橋前勞役犯的回憶相符。後者稱林昭就在監獄禮堂後面被槍決。[67]

那天下午，當林昭雙手反綁被推出槍決時，曾有什麼樣的思緒掠過她的腦海？儘管其死刑從起訴、判決到覆核整個過程完全保密，但她不可能完全意想不到。兩年多前的一九六六年一月，她思考過自己的政治異議可能導致的結果，寫道：「今日之下林昭除以牢獄為家園，只望以刑場為歸宿！」她只希望完了自己「以身殉道的素志夙願而將自己的赤子之心青春之血化成自由人類鬥爭史詩中的一個驚嘆號！……人情樂生，我獨樂死！」[68]

★

此時，毛澤東領導的革命正波濤滾滾，陶醉於自身的純潔無比；陶醉於在打擊國內階級敵人、打擊西方帝國主義的鬥爭中，所取得的道義勝利。林昭被處決的當天，新華社一篇報導宣布：毛寫下的歷史性單行本〈中國共產黨中央委員會主席毛澤東同志關於支持美國黑人抗暴鬥爭的聲明〉已翻譯成七種語言，包括英語、法語和西班牙語。四月四日馬丁·路德·金遇刺，幾天後毛就寫下這篇文章。

文章寫道：「最近，美國黑人牧師馬丁·路德·金突然被美帝國主義者暗殺。馬丁·路德·金是一個非暴力主義者，但美帝國主義者並沒有因此對他寬容，而是使用反革命的暴力，對他進行血腥的鎮壓。」[69]

★

一九八一年一月發表在《人民日報》上的一篇文章，是後毛時期最早有關林昭的媒體報導。

文章提供的一個細節深深嵌入了當代中國的民間記憶：林昭被槍殺後，政府人員上門通知家人，並要求林昭的母親支付五分錢子彈費，原因是林昭作為「反革命分子」耗費了一發人民的子彈。文章的資訊來源是林昭胞妹彭令范，顯然她從母親那裡聽到子彈費的事情，後來她對此事件的記述曾發表成文，其中包含一些戲劇性的細節。[70]

林昭自己曾對中共政權索取子彈費的做法作過評論。她在一九六五年致《人民日報》編輯部的信中寫道：「民間本在傳說死刑犯受的槍彈須由自己出錢而一顆子彈價值一毛幾分，我就自費購買了也沒關係！」她認為這至少是直接了當的死法——「把血流在光天化日之下眾人眼目之前」，而當時自己的血「都是一點點一滴滴灑在無人看見的陰暗角落裡」。[71]

「文革」期間，收取子彈費對革命者具有極大的象徵意義。一九六七年三月二十七日劉文輝作為反革命分子被公審槍決後，一群「革命造反派」和激憤的鄰居在街道派出所一名民警帶領下來到他家門口，人群高喊「打倒反革命……」的口號，民警則衝在最前面，逼著他母親交付子彈費。同樣，音樂家陸洪恩比林昭早兩天被槍殺，事後當局也要求其妻子支付子彈費。[72]

給死刑犯家屬製造更多的痛苦和羞辱，收取子彈費並非唯一的手段。一九六七年八月二十八日，單松林被公審槍決的當天晚上，公安人員前來通知家屬，單已被槍決，並要家人與他「劃清界限」，隨後將死刑布告貼在他家門旁的牆上，對家屬進行人格侮辱。同時到來的憤怒人群，砸了他家的門和窗玻璃。

事後，單的妻子帶著兒子前往龍華殯儀館領取骨灰。工作人員見她們到來便一起大聲背誦《毛主席語錄》：「什麼人站在革命人民方面，他就是革命派，什麼人站在帝國主義、封建主義、官僚資本主義方面，他就是反革命派。什麼人只是口頭上站在革命人民方面而在行動上則另是一樣，他就是一個口頭革命派。」那一天，單的家人沒取到骨灰，空手回家。[73]

不久紅衛兵就來抄家，拿走單松林生前所有的照片。單的兒子回憶道：「他們不僅要消滅他的身體，也要從我們心裡把他抹去。」紅衛兵還勒令單的遺孀馬鳳英，跪在毛澤東的像前替她死去的丈夫「謝罪」還債。最後，政府沒收了單家的二室住房，把全家五口趕了出去。[74]

毛澤東領導的革命只用了不到半個世紀的時間，就把魯迅所詬病的一般中國人無靈魂的冷漠，變成對階級敵人的刻骨仇恨和同樣急切的恐懼：恐懼革命之火會燒向自己，除非把火引向他人——同事、鄰居、朋友，甚至必要時引向自己的家人。三十二年後，馬鳳英因心臟病去世。她臨終的最後一句話是：「若有來生，我絕不投胎中國！」[75]

★

與當時通常在上海文化革命廣場舉行的鎮壓反革命公審大會不同，林昭的公審大會和槍決都發生在提籃橋監獄的高牆內，不在公眾的眼皮底下，於是也就沒有暴民出現在家門口發洩階級仇恨。收取五分錢子彈費的可能是當地派出所人員，這是當時一種常規的革命儀式，目的是讓家人明白：林昭對黨和人民犯下的罪行如此之重，把她從革命之土清除出去，費用須由家人支付。[76]

後記

埋骨何須定北卭，
銘幽寧教筆低昂。
平生磊落巍奇氣，
化作清風意更長。

——林昭，一九五八年夏[1]

〈啓明星〉

哦，領唱者，何時
以你的一聲長嘯
率領晨風與麥浪
讓中箭的夜在逃跑中
扔下所有的贓物
還給黎明？

——沈澤宜，一九八九年春。[2]

處決林昭屬於慶祝國際勞動節的準備工作。過了五月一日，林昭家所屬、位於上海市中心的街道居委會上門聲討——許憲民是被鎮壓的現行反革命的母親，也是歷史反革命。時年五十六歲的她性格剛烈不減當年，當天黃昏，她披著喪服走上街頭，衝向一輛迎面駛來的電車，結果沒有被電車碾死，而是被車箱突出的部分撞倒在地，頭部劃破，盆骨骨折。[3]

「文革」開始之前，許憲民曾加入過一個地下教會。然而，無論曾有過何種社會支持網，一九六六年以後都已不復存在。街道居委會時時監視她，自己又因林昭的緣故與另外兩個孩子漸漸疏遠，於是再也未能從女兒被槍決的打擊中平復過來。[4]

實際上，此前幾個月她的精神就已十分脆弱。林昭的同學、同為右派的朋友羊華榮於一九六八年初來看望她，見她顯得蒼老憔悴。她告訴羊，每次探監後回家，心情總是特別沉重，有時不辨東西，走迷了路。有一次失魂落魄，傾盆大雨時，都不知躲雨，而是糊裡糊塗地繼續走，路人說「這個女人是瘋子」。[5]

林昭死後，許憲民的精神走向崩潰。其終身好友、記者馮英子的回憶錄裡有一段描述一九七三年秋他們最後一次相遇時的情形。馮英子曾被打成「牛鬼蛇神」挨鬥，但此時文革的狂潮有所減退，馮偶爾獲准從其接受思想改造的「五七幹校」回到上海。馮這樣寫道：

> 一天，我正在復興中路陝西路附近遛達，忽然有一個瘋婆子向我迎面走來，她同我擦身而過之後，回過頭來向我招呼：「你的問題解決了沒有？」我大吃一驚，趕忙回過頭去。只見她披著一頭亂髮，穿著一套油漬斑斑

的破衣，在秋風中顯得很蕭瑟的樣子，腳上的鞋子已經沒有跟了，那毫無血色的面孔上，嵌著一對目光遲鈍，滿含憂傷的眼珠。她說話時環顧左右，帶著一點恐怖神情，那樣子有點像《祝福》中暮年的祥林嫂。但是我終於認出來了，她是許憲民。

「大姐，是你！」

我驚詫得不知所以，看到許憲民變成如此模樣，一種刻骨的悲哀，油然而生。但不等我說話，她已經加快腳步，走到馬路對面去了，很明顯，她是避著我，也怕連累我，因爲她那時頭上帶（戴）著一頂「歷史反革命」的帽子。[6]

無論許憲民的精神狀態如何，她還能保持足夠的思維與記憶力，詳細記錄了自己被親生兒子多次毒打的經過。林昭去世後，彭恩華經常暴力對待「歷史反革命」的母親。他富有天分，靠自學精通日本俳句，卻因大姐是被鎮壓的「反革命」而受株連。頹廢中他開始酗酒，與家人爭吵以至施行家暴。一九七五年秋的一天，許憲民疑服用安眠藥自殺，送到醫院後，因其為反革命分子，醫院起初拒絕搶救，拖延許久後開始治療但為時以晚，搶救無效死亡。[7]

★

林昭的平反發生在鄧小平改革時代之初。一九七八年春夏間，中共中央為解決毛澤東時代遺留下來的政治冤案問題作出了「全部摘掉右派分子帽子」的決定。一九七九年二月，北京大學黨委為林昭和數百名其他前北大師生摘除了右派帽子。[8]

翌年，在北京新華社一間小會議室裡舉行了林昭追悼儀式，由林昭蘇南新專同學、與她一起投身革命事業的資深記者陸佛為組織，有幾十位林昭故交、同學和老師到場參加。追悼會上有一副不同尋常的輓聯：上聯是：「？」下聯是：「！」[9]

一九八二年，林昭的胞妹和幾位生前好友為林昭和她父母在蘇州靈岩山上修了墓。林昭墓穴裡只放入她的一束頭髮。他們不知林昭被槍決後不久，骨灰就由母親領回，之後存上海嘉定華亭息園公墓。時隔多年，林昭的密友倪競雄得知並設法取回骨灰。二〇〇四年四月二十二日，骨灰終於放入靈岩山其墓裡。[10]

★

當代中國的異見人士中，「天安門母親」丁子霖是最早發現林昭的其中一位。丁是中國人民大學的哲學教授，因十七歲的兒子在一九八九年天安門大屠殺中遇難而悲痛欲絕。在尋求自己「活下去的勇氣」的過程中，她讀到了林昭的故事。丁也曾就讀景海女師，林昭這位前校友勇敢的抗爭給了她啟示。丁寫道：「這使我從生命的麻木中甦醒過來，這種甦醒是痛苦的，但惟有這痛苦，才會脫去自己身上的枷鎖，才會發現真實的自我。對我來說，這是靈魂的一種救贖。」[11]

自二十世紀九〇年代起，丁子霖發起並領導了「天安門母親」運動。她們的訴求不是平反，而是真相、賠償、問責——進行獨立公正的調查並公布結果，向死難者家屬提供賠償，將負有責任者繩之以法。迄今為止，天安門母親們的訴求仍遙遙無期。[12]

二〇〇四年，獨立電影製片人胡傑完成了紀錄片《尋找林昭的靈魂》。之前五年，剛開始拍攝不久，這位原新華社攝影師被迫辭職。他的上司頂不住上面的壓力：胡傑觸碰了中共的神經。但他堅持把它拍完。這部影片將林昭深深嵌入了當代中國的政治和文化意識。[13]

「自由靈魂的飛翔竟如此美麗！」劉曉波了解到林昭的故事後驚呼。在他看來，林昭是一個「全民跪拜時代罕見的挺立者」。他在另一篇紀念文章中寫道：「在虛無中喘息，我久久地注視你的美麗，膽怯的伸出手，取出你嘴裡的棉團。」[14]

二〇〇八年，劉曉波參與起草〈零八憲章〉，呼籲中國向民主社會和平過渡。同年他以「煽動顛覆國家政權」罪被捕，後被判處十一年監禁。關押期間他查出患晚期肝癌，但中國政府拒絕了來自多方、讓他到西方接受治療的請求。二〇一七年七月，劉曉波死於肝癌。他是自納粹時代以來，唯一被國家關押至死的諾貝爾和平獎得主。火化後，當局匆匆安排了骨灰海葬。這是要讓「支持者無祭奠之處」：中國將不再出現類似林昭墓的現象。[15]

二〇一〇年，中國各地爆發了一場「新公民運動」，要求賦予農民工子女平等受教育權，並呼籲公示政府官員資產。[16]運動的發起人是知名人權律師許志永。二〇一三年，許在被軟禁期間細讀了林昭的獄中文字。他在一篇題為〈自由中華的殉道者——讀林昭《十四萬言書》〉的文章裡這樣總結林昭的獄中抗爭：

這是一場屬靈的戰鬥，林昭爲自由中華擺上了自己的一切……她的身軀和鮮血……爲自由中華鋪下道路的基石。她是殉道的聖徒，靈魂迷狂的先知詩人，自由中華的普羅米修斯，原來我們民族也曾有過壯懷激揚的殉道者……有一天這個民族會銘記四月二十九日，中華普羅米修斯殉難的日子……彰揚一個古老民族渴念自由的虔誠。我們是後來者，近半個世紀過去了，這個民族通往自由的道路依然漫長，煉獄和死亡已有前輩承受，但今天我們仍要以殉道的精神推進自由中華的事業，踏著林昭烈士鮮血浸染的基石，我們重新出發，以自我犧牲鋪平自由、公義、愛的道路。[17]

許志永於二〇一三年八月被捕。二〇一四年一月，他因「聚眾擾亂公共場所秩序」罪獲刑四年。[18]

另一位知名異見者崔衛平這樣對林昭寫道：「因為您，我們有了自己的譜系。」[19]

★

二〇一六年五月下旬，林昭研究工作接近尾聲，我再次住進了離提籃橋監獄北牆只有百米之遙的海煙大酒店，從我十二層的房間俯瞰監獄。布著鐵絲電網、五米多高的界牆內，一排巨大的長方形五層高混凝土監樓盡收眼底。

這四座是五號到八號監樓。一九四九年前它們曾分別被冠以信監、義監、和監與平監的雅稱。眼前所有的鐵窗外都罩上了一色的鋁制百葉窗，其毫無生氣的灰色與霧霾中建築物的灰色混合一片。在清晨的寂靜裡，混凝土樓群給人一種死亡的顫慄。林昭曾稱之為「灰色的大棺材一樣的建築物」，在「漂浮著白雲映被著陽光的藍得那麼清澄而更柔和的長天」的映襯下，「顯得更陰沉、更難看和更不入眼了」。[20]

夜幕降臨，高科技的橙、紫、白色的發光二極體LED燈，照亮了提籃橋後面，黃浦江畔如林的新摩天大樓群。一艘觀光遊輪船舷掛著節日彩燈，夢幻般地從高層寫字樓後面輕輕漂過。在黑暗的近處，女監樓頂層只有鐵窗柵欄，沒有百葉窗遮擋的窗戶，透出蒼白的螢光燈。這是靠近監獄中部的一個T形五層磚混結構的監樓，林昭當年就囚在裡面。

自一九六六年五月「文革」爆發算起，已經過去了五十年。我久久地站在熄滅了燈光的酒店房間裡，目光與女監五層走道窗戶透出的慘白螢光燈光相遇。林昭生命終結前，在那層樓的一間隔離囚室裡，度過了一年半的時光。[21]我與之相距約五百呎，卻相隔了五十年。半個世紀過去了，不知為何，我總覺得林昭始終沒有離開過提籃橋。

鳴謝

這部傳記得以成書，其間得到了許多人的慷慨協助。二〇一一年，時任教哈佛的何曉清向我介紹了胡傑完成於二〇〇四年的紀錄片《尋找林昭的靈魂》，使我踏上了尋找林昭故事之旅。二〇一三年，《祭壇上的聖女——林昭傳》作者趙銳將我引向林昭史料及核心知情者，促成了本書的史料收集工作。若非她慨然相助，本書不可能寫成。

本書更得益於倪競雄、彭令范、朱毅、艾曉明、許宛雲和已故的甘粹、譚蟬雪、許覺民、蔣文欽等致力於保存林昭精神遺產的人士，對其手稿進行的整理、編輯、校勘、註釋等愛心勞作，使《林昭文集》於二〇一三年刊印成冊，並成為本書的主要史料依據。

胡傑自同年起就與我分享史料、解答問題並介紹知情者。感謝他的大力襄助，也感謝這些年來接受過我訪談並提供寶貴訊息或資料的倪競雄、艾曉明、蘇州的張先生（按其要求略去全名）、朱毅、劉文忠、嚴祖佑、單廟法、曾毓淮、徐家俊、已故的譚蟬雪以及林昭在其人生不同階段曾愛戀過的沈澤宜和甘粹。我拜訪沈澤宜時逢其腸癌晚期，已臨近生命終點，但回憶起與林昭在北大共度的歲月時，眼中仍閃爍著記憶之光。他不禁對我感嘆：倘若當年接受林昭的愛慕之情而互許終身，她是否就不會走向政治抗爭而能免此一劫？

感謝彭令范、顧雁、黃惲及王友琴分別以通信方式解答我在研究中遇到的史料問題，提供重要訊息。孫乃修為林昭的詩作加註，為解讀林昭作出了寶貴貢獻。

感謝我的同事、杜克大學醫學院精神病專家沃倫．金霍恩（Warren Kinghorn）教授對英譯的林昭獄中文字和本人書稿中的相關敘事進行分析，為林昭在獄中的精神狀態提出診斷意見（詳見第五章註八十一）。

杜克大學神學院提供的年度研究經費支持本人多次回中國大陸進行訪談並收集史料。二〇一五年至二〇一六年期間，路思義基金會（Luce Foundation）的一項豐厚的「路思義三世神學研究獎」（Henry Luce III Fellowship in Theology），另加杜克大學提供的相等獎項給予我一學年的學術休假，致力於《血書》的寫作，使英文原著得以在林昭遇難五十周年前夕出版。

郭建、李可柔 (Carol Lee Hamrin)、格蘭特・瓦克 (Grant Wacker)，艾倫・戴維斯 (Ellen Davis) 分別閱讀了英文原著初稿全文並提出寶貴意見。宋永毅也對初稿提出許多建議並幫助考證林昭遇害的重要細節。巴克－本菲爾德（G. J. Barker-Benfield）三十年前曾是我的博士導師，直到今日仍為良師益友。他逐章閱讀本書英文初稿，所提之看法充滿肯定又鞭辟入裡。

聯合衛理公會檔案館（General Commission on Archives and History of the United Methodist Church）的檔案管理員弗朗西絲・萊昂斯（Frances Lyons）在我查找林昭母校景海女子師範學校相關資料過程中提供了許多幫助。史丹佛大學胡佛研究所的檔案管理員卡洛爾・萊登漢（Carol Leadenham）促成我與彭令范進行通信聯絡。儘管我在查看胡佛研究所收藏的林昭手稿後，因操作上的考慮決定在研究中不使用該館館藏，但還是十分感激胡佛收藏了林昭獄中手稿的大部分原件。

本書英文原著出版過程中，基礎圖書（Basic Books）的高級編輯丹・格素 (Dan Gerstle) 提出了許多寶貴建議，為其增添色彩。

中文版的成書經歷了漫長的過程：先是由二位中英文俱佳的好友賈森（筆名）無償奉獻精力與時間，共同合作，分章翻譯並相互校對，花費數月時間將英文原著譯成中文。其後，作者核對所有引語並按中文讀者的背景再作譯文調整，對部分段落進行了改寫與增刪，特別是增加了林昭文字的引語部分。翻譯過程中，孫澤汐和柏雨成分別校對了部分章節的尾註，顧樂夫先生為我校正初稿，許亦虹助我推敲文字，更有情同家兄的資深文史編輯蒙泉（筆名）先生逐句校閱全書文稿、勘誤潤色，使之面貌一新。毋須贅言，作者對書中的任何錯誤負完全責任。

王成勉教授的熱心幫助與推介，使本書得以在臺灣出版。感謝編輯的耐心與嚴謹，對書稿進行專業、精細的編校，也感謝商務印書館張曉蕊總編與林桶法教授的支持。

余英時先生為封面題字，我十分感激。家兄連亙參考多張林昭照片，完成了本書封面的頭像素描。是對林昭的景仰，也是對我最佳的支持。女兒怡寧和怡慧盡其耐心讀了我寫下的一些文字，儘管興趣有限但仍不失對語言的敏銳，也不忘為我鼓氣。我也感謝太太李斯哲在我致力於本書的寫作過程中所予以的支持和理解。

最深的感謝要獻給本書的傳主林昭，儘管她在半個多世紀之前就已走完人生之旅。她在獄牆內的無望之中仍存盼望，相信其傾注了鮮血與生命的獄中手稿「自由書」，將如不滅之火，見證中華民族對自由的嚮往；相信即使被剝奪生命，她還能向後世發聲。我驚嘆她那無畏的勇氣與執著的信念。事實已經證明，她的期望未曾落空。

幾乎空無一人的五層一間普通囚室。「文革」爆發後，最遲不晚於一九六六年八月初，林昭被移到那兒，使她與其它樓層的囚犯隔離，減少她喊口號或朗讀獄中文字對她們的影響。見林昭，〈戰場日記〉，一九六七年二月十一日。

卷的來龍去脈〉。

9. 江菲，〈尋找林昭〉；甘粹，〈林昭情人的口述〉；胡傑，《尋找林昭的靈魂》。
10. 張敏，〈林昭胞妹彭令范訪談錄〉；甘粹，〈林昭情人的口述〉；倪競雄訪談錄，上海，二〇一四年五月五日。彭令范由於家庭關係不和，單獨住在醫院宿舍，當時並不知道許憲民已經取回林昭骨灰，存於家中。許憲民去世後，林昭和父母的骨灰都由弟弟彭恩華保管。二十世紀八〇年代末他赴美國留學後，其妻把三人的骨灰一起存放到上海北面的嘉定華亭息園裡。多年以後，倪競雄得知骨灰下落，與許宛雲一同前往息園公墓暗地裡取回骨灰（彭恩華家保存骨灰的收據丟失），最後入土蘇州靈岩山。有關彭恩華赴美國留學，見張哲俊，〈彭恩華其人〉。
11. 丁子霖，〈深深懷念三個人〉。
12. 〈六四背景〉，載《中國人權》，http://www.hrichina.org/en/june-fourth-backgrounder#tm。另見http://www.tiananmenmother.org/。
13. 胡傑，《尋找林昭的靈魂》；Philip Pan, *Out of Mao's Shadow*, pp. 21-23。
14. **自由靈魂的飛翔：**劉曉波，〈自由靈魂的飛翔竟如此美麗〉。**在虛無中喘息：**劉曉波，〈林昭用生命寫就的遺言〉。
15. "Liu Xiaobo—Facts," https://www.nobelprize.org/nobel_prizes/peace/laureates/2010/xiaobo-facts.html；Chris Buckley, "Liu Xiaobo, Chinese Dissident Who Won Nobel While Jailed, Dies at 61," *New York Times*, July 13, 2017. 反對納粹主義的卡爾·馮·奧西茨基（Carl von Ossietzky）於一九三五年獲得諾貝爾和平獎，一九三八年在監禁中死亡。有關劉曉波骨灰海葬見Tom Phillips, "Liu Xiaobo: Dissident's Friends Angry after Hastily Arranged Sea Burial," *The Guardian*, July 15, 2017.
16. 許志永，〈為了自由、公義、愛〉。
17. 許志永，〈自由中華的殉道者〉。
18. 傑安迪，儲百亮，〈新公民運動倡導者許志永獲刑四年〉，《紐約時報中文網》二〇一四年一月二十六日。
19. 崔衛平，〈愛這個世界〉。
20. 林昭，〈靈耦絮語〉，一九六五年九月十日。
21. 林昭當時所處的隔離囚室不同於設在七號監樓頂層的「風波亭」禁閉室，而是

陵園。

2. 沈澤宜，〈啟明星〉，載《沈澤宜詩選》，頁一一〇。〈啟明星〉寫於一九八九年天安門民主運動期間，二〇〇四年林昭骨灰入土儀式上獻給林昭。見華中、蘇南新專校友編，《校友通訊》，二〇〇四年六月。
3. 王若望，〈林昭之死〉。
4. **許憲民加入地下教會**：張敏，〈林昭胞妹彭令范訪談錄〉。**與另外兩個孩子漸漸疏遠**：王若望，〈林昭之死〉；蘇州張先生，〈關於「五分錢子彈費」〉；馮英子，〈許憲民二十年祭〉。另見羊華榮，〈回首往事〉頁一四七。一九六八年許憲民告訴羊，女兒彭令范被迫與母親「劃清界限」，很少回家。
5. 羊華榮，〈回首往事〉，頁一四七。
6. 馮英子，〈許憲民二十年祭〉。
7. **彭恩華施行家暴**：許憲民，〈我為什麼被親生兒子毒打九次？〉。**許憲民疑服用安眠藥自殺**：有關許憲民之死，廣為流傳的說法是她摔倒後因未得及時治療導致死亡。見張敏，〈林昭胞妹彭令范訪談錄〉；張敏，〈林昭就義四十九周年〉。彭令范稱許憲民被送到上海市第一人民醫院。許宛雲於二〇一七年六月十三日接受作者電話採訪時稱，彭恩華曾告訴她，許憲民是從公車下車時摔倒，後送醫院。張元勳的〈北大往事與林昭之死〉一文中（頁一一四），寫許憲民摔倒後「遍體鱗傷，面頰青腫，口鼻流血，一隻鞋失落遠處，竹籃與竹杖已被踩扁和踩斷」。這似乎是文學想像。此處敘述根據彭恩華生前美國好友E先生（按他本人要求略去全名）的訪談錄（Durham, NC, 2019.4.16）和他二〇一九年八月二十二日致作者郵件。E先生從二十世紀八〇年代彭恩華初到美國時開始為他提供幫助，後成為終生好友並受託彭一些手稿。彭向他透露許憲民自殺細節。作者認為該資訊較許憲民（時年六十三歲）下車摔倒致死之說可信。彭恩華當年可能未對許宛雲說出全部真相。許憲民曾至少兩次自殺未遂（一九五二年、一九六八年）。考慮到她性格剛烈，被親生兒子虐待導致服安眠藥自殺不悖常理。但作者認為不應排除許憲民在某種情況下受重傷送醫院不治的可能性。本書英文原著出版時作者未獲得此資訊。
8. **「全部摘掉右派分子帽子」決定**：Lowell Dittmer, *China's Continuous Revolution*, p. 240；中華人民共和國大事記（一九七八年），http://www.gov.cn/test/2009-10/09/content_1434294.htm. **北大黨委為林昭摘帽**：彭令范，〈林昭案

暗殺。

70. **最早有關林昭的媒體報導**：穆青等，〈歷史的審判〉。**文章的資訊來源**：蘇州張先生，〈關於「五分錢子彈費」〉。張查到的上海市高級人民法院記錄顯示，彭令范曾告訴法院，收取五分錢子彈費時她不在場，是聽母親說過此事。有關彭令范的記述，見彭令范，〈我的姐姐林昭〉，頁四五、五八；彭令范，〈林昭案卷〉。
71. 林昭，〈致《人民日報》編輯部〉，頁四五。
72. **劉文輝被公審槍決後**：劉文忠於二〇一七年五月九日發給作者的電子郵件；劉文忠，《反文革第一人》，頁二一二～二一三。**陸洪恩被槍殺後**：王友琴，《文革受難者》，頁二九八。
73. 單廟法，〈中國政府在文化大革命期間對政治犯的死刑判決〉；單廟法電話採訪錄，二〇一六年三月三日；毛澤東語錄見〈在中國人民政治協商會議第一屆全國委員會第二次會議上的閉幕詞〉（一九五〇年六月二十三日），《人民日報》，一九五〇年六月二十四日。
74. 單廟法，〈中國政府在文化大革命期間對政治犯的死刑判決〉；單廟法訪談錄，上海，二〇一六年五月三十一日。
75. 單廟法電話採訪錄，二〇一六年三月三日。
76. 宋永毅對此章初稿評論時附上提籃橋前獄警、後成為研究人員的姚姓女士Helen以下點評：「向被槍斃的犯人收取子彈費是當年提籃橋殺人的慣例。林昭案絕對如此。」根據上海市高級人民法院記錄（引自蘇州張先生，〈關於「五分錢子彈費」〉），一九六八年四月三十日，法院送件員姜永康把林昭處決通知書送達許憲民家，但未索取子彈費。法院記錄寫道：所報導的收取子彈費一事「同法院活動無關。」倪競雄於二〇一四年五月五日訪談中提到：她曾採訪一九八八～一九九三年間任上海市高級人民法院院長的顧念祖。顧稱法院不收子彈費，但不知公安局是否收取。

後記

1. 林昭，無題詩，一九五八年夏初寄羊華榮。北邙山是古都洛陽以北的一片皇家

《上海監獄志》，第十二章；薛理勇，〈老上海的監獄〉；胡傑，《尋找林昭的靈魂》。

61. 胡傑在《尋找林昭的靈魂》中對未透露姓名、曾在提籃橋三號樓當過勞役犯人士的採訪；王友琴，《文革受難者》，頁二八二；劉文忠，《反文革第一人》，頁一八三～一八四。陸洪恩從囚室被提走準備執行死刑時曾戴上手銬和腳鐐。

62. 張敏，〈林昭胞妹彭令范訪談錄〉；徐家俊，《提籃橋監獄》，頁一二五、一八八；徐家俊訪談錄，上海，二〇一七年六月十二日。監獄禮堂現名「新岸禮堂」。

63. 彭令范，〈姐姐！你是我心中永遠的痛〉；張敏，〈林昭胞妹彭令范訪談錄〉。二〇世紀八〇年代初，彭令范曾到監獄醫院找那位醫生面談。

64. 王友琴，《文革受難者》，頁二八二；彭令范，〈我的姐姐林昭〉，頁五九；張敏，〈林昭胞妹彭令范訪談錄〉。另見袁凌，〈提籃裡的囚徒〉。據袁凌稱，「閉口梨」是木制的。

65. 老木匠，〈遊蕩在老上海〉，《民間歷史》，香港中文大學中國研究服務中心，http://mjlsh.usc.cuhk.edu.hk/Book.aspx?cid=4&tid=324；〈靶子山〉，http://baike.baidu.com/view/10374524.htm；單廟法電話採訪錄，二〇一六年三月三日。當局拒絕向單松林家人透露他被處決的地點等相關細節，但單廟法相信是在靶子山。

66. 彭令范，〈我的姐姐林昭〉，頁五八～五九。

67. 曾毓淮訪談錄，上海，二〇一六年五月三十一日；王友琴，《文革受難者》，頁二八二；倪競雄訪談錄，二〇一四年五月五日。曾毓淮所披露的細節與王友琴提供的資訊相符。倪獲得的資訊來源可能與王友琴相同。另見袁凌，〈提籃裡的囚徒〉。二〇一七年六月二十六日宋永毅給作者的電子郵件，援引一位原提籃橋獄警後做研究的姚姓女士Helen提供的資訊，說「文革」期間有些犯人在提籃橋大禮堂後的空地裡被槍決。她相信林昭是其中一位。

68. 林昭，〈課卷：練習一〉，一九六六年一月十八－二十日。

69. 〈「中國共產黨中央委員會主席毛澤東同志支持美國黑人抗暴鬥爭的聲明」單行本外文版出版〉，《人民日報》，一九六八年四月二十九日。毛聲明的中文原稿刊登於一九六八年四月十六日。馬丁·路德·金是被越獄逃犯James Earl Ray

50. 同上。有關林昭與羊華榮的關係見第三章。蘇州的張先生在二〇一七年六月十一日的訪談中告訴作者，他曾問過羊華榮與林昭之間的關係，羊當時否認自己與她有任何性關係。

51. **借著維納斯的杯子聊以澆愁**：林昭，〈靈耦絮語〉，一九六五年十二月三十日。**如今她勸弟妹**：林昭，〈一九六八年一月份的家信〉，一九六八年一月十四日。

52. 張敏，〈林昭胞妹彭令范訪談錄〉。

53. 林昭，〈一九六八年一月份家信〉，一九六八年一月十四日。

54. 同上。

55. 曾毓淮訪談錄，上海，二〇一六年五月三十一日；蘇州張先生，〈關於「五分錢子彈費」〉。

56. 蘇州張先生，〈關於「五分錢子彈費」〉。

57. 中國人民解放軍上海市公檢法軍事管制委員會，〈刑事判決書〉。

58. 中國人民解放軍上海市公檢法軍事管制委員會，〈刑事判決書〉；蘇州張先生〈關於「五分錢子彈費」〉一文中援引的上海市高級人民法院記錄。有關林昭最後一句遺言，見陳偉斯，〈林昭之死〉。林昭死刑判決書用的是一九六七年的序號，但日期是一九六八年四月十九日，即上海市革委會批復同意之日。一九六八年四月中旬張春橋在上海，極可能在上海市革委會審批林昭死刑判決時親自批復同意。見李海文，〈張春橋其人〉，載《炎黃春秋》二〇一六年第一期。

59. **到了一九六八年**：許章潤編，《清華法學第七輯：「最高法院比較研究」專輯》（北京：清華大學出版社，二〇〇六年），頁四一。**四月二十三日法院覆核同意**：蘇州張先生，〈關於「五分錢子彈費」〉。

60. **林昭從女監樓被移到三號樓**：胡傑，《尋找林昭的靈魂》。據紀錄片中接受胡傑採訪但未透露姓名、曾在提籃橋三號樓當過勞役犯的老者說，林昭是於一九六八年早春被移到三號樓。又見王友琴，《文革受難者》，頁二八二。王友琴採訪了同一個人。據劉文忠稱（二〇一六年五月二十九日訪談錄），提籃橋囚犯被判處死刑後馬上被移到特殊牢房是慣例。林昭可能是因死刑判決而被移到三號樓。據提籃橋前政治犯嚴祖佑稱（二〇一五年十一月十五日訪談錄），三號樓關押政治犯。徐家俊二〇一七年六月十二日訪談中對林昭被移到三號樓（男監樓）表示懷疑。**監樓建成年份與更名經過**：上海市地方誌辦公室，

35. 江濤，〈指揮家陸洪恩的一生〉；王友琴，《文革受難者》，頁二九六～二九七。姚文元的〈評「三家村」——《燕山夜話》、《三家村箚記》的反動本質〉發表在一九六六年五月十日的《解放日報》上。
36. 劉文忠，《反文革第一人》，頁一七五～一七八。
37. 劉文忠，《反文革第一人》，頁一八〇～一八一；王友琴，《文革受難者》，頁二九七；劉文忠，〈奧地利〉。
38. **陸從小就是一名天主教徒**：劉文忠，《反文革第一人》，頁一七七～一七八；劉文忠訪談錄，上海，二〇一六年五月二十九日。據劉文忠回憶，陸洪恩經常在獄中哼唱《讚美耶穌歌》，歌中有「十字架救贖洪恩」一句。**公審大會**：〈誓死捍衛毛主席革命路線誓死捍衛無產階級革命司令部：本市舉行公判大會鎮壓現行反革命〉，《解放日報》，一九六八年四月二十八日。
39. Foucault, *Discipline and Punish*, p. 11.
40. 林昭，〈父親的血〉。一九五六年，林昭的朋友陳奉孝在北大圖書館看到發表在英國共產黨機關報《每日工人報》（*Daily Worker*）上的〈赫魯曉夫的「秘密報告」〉，可能曾與林昭分享。見胡傑，《尋找林昭的靈魂》中的陳奉孝採訪錄。另見 Nikita S. Khrushchev, "The Secret Speech - On the Cult of Personality, 1956," http://legacy.fordham.edu/halsall/mod/1956khrushchev-secret1.html.
41. 林昭，〈心靈的戰歌〉，一九六七年十一月二十三日。
42. 同上。
43. 林昭，〈父親的血〉。
44. 同上。
45. 林昭，〈主曆一九六七年十二月份的監獄規定家信〉，一九六七年十二月十六日。
46. 許憲民致林昭，一九六七年十二月二十六日，載《林昭文集》。
47. 林昭，〈一九六八年一月份的家信〉，一九六八年一月十四日。
48. Kazimiera J. Cottam, *Women in War and Resistance: Selected Biographies of Soviet Women Soldiers* (Newburyport, Mass.: Focus, 1998), pp. 296-298；孫越，〈蘇聯女英雄卓雅之死〉，二〇一三年三月十日，http://sunyue.blog.caixin.com/archives/53903。
49. 林昭，〈一九六八年一月份家信〉，一九六八年一月十四日。

親寫的兩封血書家信中的第一封，另一封是監獄允許的每月規定家信。林昭並不指望第一封會寄達，但希望許憲民會收到第二封。

27. 林昭，〈主曆一九六七年十一月份的監獄規定家信〉，一九六七年十一月十六日。這是她在同一天給母親寫的第二封信。
28. 林昭，〈血書家信——致母親〉，一九六七年十一月十八—二十日。
29. 林昭，〈血書家信——致母親〉，一九六七年十一月二十一日。
30. 見連曦，《浴火得救》第七、八章。
31. 陳陽，〈林昭、汪純懿、俞以勒以及中國教會〉。賈玉銘（基督教靈修神學院創始人）的神學與倪柝聲神學的一個交叉點是靈、魂、體的區分。兩者都把體（身體）和魂（思維）同樣劃歸靈以外。倪柝聲認為，只有靈才是「神知覺」，魂（思維、意志等）是「自己知覺」。見連曦，《浴火得救》，頁一四一；宋剛，〈基要與本色之間：賈玉銘、王明道與倪柝聲思想比較芻議〉，二〇一一年。http://www.wnee.net/html/zhuantiyanjiu/jidujiaoshixue/20120410/2017.html.
32. 林昭，〈主曆一九六七年十一月二十三日血書聲明〉。
33. 見 Emily Dickinson，"Much Madness is divinest Sense" (1890).以下是徐淳剛的漢譯：

許多瘋狂——是最神聖的理智——
對於明辨真理的眼睛——
許多理智——是最虛無的瘋狂——
在此，像在很多領域
也是多數占上風——
贊同——即是明智——
反對——立刻陷入困厄——
戴上永恆的枷鎖——

34. 郭宇寬，〈尋找王佩英〉，載《炎黃春秋》，二〇一〇年第五期；張大中，〈尋找母親王佩英〉，https://freewechat.com/a/MzAxMjA3OTEwMA==/2651442481/1；胡傑，《我的母親王佩英》，獨立記錄片，二〇一〇年。王佩英十六歲時入讀由美國天主教主顧修女會（Sisters of Providence of Saint Mary-of-the-Woods）在開封創辦的靜宜女子中學，其價值觀的形成與天主教教育之間的關係待查。

復審訊和折磨。他於一九三八年自殺。

12. 胡莊子,〈「忠字化運動」初探〉,載《記憶》雜誌第一四二期(二〇一五年十月三十一日);Walder, *China Under Mao*, p. 281;MacFarquhar and Schoenhals, *Mao's Last Revolution*, p. 262.「三忠於」指:「忠於偉大領袖毛主席!忠於偉大的毛澤東思想!忠於毛主席的無產階級革命路線!」「四無限」指:「對毛主席、毛澤東思想、毛主席的革命路線無限熱愛,無限信仰,無限崇拜,無限忠誠。」
13. 林昭,〈血書家信——致母親〉,一九六七年十一月五日。
14. 林昭,〈血書家信——致母親〉,一九六七年十一月八日、十二日。
15. 林昭,〈血書家信——致母親〉,一九六七年十一月十日。另見:林昭,《即事抗議之十二》,一九六七年十月三十日。
16. 林昭,〈血書家信——致母親〉,一九六七年十一月十日。
17. 林昭,〈血書家信——致母親〉,一九六七年十一月十二日。
18. 見馬蕭,〈文革口述史:四十七中紅衛兵憶「陽光燦爛的日子」〉,《紐約時報中文網》,二〇一六年六月二十四日;另見張敏,〈林昭胞妹彭令范訪談錄〉。
19. 林昭,〈血書家信——致母親〉,一九六七年十一月十二日。
20. **彭令范以優異成績**:張敏,〈林昭胞妹彭令范訪談錄〉。另見彭令范,〈我的姐姐林昭〉,頁四五,彭提到自己一九六八年五月一日「從鄉下回滬」,當時她在上海郊外的張家宅醫院工作。**弟弟恩華**:張哲俊,〈彭恩華其人〉。
21. **收入來源日益枯竭、家人抱怨**:彭令范,〈我的姊姊林昭〉,頁四三;林昭,〈血書家信——致母親〉,一九六七年三月十七日。**林昭承認自私**:林昭,〈血書家信——致母親〉,一九六七年三月十七日;林昭,〈主曆一九六七年六月份的家信〉,一九六七年六月十二日。
22. **哀哀父母,生我劬瘁**:林昭,〈主曆一九六七年七月份的家信〉,一九六七年七月十四—十五日。**請保佑我母親的生命**:林昭,〈父親的血〉。
23. 林昭,〈血書家信——致母親〉,一九六七年十一月十四日。
24. 林昭,〈血書家信——致母親〉,一九六七年十一月十五日。
25. 林昭,〈血書家信——致母親〉,一九六七年十一月十五日、十七日。另見程天午,〈在獄中的恩典生活〉,頁一四〇。
26. 林昭,〈血書家信——致母親〉,一九六七年十一月十六日。這是在同一天給母

市公檢法軍事管制委員會，〈中國人民解放軍上海市公檢法軍事管制委員會刑事判決書一九六七年度滬中刑（一）字第十六號〉。

第八章　血書家信

1. 林昭，〈血書家信——致母親〉，一九六七年十月二十四日。
2. 林昭，〈被捕七周年口號〉，一九六七年十月二十四日。
3. 林昭，〈血書家信——致母親〉，一九六七年十月十四日；林昭，〈即事抗議之一〉，一九六七年十月十四日。林昭最後一次見到母親是在一九六七年三月二十三日。見林昭，〈血書家信——致母親〉，一九六七年十月二十八日。林昭家屬最後一次探監（只彭令范一人）是在一九六七年五月份。見林昭，〈即事抗議之七〉，一九六七年十月二十五日；張敏，〈林昭胞妹彭令范訪談錄〉。拒絕供水的一個可能原因是她不時與勞役犯進行潑水戰，監獄當局停止供水以圖制服她。
4. **斷斷續續的絕食**：林昭，〈血書家信——致母親〉，一九六七年十月二十三日。**欺負我的打手勞役**：林昭，〈即事抗議之二〉，一九六七年十月十六日。**勞役從囚室外向她潑水**：林昭，〈即事抗議之五〉，一九六七年十月二十二日。
5. 林昭，〈主曆一九六七年十一月份的監獄規定家信〉，一九六七年十一月十六日。
6. 林昭，〈血書家信——致母親〉，一九六七年十一一十一月。
7. 林昭，〈血書家信——致母親〉，一九六七年十月二十七日。
8. James Baldwin, *Thirty More Famous Stories Retold* (New York, NY: American Book Company, 1905), pp. 68-73.
9. 林昭，〈血書家信——致母親〉，一九六七年十月三十日。
10. 林昭，〈十月三十一日血書聲明〉，一九六七年十月三十一日。
11. 李登，即漢斯·里頓（Hans Litten），是一名勞工律師，一九三一年在Tanzpalast Eden案件審理中傳喚並在法庭上盤詰過希特勒，作證：SA Storm 33是一個准軍事部隊，於一九三〇年在納粹黨領導層默許下，對在柏林的Tanzpalast Eden舉行的一個移民勞工協會的會議進行了襲擊。里頓於一九三三年被捕並被反

革命、防止鋪張浪費的通知〉，一九六七年六月二十九日，載宋永毅等編，《中國文化大革命文庫》。

54. 〈中共中央、國務院關於在無產階級文化大革命中加強公安工作的若干規定〉，(中發〔六七〕一九號，一九六七年一月十三日)，載宋永毅等編，《中國文化大革命文庫》。

55. **第二條規定實際執行中**：彭勁秀，〈文化大革命中的「公安六條」〉，載《共識網》，二〇一三年六月二十四日，http://www.21ccom.net/articles/lsjd/lsjj/article_2013062486230.html。**之後的獨立調查顯示**：丁抒，〈文革中的「清理階級隊伍」運動〉；崔敏，〈為禍慘烈的「公安六條」〉，載《炎黃春秋》，二〇一二年第十二期。

56. 〈上海市中級人民法院刑事判決書〉，（一九六七年度滬中刑（一）字第三號），見劉文珠，〈不輸遇羅克：敢挑戰毛澤東的青年鬥士劉文輝〉，https://www.aboluowang.com/2015/1206/656345.html；劉文忠，《反文革第一人》，頁二一三～二一四。

57. 單廟法，〈中國政府在文化大革命期間對政治犯的死刑判決〉。

58. 林昭，〈戰場日記〉，一九六七年二月二十日。

59. 見《上海監獄志》第一章· 建置沿革。

60. 上海市公安局勞改局，〈林昭案加刑材料〉。

61. 同上。

62. 孟半戎，〈一封匿名信為何寫給江青〉，《中國共產黨新聞網》二〇一五年十一月四日，http://dangshi.people.com.cn/n/2015/1104/c85037-27773947.html。

63. 林昭，〈主曆一九六七年三月份的家信〉，一九六六年三月十七日。

64. 林昭，〈主曆一九六七年五月份的家信〉，一九六七年五月十四日。另見三月、六月、七月、九月、十月家信。林昭反復要求家人送來物品而一直未收到，其中一個原因是獄方曾告訴許憲民：「你的女兒不會好了，不用再給她送東西了。」見羊華榮，〈回首往事〉，頁一四七。

65. 林昭，〈主曆一九六七年九月份的家信〉，一九六七年九月。

66. **六月中旬**：〈上海市人民檢察院：勞檢——審查起訴〉，一九六六年十二月二十三日至一九六七年六月十六日，胡傑，《尋找林昭的靈魂》截圖。線裝的審查起訴書上蓋有紅色「絕密」印章。**一九六七年秋天某日**：中國人民解放軍上海

34. 林昭，〈戰場日記〉，一九六七年二月十日。

35. 林昭，〈戰場日記〉，一九六七年二月十一日、二十二日。另見林昭，〈父親的血〉。林昭被移到五樓和不讓看報很可能是在一九六六年七月同時發生的事。

36. 林昭，〈戰場日記〉，一九六七年二月十一日。有關提籃橋監獄裡犯人砸馬桶等物的事件，見徐家俊，《上海監獄的前世今生》，頁一〇〇。

37. **自稱是毛澤東時代的白毛女**：林昭，〈致《人民日報》編輯部〉頁五五。**恨透了我自己的性別**：林昭，〈父親的血〉。

38. 見李小龍，〈革命的虛構：歌劇《白毛女》幕後〉，《紐約時報中文網》，二〇一二年七月四日。

39. 林昭，〈靈耦絮語〉，一九六六年一月十五日。劇本中的唱詞是：「太陽底下把冤伸。」

40. 林昭，〈靈耦絮語〉，一九六五年九月十二日；林昭，〈戰場日記〉，一九六七年二月十一日。

41. 《上海監獄志》，第六章：少年犯、女犯、外國籍犯。

42. 林昭，〈戰場日記〉，一九六七年二月二十二日。

43. Dikotter, *Crime, Punishment, and the Prison in Modern China*, p. 310；〈上海灘的禁秘之地〉。

44. 嚴祖佑，〈教授風骨——獄友孫大雨〉；沈志華，《思考與選擇》，頁六八三。

45. 袁淩，〈提籃裡的囚徒〉。

46. 同上。

47. 林昭，〈戰場日記〉，一九六七年二月二十一日。

48. 袁淩，〈提籃裡的囚徒〉。

49. MacFarquhar and Schoenhals, *Mao's Last Revolution*, p. 177.

50. 袁淩，〈提籃裡的囚徒〉。

51. 徐家俊，《上海監獄的前世今生》，頁八。

52. **女警被逼瘋**：袁淩，〈提籃裡的囚徒〉；程天午，〈在獄中的恩典生活〉，頁一一五～一一六。程記得那位犯人是以前的女監樓瞿隊長，被判刑二十年。**獄警自殺**：袁淩，〈提籃裡的囚徒〉。

53. **秩序瓦解，囚犯們從中獲益甚微**：林昭，〈戰場日記〉，一九六七年二月二十一日。**獄方停止家人探監**：袁淩，〈提籃裡的囚徒〉。另見〈中共中央關於節約鬧

編，《中國文化大革命文庫》；MacFarquhar and Schoenhals, *Mao's Last Revolution*, pp. 136-37。

24. MacFarquhar and Schoenhals, *Mao's Last Revolution*, pp. 155, 162-166；閻長貴，〈「上海人民公社」名稱使用和廢止的內情〉，載《百年潮》二〇〇五年第八期；曹荻秋，〈我的檢查〉，一九六七年三月十二日，載宋永毅等編，《中國文化大革命文庫》。
25. 閻長貴，〈「上海人民公社」名稱使用和廢止的內情〉；MacFarquhar and Schoenhals, *Mao's Last Revolution*, pp. 155, 162-166。
26. **不再允許林昭讀報**：林昭，〈父親的血〉。文中提及她已有十六個月沒能讀到報紙。這種情況一直延續到她被處死刑。**撕掉或用血塗抹**：林昭，〈戰場日記〉，一九六七年二月二十二日。
27. **即使沒有報紙**：劉文忠訪談錄，二〇一六年五月二十九日；嚴祖佑二〇一六年八月二十七日致作者電郵。**到一九六六年十一月底**：MacFarquhar and Schoenhals, *Mao's Last Revolution*, p. 110. **寫了更多血書**：林昭，〈戰場日記〉，一九六七年二月十三日。
28. 林昭，〈戰場日記〉，一九六七年二月九日。
29. 同上。
30. 同上，一九六七年二月十日、十六日。
31. **文革期間群眾集會**：望江亭，〈兩則「文革」時的悲喜劇〉，http://wjiangting.blog.hexun.com/97191908_d.html。**福州的一個政治學習會上**：作者個人得知的「文革」期間發生在福州的事件。**「翻毛」寫成「反毛」**：劉文忠，《風雨人生路》，頁二六二～二六三。
32. 林昭，〈戰場日記〉，一九六七年二月十日。
33. 同上。一九六二～一九六三年林昭在提籃橋審前關押期間，曾被關在離女監樓不遠的另一棟樓（可能是監獄醫院）裡防止犯人自殺的「橡皮監」。當時她在橡皮監裡能聽到從女監樓傳來另一名政治犯李坤秀的大聲呼喊：「國際法庭！」「伸冤理枉！」之後還聽見街上頑童也學著李的語氣、拖長聲音喊叫「國際法庭！」所以她知道女監樓的抗議聲可以傳到外面。李原被判十二年監禁，一九七四年十月以反革命罪被執行槍決。有關李坤秀被處決，見《上海監獄志》第六章：少年犯、女犯、外國籍犯。

and Schoenhals, *Mao's Last Revolution*, p.47.

11. 〈中國共產黨中央委員會關於無產階級文化大革命的決定〉，《人民日報》，一九六六年八月九日。
12. **其後兩個月**：MacFarquhar and Schoenhals, *Mao's Last Revolution*, p. 117。**北京在「紅八月」期間**：王友琴，〈恐怖的「紅八月」〉。**僅一九六六年九月**：MacFarquhar and Schoenhals, *Mao's Last Revolution*, p. 124。**上海共有一萬一千五百一十人**：王友琴，《文革受難者》，頁二九八。**全國範圍內文革造成「非正常」死亡**：宋永毅，〈文革中「非正常死亡」了多少人？〉；楊繼繩，〈道路·理論·制度〉。
13. **監獄內的高音喇叭**：劉文忠訪談錄，上海，二〇一六年五月二十九日；嚴祖佑致作者電郵，二〇一六年八月二十七日。劉文忠和嚴祖佑曾分別於六〇年代末和七〇年代初被囚於提籃橋。據他們稱，監獄內每層都裝有高音喇叭，每天早上播放中央人民廣播電臺或上海人民廣播電臺的新聞節目以及監獄內的重要通知。**信中指出**：林昭，〈致《人民日報》編輯部〉，頁一〇二～一〇三、一〇八。
14. MacFarquhar and Schoenhals, *Mao's Last Revolution*, p.108.
15. 王容芬，〈我在獄中的日子〉。
16. MacFarquhar and Schoenhals, *Mao's Last Revolution*, pp.45-46.
17. 王若望，〈林昭之死〉；另見羊華榮，〈回首往事〉頁一四六。王若望所稱的「文革聯絡小組」可能是指文革小組其下負責聯絡的臨時組織。
18. **許憲民最後一次月訪**：王若望，〈林昭之死〉；林昭致母親，一九六六年十月四日。**囚犯參加勞作**：《上海監獄志》第七章；〈上海灘的禁秘之地〉；徐家俊訪談錄，上海，二〇一七年六月十二日。據徐家俊稱，女犯通常在女監樓（九號監）裡從事勞作。**林昭抵制勞動**：王若望，〈林昭之死〉。
19. 林昭致母親，一九六六年十月四日；一九六七年一月十七日；一九六七年三月十七日。下一次的探監時間是一九六七年二月二十三日。
20. 林昭致母親，一九六六年十二月十四日。
21. 林昭，〈致《人民日報》編輯部〉，頁五五。
22. **一九六七年二月中**：林昭致母親，一九六七年二月十五日。**斷斷續續絕食抗議**：林昭，〈戰場日記〉，一九六七年二月十二日。
23. 〈鄧小平在中央工作會議上的檢討〉，一九六六年十月二十三日，載宋永毅等

67. 林昭，〈靈耦絮語〉，一九六六年一月十三日，一月十四日。

68. 同上，一九六六年一月十四日。「陶侃」典故見《晉書·卷六十六·陶侃傳》。

69. **忍不住聲淚俱下**：林昭，〈靈耦絮語〉，一九六六年二月五日；**一提「改造」**：張元勳，〈北大往事〉，頁一〇五～一〇六。

70. **到二月中旬**：林昭，〈靈耦絮語〉，一九六六年二月十六日、二十三日。**驟然停止**：同上，一九六六年三月八日。林昭有可能因為得到靈感要進行新的寫作項目而中斷〈靈耦絮語〉。二月十五日的〈靈耦絮語〉裡有這樣一段：「義母鮑氏：你管你說，寶寶，我聽聽也很有味道。就是限度已經到了，不要寫了。」

71. **負責治療林昭的醫生**：彭令范，〈我的姊姊林昭〉，頁三九；**信不能轉**：林昭，〈歲朝之戰〉。

第七章　提籃橋裡的白毛女

1. 林昭，〈致《人民日報》編輯部〉，頁八八。
2. 張元勳，〈北大往事〉，頁九二～九七；朱毅採訪錄，贛州，二〇一七年六月九日。有關張在大學時追求林昭的事，見彭令范，〈我的姊姊林昭〉，頁三四。
3. 張元勳，〈北大往事〉頁九二～九三、九七～九九。林昭，〈歲朝吟〉，一九六七年二月十六日。文中提及張元勳一九六六年五月六日探監並帶來食物。
4. 林昭，〈課卷〉：〈練習二〉，一九六六年二月二十四～二十六日；林昭，〈靈耦絮語〉，一九六六年二月十一日；林昭，〈戰場日記〉一九六七年二月九日、二十日。
5. 張元勳，〈北大往事〉，頁九七～一〇七。
6. 同上，頁一〇〇。
7. 林昭，〈致《人民日報》編輯部〉，頁一一五～一一七。
8. 林昭，〈上訴書致聯合國〉。《林昭文集》裡此信日期誤作一九六七年。正確日期參看〈戰場日記〉前言。
9. 歐陽英（林昭），〈黃昏之淚〉。
10. 中共中央政治局擴大會議，〈五一六通知〉，一九六六年五月十六日，http://history.dwnews.com/big5/news/2013-05-13/59173751-all.html；MacFarquhar

得幾塊錢?:同上,一九六五年十月二十一日。

47. 同上,一九六五年七月二日。
48. 同上,一九六五年七月三十日。**震撼一切的霹靂啊**:見莎士比亞,《李爾王》第三幕、第二場。
49. 林昭,〈靈耦絮語〉,一九六五年九月十日。
50. 同上,一九六五年十月一日。
51. 同上,一九六五年十月三日。
52. 同上,一九六五年十一月十一日;〈林昭案加刑材料〉;《上海審判志》第二篇「反革命案件審判」。http://www.shtong.gov.cn/node2/node2245/node81324/node81331/node81380/node81388/userobject1ai101301.html。
53. 林昭,〈靈耦絮語〉,一九六五年十一月十一日。
54. 同上,一九六五年八月十一日。
55. 同上,一九六五年九月十七日。
56. 同上,一九六五年九月十九日。
57. 林昭,〈致《人民日報》編輯部〉,頁三八。
58. 同上,頁二九、六二。
59. 林昭,〈靈耦絮語〉,一九六五年十一月二十三日。
60. 同上,一九六五年十二月十一日,一九六六年一月五日、八日、九日;另見張元勳,〈北大往事〉,頁一〇五~一〇六。
61. 李商隱,〈無題〉。
62. 林昭,〈靈耦絮語〉,一九六五年十二月十一日。
63. 魯迅,〈無題·慣於長夜過春時〉,一九三一。
64. 林昭,〈靈耦絮語〉,一九六五年十二月十九日。
65. **聖誕夜**:林昭,〈靈耦絮語〉,一九六五年十二月二十四日;**提籃橋初建成時**:袁淩,〈提籃裡的囚徒〉;**囚犯每天**:嚴祖佑,〈教授風骨〉;嚴祖佑,《人曲》,頁一一。一九六〇年代,提籃橋生病的犯人可以得到「營養餐」——就是加上幾塊紅燒的雞骨頭。
66. **平安夜**:林昭,〈靈耦絮語〉,一九六五年十二月二十四日。〈林昭案加刑材料〉裡列出了〈基督還在世上〉這篇短文的篇名,但原文未留存下來。**「天父賞賜靈感」**:林昭,〈靈耦絮語〉,一九六五年十二月二十五日。

危機與蘇聯對中印邊界問題立場的轉變〉，《黨史研究與教學》二〇〇九年第二期。另見Chang and Halliday, *Mao: The Unknown Story*, pp.458-459。**獨夫出自賭鬼本性**：林昭，〈致《人民日報》編輯部〉，頁一〇八。

31. 林昭，〈致《人民日報》編輯部〉，頁一〇八。
32. **彭德懷也是海瑞**：〈「文革」如何發生：毛澤東從提倡海瑞到批判《海瑞罷官》的轉變〉。林昭在正文共一百二十頁的〈致《人民日報》編輯部信〉的第一〇八頁稱彭德懷為「當代『海瑞』」。這一段文字可能是在十二月五日她完成信的全文之前若干天寫下的。**《人民日報》關於彭德懷的社論**：思彤，〈接受吳晗同志的挑戰〉，《人民日報》，一九六六年一月十三日。另見田耕，〈《海瑞罷官》導演談《海瑞罷官》〉，《炎黃春秋》，二〇〇六年第五期。
33. 李夏恩，〈海瑞墓：一位明代清官在毛澤東時代的遭遇〉，《共識網》，二〇一六年四月五日，http://www.21ccom.net/html/2016/xiandai_0405/2983.html。
34. Mazur, *Wu Han, Historian: Son of China's Times*, p. 407；MacFarquhar and Schoenhals, *Mao's Last Revolution*, p. 15；〈「文革」如何發生：毛澤東從提倡海瑞到批判《海瑞罷官》的轉變〉。
35. MacFarquhar, *Origins of the Cultural Revolution*, pp. 252-53；MacFarquhar and Schoenhals, *Mao's Last Revolution* , pp. 14-17；Chang and Halliday, *Mao: The Unknown Story*, p. 524.**文革死亡人數**：楊繼繩，〈道路．理論．制度——我對文化大革命的思考〉；宋永毅，〈文革中「非正常死亡」了多少人？〉。
36. 林昭，〈致《人民日報》編輯部〉，頁六二。
37. 同上，頁一、三七。
38. 同上，頁一一一。
39. 同上，頁三九。
40. 吳冷西，《憶毛主席》，第十一章；錢江，〈文革前夕的《人民日報》〉。
41. 林昭，〈致《人民日報》編輯部〉，頁一〇三。
42. 朱毅，〈《林昭：靈耦絮語》校讀者說明〉；〈靈耦絮語〉鋼筆謄錄原稿圖片。
43. 林昭，〈靈耦絮語〉，一九六五年五月三十一日。
44. 同上，一九六五年八月十日。
45. 同上，一九六五年十月二十九日。
46. **如浸入沸水的寒暑表**：林昭，〈靈耦絮語〉，一九六五年十月三十日。**出賣上帝**

樓，直到二〇一六年五月二十八～三十一日作者最後一次實地考察時還在原地。

10. **上訴聯合國**：林昭，〈致《人民日報》編輯部〉，頁四〇。**中蘇分裂**：見MacFarquhar and Schoenhals, *Mao's Last Revolution* , pp. 4-7.
11. 林昭，〈致《人民日報》編輯部〉，頁四〇～四一。
12. 林昭，〈靈耦絮語〉，一九六五年七月十四日；林昭，〈致《人民日報》編輯部〉，頁一二〇。
13. 林昭，〈致《人民日報》編輯部〉，頁八五。
14. 《上海監獄志》；林昭，〈靈耦絮語〉，一九六五年八月十一日；徐家俊訪談錄。
15. 林昭，〈靈耦絮語〉，一九六五年七月十四日。
16. 林昭，〈致《人民日報》編輯部〉，頁一一七。
17. 林昭，〈靈耦絮語〉，一九六五年六月十三日。
18. 同上，一九六五年六月十一日。
19. 同上，一九六五年七月九、十日。
20. 林昭，〈靈耦絮語〉，一九六五年六月十六日和七月十一日。
21. 林昭，〈致《人民日報》編輯部〉，頁一。
22. 同上，頁一、六。
23. 同上，頁二。
24. 同上，頁一〇〇～一〇五。
25. 同上，頁三六。
26. 同上。
27. 同上，頁一〇六。
28. 同上，頁一〇七。
29. **與赫魯曉夫進行的骯髒交易**：同上，頁一〇八。**炮擊金門、馬祖**：李志綏，《毛澤東私人醫生回憶錄》，頁二五二；Chang and Halliday, *Mao: The Unknown Story*, pp. 406-407. 另見MacFarquhar and Schoenhals, *Mao's Last Revolution* , p. 6.
30. **北京宣布中國政府支持蘇聯**：〈中國政府發表聲明支持古巴反對美國戰爭挑釁〉，《人民日報》，一九六二年十月二十五日；馮雲飛，〈一九六二年古巴導彈

九六七年十一月十二日。林昭的〈告人類〉是血書，當她離開第一看守所時尚未完成。**誰跟你似地？**：林昭，〈致《人民日報》編輯部〉，頁一六。

90. **鄭念背誦毛語錄**：Nien Cheng, *Life and Death in Shanghai*, pp.156-57. **不必向林昭推銷**：林昭，〈致《人民日報》編輯部〉，頁六八～六九。
91. **審訊員奉勸她**：林昭，〈致《人民日報》編輯部〉，頁七八。**幾乎無一例外地認罪**：Nien Cheng, *Life and Death in Shanghai*, p. 149.
92. 林昭，〈致《人民日報》編輯部〉，頁八二。
93. 同上，頁七五。

第六章　雪地之燈

1. 林昭，〈種籽〉。
2. 「彭國彥請平反冤獄」；程榮華、崔學法，「還史事以公正」；黃惲，「彭國彥邳縣案真相」。
3. 林昭，〈判決後的聲明（血書）〉。
4. 徐家俊，〈上海市提籃橋監獄〉；徐家俊，《提籃橋監獄》，頁二一七；Frank Dikötter, *Crime, Punishment, and the Prison in Modern China*, p.308, 311-15；嚴祖佑，〈教授風骨——獄友孫大雨〉。
5. 徐家俊，〈上海市提籃橋監獄〉；Dikötter, *Crime, Punishment, and the Prison*, p. 318；徐家俊訪談錄，上海，二〇一七年六月十二日。「風波亭」位於七號樓頂層；「橡皮監」分別設於監獄醫院大樓內和關押外籍犯的「西牢」又稱「十字監（十字樓）」內。
6. 袁淩，〈提籃裡的囚徒〉；袁淩，〈上海檔案裡的「反革命」〉。
7. 劉文忠，《反文革第一人》，頁三三一～三三二。
8. 林昭，〈課卷（文藝通訊）〉：練習三，一九六六年二月二十七日。
9. 林昭，〈血衣題跋（血書）〉；林昭，〈靈耦絮語〉，一九六五年六月二十二日。**女犯監區**：徐家俊，《提籃橋監獄》，頁一五；《上海監獄志》第六章；徐家俊訪談錄；女犯監區一位不願透露姓名的前獄警二〇一五年十二月二十四日轉給作者的電子郵件。女犯監區曾設在西牢（十字監）內，一九五八年移到九號

查囚犯物品、沒收他們寫的文字的做法，另見嚴祖佑，《人曲》。

84. 林昭可能在一九六五年五月五日晚間產生幻覺。其間柯慶施的亡靈藉她的口在毛澤東面前為其無辜爭辯。她在致《人民日報》編輯部的信中寫道：「在第一看守所，今年五月五日～六日夜裡，他與獨夫扯破面皮藉著年青人之口呼名痛斥時就說過：『你才有心思，她有什麼心思，她小孩子！』」見林昭，〈致《人民日報》編輯部〉，頁一一一。網上有毛澤東御審林昭之說，可能主要根據此處文字以及一九六七年十一月四日林昭致母親〈血書家信〉裡的以下一段文字：「一九六四年的冬天，在第一看守所裡正和那個大魔鬼毛澤東圖窮匕見已經到了推車上壁的地步！一個月後即一九六四年十二月二日他們拿給我的那所謂起訴書上就署著今天這個日期：十一月四日！事實上十一月五日那臭毛蟲還特為讓你們送水餃子來調戲我呢！」作者認為毛澤東御審林昭之說並不成立。第一段文字所交代的時間（一九六五年五月五日）是在柯慶施死後近一個月。此時柯的亡靈「藉著年青人之口呼名痛斥」，無法得出毛親臨第一看守所，柯當著林昭的面痛斥毛的結論。第二段文字交代的時間是一九六四年十一月四日至五日。當時毛在北京，而且於十一月五日淩晨在中南海主持政治局常委會議。見中共中央文獻研究室，《毛澤東年譜（一九四九～一九七六第五卷》，頁四三〇。有關毛澤東與柯慶施的關係，見馮錫鋼，「我含熱淚抑悲愁：讀陶鑄的三首七律」，《同舟共進》（二〇一一年第十一號），http://www.xzbu.com/1/view-270943.htm。

85. **《解放日報》帶來柯慶施猝死消息**：林昭，〈致《人民日報》編輯部〉，頁一一二。**柯慶施死因**：葉永烈，〈揭秘柯慶施之死：並非死於肺癌或「謀殺」〉，二〇一三年二月十五日，《人民網》，http://history.people.com.cn/n/2013/0205/c198865～20435479.html。

86. 林昭，〈致《人民日報》編輯部〉，頁六九～七〇、一〇二、一一二。

87. **寫四言詩悼念柯**：林昭，〈祭靈耦文（血書題衣）〉。**冥婚**：林昭，〈致《人民日報》編輯部〉，頁一一二。

88. **萬萬不得委身於他**：林昭，〈戰場日記〉，一九六七年二月十二日。**雪白的烏鴉**：林昭，〈靈耦絮語〉，一九六六年一月十九日。**對於死者的愛情**：林昭，〈致《人民日報》編輯部〉，頁一一二。

89. **文字被沒收**：林昭，〈致《人民日報》編輯部〉，頁六八，八四；林昭致母親，一

68. 林昭，〈「起訴書」跋語（血書）〉。有關監獄飯食規定，見嚴祖佑，《人曲》，頁二九～三六；林昭，〈致《人民日報》編輯部〉，頁九四。少數囚犯（如一位前電影導演）因其較高的社會地位而享受特殊伙食，包括少量的肉、魚或蛋。
69. 林昭致母親，一九六七年十一月四日；林昭，〈「起訴書」跋語（血書）〉。
70. 林昭，〈致《人民日報》編輯部〉，頁五四～五五。
71. 同上，頁六五。
72. 同上，頁五四；林昭，〈「起訴書」跋語（血書）〉；林昭，〈血衣題跋（血書）〉。
73. 林昭，〈致《人民日報》編輯部〉，頁七五、七八；〈「起訴書」跋語（血書）〉。
74. 林昭，〈致《人民日報》編輯部〉，附錄之六，〈上海市靜安區人民檢察院起訴書〉（加注）。林昭加的註長度約是「起訴書」本身的兩倍。
75. 林昭，〈致《人民日報》編輯部〉，頁一八、二〇、八五。
76. 同上，頁一八。有關柯慶施晉升為華東局第一書記，見http://cpc.people.com.cn/GB/64162/64165/76621/76636/5272464.html。
77. **大寫十三年**：蕭冬連等，《求索中國：文革前十年史》第五章第四節〈圍繞「大寫十三年」的爭論〉。另見Merle Goldman, *China's Intellectuals: Advise and Dissent* (Cambridge, Mass.: Harvard University Press, 1988), pp. 76-77。**柯慶施被整肅**：高華，《紅太陽是怎樣升起的》，頁三〇五～三〇六。
78. 林昭，〈致《人民日報》編輯部〉，頁二二，林昭寫給柯慶施的第二封信於一九六五年三月三日交給了看守。
79. 同上，頁六五。
80. 同上，頁六六、八四～八五、九五、一〇二。
81. **情紊意亂……看起來很怕人**：林昭，〈致《人民日報》編輯部〉，頁九四、九八。**未得精神病診斷**：二〇一六年，作者把此段文字以及書稿中與林昭的精神狀態有關的其它章節交給同事、杜克大學醫學院精神病專家Dr. Warren A. Kinghorn,請他分析診斷。他閱後在二〇一七年二月二十日給作者的電郵中寫道：他沒有發現「精神病疾患」（psychotic disorder）的「明顯證據」，但表示林昭當時可能患有「躁狂抑鬱疾病」（manic-depressive disorder）。另見本章註八四。
82. 林昭，〈致《人民日報》編輯部〉，頁七二；林昭，〈血詩題衣並跋〉。
83. 林昭，〈致《人民日報》編輯部〉，頁七二～七三、八二～八三。有關獄中例行搜

55. 尹文漢，〈中國古代刺血書經之風〉。**美德的示範**：見Daphne P. Lei,"The Bloodstained Text in Translation: Tattooing, Bodily Writing, and Performance of Chinese Virtue," *Anthropological Quarterly*, 82.1 (Winter 2009).

56. **王昭君血書訴情**：《和戎記》，二六～三三折。宋元南戲《蘇武牧羊記》裡也有蘇武裂衣帛當紙卻無墨的場景。蘇武的唱詞裡有：「罷，只得咬破指頭，寫封血書回去罷」；Daphne P. Lei, "The Bloodstained Text in Translation." **文革期間的革命血書**：見〈天翻地覆慨而慷——無產階級文化大革命大事記〉，一九六七年十二月，載宋永毅等編，《中國文化大革命文庫》。報導中的事件發生在一九六六年七月一日。當然，血書並非只是東方文化現象。尼采寫道：「所有的文字裡，我只愛讀以己之血寫就的篇章。」見Friedrich Nietzsche, *Thus Spake Zarathustra*, p. 37.

57. 林昭，〈致《人民日報》編輯部〉，頁一五、八四；上海市靜安區人民檢察院，〈起訴書〉。

58. 林昭，〈家祭〉，一九六四年四月十二日，摘自胡傑，《尋找林昭的靈魂》；林昭，〈致《人民日報》編輯部〉，頁五二、七〇。一九八一年，記者陳偉斯查閱林昭檔案時發現並抄錄〈家祭〉。一九八二年林昭獄中手稿退還家屬時，〈家祭〉不在其中。林昭在第一看守所時寫下的其它文字包括〈致鐐銬〉可能仍存于保密的林昭檔案中。

59. 林昭，〈血衣題跋（血書）〉。

60. 林昭，〈致《人民日報》編輯部〉，頁七〇。

61. 毛澤東，〈七律·人民解放軍占領南京〉，一九四九年。

62. 林昭，〈血詩題衣並跋〉。魯連即魯仲連。司馬遷，《史記》魯仲連鄒陽列傳第二十三裡有「則連有蹈東海而死耳，吾不忍為之民也」。橫槊阿瞞（曹操小名）：蘇軾〈前赤壁賦〉裡有「釃酒臨江，橫槊賦詩」一句。

63. **「紅星」、「親愛的父親」**：見林昭致倪競雄，一九五二年紅五月。**為毛的靈魂祈禱**：林昭，〈靈耦絮語〉，一九六五年九月十二日。

64. 林昭，〈血詩題衣並跋〉。另見林昭，〈致《人民日報》編輯部〉，頁五四。

65. 林昭，〈血詩題衣並跋〉。

66. 上海市靜安區人民檢察院，〈起訴書〉。

67. 同上。

本末》第十四卷·開國規模（一六四九年）。

41. **廣泛使用酷刑**：劉仁文、劉澤鑫，〈刑訊逼供：冤假錯案的罪魁禍首〉。**「搶救」運動**：高華，《紅太陽是怎樣升起的》，頁三一八。

42. 劉仁文、劉澤鑫，〈刑訊逼供：冤假錯案的罪魁禍首〉。

43. Jonathan D. Spence, *The Gate of Heavenly Peace*, pp.84-93.

44. 林昭，〈秋聲辭並序〉。

45. 林昭，〈致《人民日報》編輯部〉，頁八六；林昭，〈囚室哀思〉。

46. 林昭，〈囚室哀思〉。有關甘迺迪的演說，見"Remarks in Miami, Florida at the Presentation of the Flag of the Cuban Invasion Brigade, 29 December 1962," http://www.jfklibrary.org/Asset-Viewer/Archives/JFKWHA-156-001.aspx.此處的新華社通訊見《人民日報》一九六二年十二月三一日，〈肯尼迪向獲釋的吉隆灘被俘美國雇傭軍打氣，再次叫嚷要在古巴使反革命復辟〉。

47. 林昭，〈囚室哀思〉。

48. 見〈肯尼迪「和平戰略」兇相畢露〉，《人民日報》一九六三年七月六日。

49. 那一段時間林昭被關押在提籃橋監獄。獄中提供《解放日報》和《人民日報》。徐家俊、劉文忠、嚴祖佑（訪談錄）都提到提籃橋用《解放日報》作為犯人集體學習材料。《人民日報》在獄中的分發範圍較小，林昭可能是作為一名重要的政治犯得以同時閱讀《人民日報》和《解放日報》。另見林昭，〈靈耦絮語〉，一九六五年十月一日。

50. 林昭，〈囚室哀思〉。

51. 林昭，〈致《人民日報》編輯部〉，頁一五、四四。

52. 林昭，〈自誄〉。詩中的典故有春秋戰國時期的荊軻（「已歌燕市」）和鐘儀（「無慚楚囚」）。汪精衛於一九一〇年刺殺清末攝政王載灃未果，被捕入監後寫的一首詩中，也有「慷慨歌燕市，從容作楚囚」一句。林昭為〈自誄〉這首詩署的日期是「一九六四年二月」。

53. 李百藥（唐朝），《北齊書 元景安傳》。

54. **〈自誄〉用鮮血寫成**：林昭胞妹彭令范提到，一九六二年林昭保外就醫回家時，手腕部有血跡斑駁的傷痕，手臂上也有切口疤痕，都是寫血書時留下，但現今所知的林昭血書中，〈自誄〉是最早的一篇。見彭令范，〈我的姐姐林昭〉，頁五六。**出於無奈**：林昭，〈自誄〉；林昭，〈血衣題跋〉。

建於二十世紀三〇年代，後改名為中國基督教靈修神學院。

27. 林昭，〈致《人民日報》編輯部〉，頁一四、六七、八三。

28. **位於南車站路**：徐家俊，《上海監獄的前世今生》，頁一二二～一二五；上海市地方誌辦公室，《上海公安志》〈第十二編預審和看守〉。**活埋**：徐家俊，《上海監獄的前世今生》，頁一二五；上海市地方誌辦公室，《上海市區縣誌》，黃競武篇，http://www.shtong.gov.cn/Newsite/node2/node4/node2249/huangpu/node36237/node36239/node63634/userobject1ai52726.html。

29. **第一看守所**：嚴祖佑，《人曲》，頁八；Nien Cheng（鄭念）, *Life and Death in Shanghai*（《上海生與死》）,p. 147；上海市地方誌辦公室，《上海公安志》，〈第十二編預審和看守〉。**不拿槍的敵人**：毛澤東，〈在中國共產黨第七屆中央委員會第二次全體會議上的報告〉，一九四九年三月五日，《毛澤東選集》第四卷（北京：人民出版社，一九九一），頁一四二八。

30. 嚴祖佑，《人曲》，頁八～九；徐家俊，《上海監獄的前世今生》，頁一二二～一二三；另見Nien Cheng, *Life and Death in Shanghai*, pp. 131-133。

31. 嚴祖佑，《人曲》，頁一〇、一八。另見Nien Cheng, *Life and Death in Shanghai*, p. 131。在女囚房，燈泡裝在天花板正中。**牢房裡卻是陰暗一片**：劉文忠，《風雨人生路》，頁七七～七八。

32. 嚴祖佑，《人曲》，頁一〇～一六；上海市地方誌辦公室，《上海公安志》〈第十二編預審和看守〉；林昭，〈致《人民日報》編輯部〉，頁六七。

33. 嚴祖佑，《人曲》，頁二〇；Nien Cheng, *Life and Death in Shanghai*, p.146。

34. 林昭，〈致《人民日報》編輯部〉，頁一一、一四～一五、三五、五二。

35. **在第一看守所**：嚴祖佑，《人曲》，頁一四。**揪頭髮**：林昭，〈致《人民日報》編輯部〉，頁八三。一九六六年五月，張元勳到提籃橋監獄探訪林昭時看到林昭頭上有塊頭發被揪掉後留下的光禿頭皮。見張元勳，〈北大往事〉，頁一〇一。

36. 林昭，〈致《人民日報》編輯部〉，頁二二、八九。

37. 嚴祖佑，《人曲》，頁一四。另見劉文忠，《反文革第一人》，頁一八〇。

38. 嚴祖佑，《人曲》，頁一四。

39. 林昭，〈致《人民日報》編輯部〉，頁一五、三六；附錄之八：血衣題跋（血書）。

40. 見劉仁文、劉澤鑫，〈刑訊逼供：冤假錯案的罪魁禍首〉；谷應泰，《明史紀事

昭，〈心靈的戰歌！——我呼籲人類！〉，一九六七年十一月二十三日。

19. 林昭，〈致《人民日報》編輯部〉，頁三三～三四；附錄之六，〈上海市靜安區人民檢察院起訴書〉（加注）；Association of Jewish Refugees in Great Britain, "News in Brief" *AJR Information*, No. 10, October 1946, p. 74。據後者報導，一九四六年還有一萬四千名猶太人仍然留在上海。另見Casey Hall, "Jewish Life in Shanghai's Ghetto," *New York Times*, June 19, 2012。

20. **林昭再次被捕**：林昭，〈致《人民日報》編輯部〉，頁三三～三四；林昭，〈戰場日記〉一九六七年二月十八日。**據稱院長粟宗華**：張敏，〈林昭胞妹彭令范訪談錄〉；蘇州張先生電話訪談錄，二〇一四年七月十七日。張採訪了林昭五〇年代末和六〇年代初的同學和朋友。據他言，無一人認為當時林昭精神不正常。

21. 林昭，〈致《人民日報》編輯部〉，頁一四、三三。

22. 林昭，〈致《人民日報》編輯部〉，頁三三～三四；附錄之六，〈上海市靜安區人民檢察院起訴書〉（加注）。

23. 袁淩，〈上海檔案裡的「反革命」〉；袁淩，〈提籃裡的囚徒〉；尹曙生，〈毛澤東與第三次全國公安會議〉。

24. **所知甚少**：林昭，〈致《人民日報》編輯部〉，頁五五、一一七；林昭，〈靈耦絮語〉，一九六五年八月二十四日。**自殺未遂**：上海市公安局勞改局，〈林昭案加刑材料〉；林昭，〈戰場日記〉，一九六七年二月十一日。

25. 林昭，〈致《人民日報》編輯部〉，頁三三～三四，附錄之六，〈上海市靜安區人民檢察院起訴書〉（加注）；趙銳，《祭壇上的聖女—林昭傳》，附件五（朱紅訪談錄），頁三六八～三八二。

26. 彭令范，〈我的姐姐林昭〉，頁五五～五六；彭令范，〈在思想的煉獄中永生〉，頁二〇；張敏，〈林昭胞妹彭令范訪談錄〉。林昭應該是一九六二至一九六三年間在提籃橋審前羈押時遇到俞以勒。據彭令范回憶，林昭在一九六二年保外就醫時曾說自己在獄中遇見了俞以勒。實際上林昭之前被關在第二看守所，俞以勒則羈押於提籃橋。有關俞以勒及靈修神學院，見陳陽，〈林昭、汪純懿、俞以勒以及中國教會〉。另見Kevin Xiyi Yao, *Fundamentalist Movement*, p. 287；郭偉聯，《反對合一？！：賈玉銘，基要主義與合一運動的糾結》（香港：天道出版社，二〇〇二年），頁五八；邊雲波，〈建國前的神學教育和華人教師〉，https://www.churchchina.org/archives/we151007.html。基督徒靈修院創

九月二十九日。

7. 林昭,〈個人思想歷程的回顧與檢查〉。
8. 重新調整的經濟政策稱為「調整,鞏固,充實,提高」八字方針,見〈中國共產黨第八屆中央委員會第九次全體會議公報〉,一九六一年一月二十日,http://www.yhcw.net/famine/Documents/d020202s.html。
9. Jonathan D. Spence, *The Search for Modern China*, p.559-560;另見薛暮橋,〈「大躍進」中我隨陳雲同志下鄉調查〉,二〇〇六年五月一日,http://www.gmw.cn/02sz/2006-05/01/content_437944.htm。
10. 林昭,〈個人思想歷程的回顧與檢查〉。
11. 林昭,〈致《人民日報》編輯部〉,頁九。
12. **林昭保外就醫**:〈上海市靜安區人民檢察院起訴書〉;張敏,〈林昭胞妹彭令范訪談錄〉。林昭寫在該起訴書上的批註中提到,她在一九六二年並未主動要求保外就醫。「是你們叫人『保外就醫』去的!沒有誰個求『准』」。**頭戴白花**:林昭,〈父親的血〉;羊華榮,〈回首往事〉,頁一四二。
13. 林昭,〈致《人民日報》編輯部〉,頁三二。
14. **書面答辯**:林昭,〈致《人民日報》編輯部〉,附錄之六,〈上海市靜安區人民檢察院起訴書〉(加注);〈上海市高級人民法院刑事判決書(八一)滬高刑申字第二三四六號〉,一九八一年十二月三十日。**你有病嗎?**:林昭,〈致《人民日報》編輯部〉,頁三三。原文未提「法官」,但彭令范,〈我的姐姐林昭〉一文中(頁五六)有:「法官問:你有病嗎?」
15. 倪競雄訪談錄,上海,二〇一四年五月五日。林昭與胡子衡見面後找到倪競雄並告知見面經過。
16. 林昭,〈致《人民日報》編輯部〉,頁一三、三三;附錄之六,〈上海市靜安區人民檢察院起訴書〉(加注)。
17. **起草「政治綱領」**:林昭,〈致《人民日報》編輯部〉,附錄之六,〈上海市靜安區人民檢察院起訴書〉(加注)。「中國自由青年戰鬥聯盟」的名稱最早似乎是一九六〇年《星火》籌辦期間由張春元提出的。**便衣警察的監視**:趙銳,《祭壇上的聖女——林昭傳》,附件五(朱紅訪談錄),頁三六八~三八二。
18. 林昭,〈致《人民日報》編輯部〉,頁三三~三四;附錄之六,〈上海市靜安區人民檢察院起訴書〉(加注);上海市公安局勞改局,〈林昭案加刑材料〉;林

45. 劉發清訪談錄，引自 胡傑，《尋找林昭的靈魂》。
46. 林昭，〈個人思想歷程的回顧與檢查〉。
47. 譚蟬雪，《求索》，頁六二、九六。
48. 林昭，〈普洛米修士受難的一日〉。
49. **燒毀《星火》第二期稿件**：譚蟬雪，《求索》，頁一〇四～一〇七、二五六、二六一。**十月二十四日**：上海市靜安區人民檢察院，〈起訴書〉。**我們家完了**：張敏，〈林昭胞妹彭令范訪談錄〉。
50. 林昭，〈父親的血〉；倪競雄訪談錄，二〇一四年五月五日。
51. 張敏，〈林昭胞妹彭令范訪談錄〉；程榮華、崔學法，〈還史事以公正〉。

第五章　玉碎

1. 李爾王引語，見莎士比亞，《李爾王》，第一幕第五場景。巴斯卡引語見Michele Foucault, *Madness and Civilization*, p.ix.
2. Kiely, *Compelling Ideal*, p.166；徐家俊《上海監獄的前世今生》，頁七五～七七、九二～九三、一〇二～一〇三；另見薛理勇〈老上海的監獄〉。上海第二看守所於一九八五年停用，於一九九四年拆除。見《上海公安志》。
3. 譚蟬雪，《求索》，頁一一六～一二一、一三〇～一三二；另見胡傑，《尋找林昭的靈魂》中對原甘肅省天水看守所所長白振傑的採訪。據白振傑介紹，張春元被指控在獄中串連犯人準備逃跑，所以被判死刑。一九七〇年的「一打三反」運動特別針對所謂的「反革命破壞活動」，同時也反貪污盜竊、投機倒把和鋪張浪費。
4. Kiely, *Compelling Ideal*, pp.1, 4-7。
5. 林昭，〈個人思想歷程的回顧與檢查〉；彭令范，〈我的姐姐林昭〉，頁五六。這份二十萬字的〈思想日記〉可能至今仍保留在林昭的監獄正檔（本）內。馬克思的引語見《政治經濟學批判》（一八五九）序言，https://www.marxists.org/chinese/marx-engels/13/001.htm。毛澤東的《矛盾論》引語見https://www.marxists.org/reference/archive/mao/selected-works/volume-1/mswv1_17.htm。
6. 羊華榮，〈回首往事〉，頁一四二；李怡，〈古怪歌〉，《蘋果日報》，二〇〇九年

能一直改到一九五九年才定稿。見甘粹，〈林昭情人〉。據譚蟬雪記載，林昭在一九五九年九月寄了一份〈海鷗〉詩稿給孫和。見譚蟬雪，《求索》，頁九六。〈起訴書〉稱林昭詩於一九五八年寄出。

27. 林昭，〈海鷗〉。
28. 拼音「ang」 在詩中被用作尾韻。
29. 林昭，〈個人思想歷程的回顧與檢查〉。
30. 林昭，〈調換粥米〉。
31. 譚蟬雪，《求索》，頁四～二二、九六；林昭，〈個人思想歷程的回顧與檢查〉。其中林昭提到她曾手抄一份〈海鷗〉與北京的朋友們分享。
32. 譚蟬雪，《求索》，頁二二 ；甘粹，〈林昭情人〉。
33. 林昭，〈普洛米修士受難的一日〉。
34. 楊繼繩，《墓碑》，頁五三一～五三六；Spence, *The Search for Modern China*, 547-553.
35. 彭德懷致毛澤東信，一九五九年七月十四日，見 http://cpc.people.com.cn/GB/64184/64186/66666/4493320.html；Spence, *The Search for Modern China*, 551-53；楊繼繩，《墓碑》，頁五三七～五三八。
36. 譚蟬雪，《求索》，頁一一～一二。
37. 同上，頁二七～六二。
38. 林昭，〈個人思想歷程的回顧與檢查〉。
39. 同上；譚蟬雪，《求索》，頁九七。
40. 譚蟬雪，《求索》，頁二二。
41. 同上，頁二八。
42. 同上，頁二九～五三、二四六 ；胡傑，《星火》。
43. **一九五八南共聯盟代表大會：**捷夫，〈南斯拉夫〉；Miller, *Nonconformists*, 100. **林昭得到綱領草案印本：**譚蟬雪，《求索》，頁九八；上海市勞改局，〈林昭案加刑材料〉。另見〈修正主義的要害是否認党的領導和無產階級專政〉，《人民日報》社論，一九五八年五月五日。**林昭參與起草綱領：**譚蟬雪，《求索》，頁九九；林昭，〈個人思想歷程的回顧與檢查〉；上海市勞改局，〈林昭案加刑材料〉。
44. 譚蟬雪，《求索》，頁六三～八五。

動教養」，見〈中共中央關於徹底肅清暗藏的反革命分子的指示〉，一九五五年八月二十五日，載宋永毅等，《中國五十年代》。

7. 魏承思，《中國知識份子》，頁一七六；丁舒，《陽謀》，頁二二二。
8. 摘自孫言誠，〈郭沫若和秦始皇〉。
9. 巴金回憶文字，引自魏承思，《中國知識份子》，頁一八三。
10. 〈海枯石爛絕不動搖：李濟深在社會主義自我改造促進大會上的講話〉，《人民日報》，一九五八年三月十七日；魏承思，《中國知識份子》，頁一八一。
11. 江菲，〈尋找林昭〉。
12. 張元勳，《北大一九五七》，頁三一二～三一三。
13. 譚天榮回憶文字，引自胡傑，《尋找林昭的靈魂》。
14. 甘粹，〈林昭情人〉；張元勳，《北大一九五七》，頁三一二～三一三。
15. 沈澤宜，〈北大，五月十九日〉，頁七八。
16. 陳奉孝，〈興凱湖紀事〉；袁淩，〈毛澤東時代〉；沈澤宜，〈北大，五月十九日〉，頁一二二；〈那些「需要被勞教」的人〉。
17. 林昭，〈悲憤詩〉。
18. 甘粹，〈林昭情人〉；甘粹，《北大魂》；甘粹訪談錄，北京，二〇一三年六月二日；艾曉明，〈「因為我心中還有個林昭」〉。
19. 李克，〈北京三自會〉，http://www.chinainperspective.com/ArtShow.aspx-?AID=14045。
20. 甘粹，〈林昭情人〉；甘粹訪談錄。
21. 甘粹，〈林昭情人〉；甘粹，《北大魂》。一九五四年七月，政府批准的三自教會在燈市口教堂宣告成立。
22. 甘粹，〈林昭情人〉；張敏，〈林昭胞妹彭令范訪談錄〉；蘇州張先生電話採訪錄，二〇一四年七月十七日。
23. 上海國際禮拜堂的管風琴由奧斯丁風琴公司於一九三〇年製作。 見 http://www.clacklinevalleyolives.com.au/pipeorgan/China/China.html。
24. 甘粹，〈林昭情人〉；甘粹訪談錄。
25. 汪甯生，〈林昭印象〉。
26. 林昭，〈個人思想歷程的回顧與檢查〉；另見上海市勞改局，〈林昭案加刑材料〉和上海市靜安區人民檢察院，〈起訴書〉。 詩完稿後，林昭繼續修改，可

牆進入南斯拉夫大使館，但他的庇護申請遭到拒絕，被送出使館。

83. **北大六百人左右劃為右派**：王友琴，〈從受難者看反右和文革的關聯〉；張元勳，《北大一九五七》，頁三五八。當時教職員工總數是一千三百九十九名。**右派總數**：官方對右派總人數的估計為五十五萬，主要是幹部。學生和其他不從政府領薪的人未被計算在內。見丁舒，《陽謀》，頁二〇〇～二〇六；丁舒，《五十年後》，頁一九四～二〇三。丁估計右派總數超過一百二十萬人。Courtois et al., *Black Book of Communism* (p.485),估計右派總數在四十萬到七十萬之間。
84. 林木，〈又一位右派老人〉；朱毅，〈陳奉孝〉。
85. **加冕成為右派**：林昭致彭令范，一九五八年，摘自陳偉斯，〈林昭之死〉，頁四。**桂冠的份量**：譚天榮，〈一個沒有情節的愛情故事〉，頁一七三。
86. 林昭，〈致《人民日報》編輯部〉，附錄之六，〈上海市靜安區人民檢察院起訴書〉（加注）。
87. 林昭致彭令范，一九五八年，摘自陳偉斯，〈林昭之死〉，頁四。
88. 林昭，〈個人思想歷程的回顧與檢查〉。
89. 林昭，〈致《人民日報》編輯部〉，頁二五。

第四章　星火

1. 林昭，〈血詩題衣並跋〉。毛曾作「狂飆為我從天落」。見毛澤東，〈蝶戀花·從汀州向長沙〉，一九三〇。
2. 孫文鑠，〈血濺羅裙〉，頁一六〇～一六一；另見張元勳，《北大一九五七》，頁三一二。據孫文鑠稱，一九五八年林昭曾第二次自殺未遂。
3. 陳偉斯，〈林昭之死〉，頁四。
4. 林昭，〈絕命書〉。見陳偉斯，〈林昭之死〉，頁四。
5. 林昭，〈第一個音〉。
6. 〈中共中央國務院關於在國家薪給人員和高等學校學生中的右派分子處理原則的規定〉，一九五八年一月十三日，摘自宋永毅等，《中國反右運動》；沈志華，《思考與選擇》，頁六八五～六八六；魏承思，《中國知識份子》，頁一七六；丁舒，《陽謀》，頁二一四。另見孫文鑠，〈血濺羅裙〉，頁一六〇。有關「勞

67. **〈事情正在起變化〉**：毛澤東，〈事情正在變化〉；沈志華，《思考與選擇》，頁六一九。**《人民日報》發表社論**：〈這是為什麼？〉，《人民日報》社論，一九五七年六月八日。
68. 沈澤宜，〈北大，五月十九日〉，頁一〇三～一〇四。
69. 沈澤宜，〈我向人民請罪〉，頁二四一～二四七；沈澤宜訪談錄，二〇一四年七月十五日。
70. **北大反右運動**：張元勳，《北大一九五七》，頁二一三～二三七。**學生指望**：張元勳，〈北大往事〉，頁八七；沈澤宜訪談錄。
71. **學生被祕密逮捕**：張元勳，《北大一九五七》，頁二五六～二六一。**「右派殺人罪」**：陳奉孝，〈我所知道的北大整風反右運動〉；丁舒，《陽謀》，頁二一九。
72. 馬靜元、冷辛，〈林昭〉；張元勳，《北大一九五七》，頁二五八；沈澤宜，〈北大，五月十九日〉，頁一二三。
73. 丁舒，《陽謀》，一五七、一八七。
74. 同上，頁二二〇、二二二。有關朱家玉事件見張元勳，《北大一九五七》，頁二五九～二六〇；季羨林，《夢縈未名湖》。頁五六〇。
75. 張敏，〈林昭胞妹彭令范訪談錄〉
76. 林昭，無名詩，引自張元勳，〈北大往事〉，頁九〇。
77. 張元勳，《北大一九五七》，頁二七四。
78. 羊華榮，〈回首往事〉，頁一三六。
79. 羊華榮，〈回首往事〉，頁一三六～一三八。他倆可能有過性關係，見本書第八章結尾處。蘇州的張先生和朱毅（訪談中）都說林昭和羊發生了親密的戀愛關係。
80. **陳奉孝試圖逃離**：〈北京市人民檢察院〉；陳奉孝，〈我所知道的北大整風反右運動〉；沈澤宜，〈北大，五月十九日〉，頁一一六。**偷越國境勾結帝國主義**：上海市靜安區人民檢察院，〈起訴書〉；**陳稱之為捏造**：陳奉孝致朱毅，二〇〇八年十月九日，http://blog.sina.com.cn/s/blog_497d291f0102e6fi.html。
81. 林昭，〈個人思想歷程的回顧與檢查〉。
82. 宋永毅，《千名中國右派》。陳奉孝被點名為反革命集團主要成員。另見陳奉孝，〈我所知道的北大整風反右運動〉；張元勳，《北大一九五七》，頁二八七；彭令范，〈我的姐姐林昭〉，頁四一。一九五七年八月，陳奉孝到北京使館區翻

48. 王國鄉，〈北大民主運動紀事〉，頁二三～二七；錢理群，〈不容抹殺的思想遺產〉，頁十；沈澤宜，〈北大，五月十九日〉，頁十、十三。臨時布告板稱為「席欄」，見張元勳，《北大一九五七》，頁二五一～二五二。
49. 牛漢、鄧九平，《原上草》，頁四一～四二。
50. **譚天榮大字報**：譚天榮，〈第二株毒草〉，頁三〇～三四。**自五四以來**：Spence, *Search for Modern China*, p.542.
51. 牛漢、鄧九平，《原上草》，頁二三〇。
52. 沈澤宜，〈北大，五月十九日〉，頁七～九。
53. 林昭，〈這是什麼歌〉。
54. 任鋒（林昭），〈黨，我呼喚……〉。
55. 林昭，〈個人思想歷程的回顧與檢查〉。
56. 同上。
57. 張元勳，〈北大往事〉，頁八三～八四；另見林昭，〈個人思想歷程的回顧與檢查〉；王國鄉，〈北大民主運動紀實〉，頁二三。
58. 張元勳，〈北大往事〉，頁八四。
59. 沈澤宜，〈北大，五月十九日〉，頁五四。
60. 張元勳，《北大一九五七》，頁一二〇～一二二；張元勳，〈廣場發刊詞〉，頁一九～二〇。
61. 張元勳，〈北大往事〉，頁八四、一五八。
62. 張元勳，《北大一九五七》，頁二二六；張元勳，〈北大往事〉，頁八一。
63. **幕後參謀者**：馬靜元、冷辛，〈林昭〉，頁三三七～三三八；張元勳，〈北大往事〉 ，頁一五八；張元勳，《北大一九五七》，頁二二六～二二七。**實屬誇張**：沈澤宜訪談錄。沈否認林昭在《廣場》裡擔任過積極角色。
64. 沈志華，《思考與選擇》，頁五三六～五四一。
65. 章詒和，《最後的貴族》，頁四六～五一。
66. **反右運動**：Spence, *Search for Modern China*, 541-43; Courtois et al., *Black Book of Communism*, 485；魏紫丹，〈毛澤東引蛇出洞考〉。**陽謀**：Chang and Halliday, Mao, 410. 另見沈志華，《思考與選擇》，頁五六三～五六四。沈則認為，毛發表「陽謀」論是為了表示右派言論早在他的預料之中，以遮蓋他對社會局勢的誤判。

29. **林昭興趣廣泛**：張元勳，〈北大往事〉，頁六九。**跳交誼舞**：倪競雄，〈沙雕美食〉，頁一七〇。另見沈澤宜，〈北大，五月十九日〉，頁七三。
30. **愛與人逗嘴**：張元勳，〈北大往事〉，頁六九；**飯廳進行曲**：張玲，〈幽明心語〉，頁一二一；**拂袖而去**：汪甯生，〈林昭印象〉。
31. 張元勳，〈北大往事〉，頁七一；謝泳，〈《紅樓》雜誌研究〉。
32. **《紅樓》創刊號**：林昭，〈坦克〉，《紅樓》第一期（一九五七年一月）。**《紅樓》第二期**：林昭，〈編後記〉，見張元勳，〈北大往事〉，頁七七～七八。
33. 見廖亦武，《中國底層訪談錄》，頁一九二～一九九。
34. Courtois et al., *Black Book of Communism*, pp.485；丁舒，《陽謀》，頁五二；李維民，〈一九五五年〉。
35. 沈澤宜，〈吾父，吾鄉〉，頁二三四；劉奇弟，〈白毛女申冤〉，一九五七年五月二十日，摘自沈澤宜，〈北大，五月十九日〉，頁一一～一二。
36. **同情胡風的觀點**：林昭，〈父親的血〉。**受到批判**：林昭，〈個人思想歷程的回顧與檢查〉。
37. 沈澤宜，〈北大，五月十九日〉，頁七四～七六。
38. 林昭，〈致《人民日報》編輯部〉，頁二五；林昭，〈個人思想歷程的回顧與檢查〉。
39. 汪甯生，〈林昭印象〉。
40. 徐言，〈翩然《紅樓》座上客〉，頁三四四。
41. **對党的信念堅定不移**：林昭，〈種籽〉。**我們親愛的父親**：林昭，〈斯大林鼓舞我們永遠前進〉。
42. 林昭，〈種籽〉。
43. **蘇聯式的「五年計劃」**：MacFarquhar and Fairbank, *Cambridge History of China*, p. 155；**左家情懷**：張元勳，《北大一九五七》，頁二二七。
44. 林昭，〈石獅〉。
45. 毛澤東，〈關於正確處理人民內部矛盾的問題〉，https://www.marxists.org/chinese/maozedong/marxist.org-chinese-mao-19570227AA.htm。這裡摘錄毛的原始講話，未包括一九五七年六月出版的修改版內容。
46. 沈澤宜、張元勳，〈是時候了〉，摘自沈澤宜，〈北大，五月十九日〉，頁三。
47. 沈澤宜，〈北大，五月十九日〉，頁五三。

慾相爭」一句。此處引用的其他《聖經》文字見《新約聖經》腓立比書3：8-14，19；提摩太后書4：8。

11. 林昭致倪競雄，一九五二年三月十三日。
12. 同上。
13. 林昭致倪競雄，一九五二年三月十三日；一九五二年紅五月。
14. 見沈澤宜，〈吾父，吾鄉〉，頁二二八。
15. 炎章、苓（林昭筆名）整理，〈總結成績，投入新戰鬥〉，《常州民報》一九五四年一月三日；另見《林昭文集》收錄的林昭在一九五三至一九五四年間寫的其他報導。
16. 林昭，〈一個優秀的少年兒童隊員〉。一九五三年，〈中國少年兒童隊〉更名為〈中國少年先鋒隊〉。
17. 林昭致倪競雄，一九五二年紅五月；一九五二年十二月十日。
18. 同上，一九五二年三月十三日。
19. 陳叔方，〈林昭二三事〉，頁二四一。
20. **調到常州市文聯**：錢惕明等，〈今日紅花髮——憶林昭同志〉，頁二三五。**報考北京大學**：林昭，〈致《人民日報》編輯部〉，頁二四；另見沈澤宜，〈北大，五月十九日〉，頁七三。
21. 林昭，〈個人思想歷程的回顧與檢查〉。
22. 見錢耕森，〈戊戌新政破產，京師大學堂何以倖存？〉，《中華讀書報》一九九八年九月十六日，http://world.haiwainet.cn/n/2015/1015/c345796-29255562.html。
23. West, *Yenching University*, p. 38; Bays and Widmer, *China's Christian Colleges*, pp. 51-55.
24. 林昭，〈未名湖畔〉。
25. 林昭，〈個人思想歷程的回顧與檢查〉；張元勳，〈北大往事〉，頁六八。
26. 沈澤宜，〈北大，五月十九日〉，頁四三；張元勳，〈北大往事〉，頁六九～七〇；羊華榮，〈回首往事〉，頁一三五。
27. 張元勳，〈北大往事〉，頁六九。
28. **沈澤宜寫道**：沈澤宜，〈吾父，吾鄉〉,頁二一六；沈澤宜，〈北大，五月十九日〉，頁七三。**張玲回憶**：張玲，〈幽明心語〉，頁一二〇。

三日；倪競雄，〈沙雕美食〉，頁一七九～一八〇。

77. 倪競雄訪談錄，二〇一四年五月五日；林昭致倪競雄，一九五二年三月十三日。

78. 林昭，〈致《人民日報》編輯部〉，頁二四。。

79. Djilas, *New Class*, p. 47.吉拉斯原是一名遊擊隊戰士，後來成為南斯拉夫共產黨的政治局委員，曾被認為將是鐵托的繼承人。一九五〇年代初期他發表言論，表示對共產黨所抱的幻想破滅，於一九五四年被清洗出黨。一九五七年他發表了《新階級：對共產主義制度的分析》一書，成為早期的一面反共旗幟。

80. 同上，頁二八。

第三章　冠冕

1. 林昭致倪競雄，一九五二年三月十三日。
2. 陳叔方，〈林昭二三事〉，頁二四〇；錢惕明等，〈今日紅花發—— 憶林昭同志〉，頁二三五。
3. 林昭致倪競雄，一九五二年三月十三日和紅五月。
4. 林昭致倪競雄，一九五二年紅五月；倪競雄，〈沙雕美食〉，頁一八六。
5. 林昭致倪競雄，一九五二年三月十三日。
6. **許憲民試圖自殺**：張敏，〈林昭胞妹彭令范訪談錄〉。**約十萬人自殺**：〈本世紀中國動盪時期死亡人數一覽表〉，http://www.cnd.org/HXWK/column/Editor-Reader/cm9605d-10.gb.html。表裡估計兩次運動共造成十萬人死亡。另見Rummel, *China's Bloody Century*, p.228.此書稱可能有二十萬人自盡；**上海市長陳毅**：丁舒，《陽謀》，頁二四。
7. **逼得我沒辦法**：陳偉斯，〈林昭之死〉，頁三。**與家庭和解**：張敏，〈林昭胞妹彭令范訪談錄〉。
8. 林昭致倪競雄，一九五二年三月十三日；一九五一年三月五日。
9. 林昭致倪競雄，一九五一年三月二十九日；一九五一年六月二十六日。
10. 林昭致倪競雄，一九五一年十月十四日。《新約聖經》加拉太書5：16-17有「你們當順著聖靈而行，就不放縱肉體的情慾了。因為情慾和聖靈相爭，聖靈和情

法部發出通告才正式廢除。見http://news.xinhuanet.com/legal/2007-03/12/content_5833204.htm。

58. 李茂章，〈流芳千古〉，頁二三〇～二三二。
59. 同上。
60. 同上。
61. 林昭致陸震華，一九五一年三月一日；林昭致倪競雄，一九五一年三月五日。
62. 林昭致倪競雄，一九五一年六月二十九日；李茂章，〈流芳千古〉，頁二三二～二三三。
63. 林昭致倪競雄，一九五一年三月五日，其中林昭摘錄了自己日記的片段。
64. 林昭致陸震華，一九五一年五月二十五日。
65. **母親成了我們的朋友**：林昭致陸震華，一九五一年五月二十五日。**母親近日來信**：林昭致倪競雄，一九五一年六月二十九日。關於鎮壓反革命，見Courtois et al., *Black Book of Communism*, pp. 482-483；楊奎松，〈新中國「鎮壓反革命」運動研究〉。
66. **淹沒「小資產階級」情懷**：一九五〇年十一月至一九五二年十二月期間林昭致倪競雄的信。其中，一九五〇年十一月二十日、一九五一年一月七日和一九五一年四月十四日的信特別提及她的追求者帶給她的困境。**未能消除的憂鬱**：同上；倪競雄訪談錄，二〇一四年五月五日。
67. 林昭致倪競雄，一九五〇年十一月二十日。
68. 同上，一九五一年四月十四日。
69. 同上。
70. 同上，一九五〇年十一月十二日。
71. 同上，一九五一年八月十九日；倪競雄訪談錄，二〇一四年五月五日。
72. 倪競雄訪談錄，二〇一四年五月五日；林昭致倪競雄，一九五一年八月十九日。另見倪競雄，〈沙雕美食〉。
73. 林昭致倪競雄，一九五一年六月二十六日，一九五二年十二月十日。
74. 倪競雄訪談錄，二〇一七年六月十三日。
75. 倪競雄訪談錄，二〇一四年五月五日；林昭致倪競雄，一九五二年三月十三日。
76. 倪競雄訪談錄，二〇一四年五月五日；另見林昭致倪競雄，一九五二年三月十

40. **不願當空頭文學家**：倪競雄，〈沙雕美食〉，頁一七一。**而是想參加土改**：林昭致陸震華，一九五〇年四月十三日。

41. 林昭致陸震華，一九五〇年六月七日。

42. Spence, *Search for Modern China*, pp. 491-92；另見政務院，〈人民法庭組織通則〉。

關於土改中的死亡人數，見Courtois et al., *Black Book of Communism*, pp. 479, 483；楊奎松，〈中共土改的若干問題〉；另見MacFarquhar and Fairbank, *Cambridge History of China*, p. 87。後者估計被處決人數在一百萬與兩百萬之間。Courtois et al.估計死亡人數最低一百萬、最高五百萬。

43. 林昭致陸震華，一九五〇年十月十一日；林昭致倪競雄（沈棣），一九五一年一月七日。

44. **工作隊員徵糧被殺**：MacFarquhar and Fairbank, *Cambridge History of China*, p. 84。**下餛飩**：倪競雄訪談錄，二〇一四年五月五日。

45. **夜晚寫作**：林昭致陸震華，一九五〇十月十一日。**蘇州方言短劇**：倪競雄訪談錄，二〇一四年五月五日。

46. 林昭致倪競雄，一九五一年三月五日；一九五一年三月二十九日。

47. 林昭致陸震華，一九五一年五月二十五日。

48. 張敏，〈林昭胞妹彭令范訪談錄〉；林昭，〈靈耦絮語〉，一九六五年七月四日，八月十一日。

49. 林昭致陸震華，一九四九年十一月十七日。

50. 同上，一九五一年五月十日。

51. 同上，一九五一年五月二十五日。

52. 毛澤東，〈湖南農民運動考察報告〉，https://www.marxists.org/chinese/maozedong/marxist.org-chinese-mao-192703.htm。

53. 林昭，〈父親的血〉。

54. **讀魯迅作品**：林昭，「種籽」。**魯迅有一段故事**：魯迅，〈自序〉。

55. 魯迅，〈藥〉。

56. 林昭致倪競雄，一九五一年三月二十九日。

57. 林昭致母親，一九六八年一月十四日。對死刑犯進行遊街示眾和公開執行處決的做法，一直延續到二〇〇七年最高法院和最高人民檢察院向公安部和司

（石家莊：河北人民出版社，二〇〇一），頁三五八～三六三。

23. 毛澤東，〈在延安文藝座談會上的講話〉，一九四二年五月，https://www.marxists.org/chinese/maozedong/marxist.org-chinese-mao-194205.htm。

24. 林昭、萱如，〈望穿眼睛到今朝——記一個農民的控訴〉。

25. 林昭致倪競雄（沈棣），一九五一年三月五日。

26. 歐陽英（林昭筆名），〈黃昏之淚〉。

27. 林昭致陸震華，一九四九年十月二日，一九四九年十一月十七日。

28. 同上，一九四九年十月九日。

29. 毛澤東，〈關於領導方法的若干問題〉，一九四三年六月一日， https://www.marxists.org/chinese/maozedong/marxist.org-chinese-mao-19430601.htm 。

30. 林昭致陸震華，一九四九年八月十日，一九五一年三月一日，一九五一年五月十日。

31. **陸震華愛著林昭：**林昭致陸震華，一九五一年八月三十日，九月十二日，十一月十日。**我是鐵石心腸：**同上，一九五一年五月十日。

32. 林昭致陸震華，一九四九年十月二日。

33. 同上，一九四九年十月十八日。

34. **兩次回到蘇州：**林昭致陸震華，一九五〇年三月十一日，一九五一年八月三十日。**妻子否決：**林昭，〈父親的血〉。**母系社會女性中心的傳統：**林昭，〈靈耦絮語〉，一九六五年七月三日；另見張敏，〈林昭胞妹彭令范訪談錄〉。彭令范稱，許憲民不讓彭國彥帶他們唯一的兒子彭恩華去臺灣，而彭國彥則不願撇下兒子赴臺。

35. **彭國彥拒絕低頭認罪：**林昭，〈父親的血〉；張敏，〈林昭胞妹彭令范訪談錄〉。**收聽「美國之音」：**趙銳，《祭壇上的聖女》，頁三一。

36. **許憲民與人合辦汽車公司：**蘇州市志有關許憲民的記載，見許覺民，《林昭，不再被遺忘》，頁十七；彭令范，〈林昭案卷的來龍去脈〉。**林昭告訴陸震華：**林昭致陸震華，一九五一年三月一日。

37. 林昭致陸震華，一九五一年三月一日；一九五〇年四月十三日。

38. **新專生活：**林昭致陸震華，一九五〇年四月十三日。**為人民說話：**林昭，〈燦爛的一天〉。

39. 倪競雄訪談錄，二〇一四年五月五日。

「士」到現代知識人〉。

3. 見毛澤東，〈大量吸收知識分子〉，《毛澤東選集》第二卷，頁六一八。
4. 李茂章，〈流芳千古〉，頁二二九～二三〇。
5. 吳鎔，〈新記者的搖籃〉，二〇一二年七月五日。
6. 同上；蘇南新聞專科學校畢業紀念冊編委會，《蘇南新聞專科學校畢業紀念冊》（一九五〇年？）。這些作家和新聞工作者包括顧驤、林斤瀾、高曉聲、陳偉斯和陸佛為。
7. 任峰（林昭筆名），〈下鄉前幾天〉；林昭致陸震華（金聲），一九四九年九月一日；倪競雄訪談錄，上海，二〇一四年五月五日。
8. 任峰，〈下鄉前幾天〉。
9. 同上。
10. 高華，《紅太陽是怎樣升起的》，頁一九一。
11. **反省筆記**：高華，《紅太陽是怎樣升起的》，頁二三八、二七八。**比孫行者的金箍**：見毛澤東，〈關於整頓三風〉（一九四二年四月二十日），載《黨的文獻》一九九二年第二期，引自高華，《紅太陽是怎樣升起的》，頁二三八。
12. Courtois et al., *Black Book of Communism*, p. 474.
13. 《中國共產黨黨章》(1945)。其中，「批評和自我批評」可以追溯到一九三〇年代蘇聯推行的政治儀式。
14. 彭令昭（林昭前用名），〈我怎樣認識「思想檢查」的重要〉。
15. 見 Eric Hoffer, *The True Believer*, p. 13.
16. Schwarcz, *Chinese Enlightenment*, p. 186. 另見 Grieder, *Intellectuals and the State*, p. 289.
17. **熟練的工匠**：Grieder, *Intellectuals and the State*, p. 283；**日本侵華和國共內戰期間**：見Schwarcz, *Chinese Enlightenment*, pp. 196-222.
18. 高華，《紅太陽是怎樣升起的》，頁二五五～二六一。
19. 彭令昭，〈我的寫稿體驗〉。
20. 梅齡、令昭（林昭），〈我們相親相愛就像兄弟姐妹〉；彭令昭，〈在勞動戰線上〉。
21. 彭令昭，〈唱一九五零年〉；彭令昭，〈小妹妹去送參軍郎〉。
22. Spence, *Gate of Heavenly Peace*, pp. 277-80；丁玲，〈某夜〉，《丁玲全集》(3)

tianity in China, 十二到十四章。**最熱衷的室內運動**：John Dewey, "Old China and New," *Asia* 21, no. 5 (May 1921), 引自Bays and Widmer, *China's Christian Colleges*, p. 193.

54. Bradshaw, *China Log*, p.39。
55. 同上，p.65。
56. 同上，p.46。
57. 同上，p.132；林昭，〈去年三八〉。
58. 林昭，〈致《人民日報》編輯部〉，頁二三。
59. 林昭，〈去年三八〉。
60. 同上；陸震華,〈林昭三十一年祭〉。
61. 林昭致金聲（陸震華），一九五一年三月一日。
62. 林昭，〈靈耦絮語〉，一九六五年八月二十日。
63. **父母期望她上大學**：彭令范，〈姐姐！你是我心中永遠的痛〉。**蘇南區委在無錫開辦**：華中、蘇南新專校友，《校友通訊》，二〇〇四年六月。
64. 張敏，〈林昭胞妹彭令范訪談錄〉。
65. 陳偉斯，〈應共冤魂語〉，頁十九；方千（編），〈民國第一女刺客施劍翹〉，《樅陽線上》，二〇一〇年五月二七日，http://www.aqzyzx.com/system/2010/05/27/002183237.shtml。
66. 彭令范，〈我的姐姐林昭〉，頁六十。
67. 彭令范，〈我的姐姐林昭〉，頁四十；張敏，〈林昭胞妹彭令范訪談錄〉。

第二章　脫下皮鞋換草鞋

1. **作為高中畢業生**：一九三〇年代初中國政府提供給調查中國教育現狀的國際聯盟委員會的統計資料，見張慶軍、劉冰，〈略論民國時期的人口素質〉，《學海》二〇一四年六月。**以天下為己任**：約一千五百年前出現的這種觀點，其思想可追溯至孟子（西元前三七二～二八九年）。見《孟子·萬章下》：「思天下之民匹夫匹婦有不被堯舜之澤者，若己推而內之溝中——其自任天下之重也。」
2. 見余英時，《士與中國文化》（上海人民出版社，二〇〇三年），序言，〈從傳統

38. **斯諾祕密訪問延安：**Snow, *Red Star Over China*, "Preface to the revised edition," p.16. **中文版於一九三八年出版：**高華，《紅太陽是怎樣升起的》，頁一九四。**僅一九三八年：**龔雲，〈延安時期黨與知識分子的關係〉。

39. Jane Perlez, "China Maintains Respect, and a Museum, for a U.S. General," *New York Times*, February 23, 2016.

40. **用林昭的話來說：**林昭，〈致《人民日報》編輯部〉，頁二三。**四年內戰期間：**孫應帥，〈九十年來中國共產黨黨員數量與結構的變化與發展〉，《光明日報》二〇一一年七月五日。一九四五年中共黨員總數為一百二十一萬。

41. Bradshaw, *China Log*, pp.140-41.

42. **兩者關係特別密切：**見連曦，《浴火得救》第六章。**林昭的舅舅許金元：**〈許金元〉。

43. **從教會流向中共：**見Lian Xi, *Redeemed by Fire*, pp. 133-37。**王牧師的真名：**Snow, *Red Star Over China*, pp.46-47, 50-51; Philip L. Wickeri, *Reconstructing Christianity in China*, pp.24-25.

44. **紅色堡壘：**葉介甫，〈傳奇牧師董健吾〉。**董在三〇年代：**曾慶豹，《紅星與十字架》，頁八二～一一二；Chang, *Mao*, pp.175-76。董健吾在聖約翰大學的同學浦化人一度曾在「基督將軍」馮玉祥麾下任隨軍牧師，後於一九二七年祕密加入中共。董入黨是受浦的影響。

45. **迷途重歸的基督徒的良心：**林昭，〈致《人民日報》編輯部〉，頁三九。**當眾斥責神父：**李茂章，〈流芳千古〉，頁二三二。

46. **國民黨總之不免丟臉：**林昭，〈靈耦絮語〉，一九六五年七月二十日。**吳雷川稱耶穌是「革命家」：**見Lian Xi, *Redeemed by Fire*, p.198；West, *Yenching University*, p.168.

47. Stuart, *Fifty Years in China*, p.155.

48. Lian Xi, *The Conversion of Missionaries*, pp.88-89.

49. Emily Honig, "Christianity, Feminism, and Communism", pp.252, 255-60.

50. 同上，p.260.

51. 林昭，〈個人思想歷程〉 。

52. 林昭，〈去年三八〉。

53. **學生要求停課：**見 Lian Xi, The Conversion of Missionaries, 第一章；Bays, *Chris-*

月四日致作者的電郵中提到，萃英中學近林昭家，林昭就讀於萃英中學，直至一九四七年夏。萃英中學由美國長老會（美北長老會）於一八九二年創立。相關資訊見http://www.ctestimony.org/200205/sgzy19.htm. **一篇憂鬱的散文**：歐陽英（林昭筆名），〈黃昏之淚〉。

24. **多年之後，林昭在獄中寫道**：林昭，〈戰場日記〉，一九六七年二月十二日。**基督教與效率和講究實用**：林昭，〈致《人民日報》編輯部〉，頁八一。**吳耀宗寫道**：吳耀宗，《沒有人看見過上帝》，頁 二。
25. 見林昭，〈靈耦絮語〉，一九六五年七月十一日。
26. MacFarquhar and Fairbank, eds., *The Cambridge History of China*, Vol.14, pp. 149-150. 另見 "China: Inflation," http://www.country-data.com/cgi-bin/query/r-2731.html; Richard M. Ebeling, "The Great Chinese Inflation," http://fee.org/articles/the-great-chinese-inflation/。
27. Bradshaw, *China Log*, pp.135，138。
28. Methodist Episcopal Church, South, *Minutes*, p.38.
29. Bradshaw, *China Log*, p.37.
30. Bradshaw, *China Log*, pp.72-73.
31. 陸震華，〈林昭三十一年祭〉。陸文中有以下細節：「彭令昭在去景海以後，就在該校教師陳邦彥（地下黨員）的指引下，有了明確的奮鬥目標，而且在一九四八年暑假將她介紹到蘇女師支部楊願老師處，吸收入黨……九月的一個周末，也就是開過大地改組的館員大會之後約半個月，令昭忽然來到了我家，上樓進了我的房間。（她家離我家不遠，但彼此從未來去）我來不及招呼她坐下，她就說有事要告訴我，我問什麼事？於是她就靠在我那扇房門旁，邊笑邊輕聲告訴我：『我已經參加了組織。』」另見林昭，〈致《人民日報》編輯部〉，頁七，三四。
32. 林昭，〈致《人民日報》編輯部〉，頁二三。
33. 許覺民（編），《林昭，不再被遺忘》，頁二十。
34. 馮英子，〈許憲民二十年祭〉。
35. 陸震華，〈林昭三十一年祭〉。
36. 歐陽英（林昭），〈代與代〉。
37. 瞿秋白，〈餓鄉紀程〉。

12. **那些年間**：Peoplefinders (www.peoplefinders.com) 資料顯示，彭令范生於一九三八年九月十九日。彭恩華生於一九四四年十二月十七日。見"Edward Enhua Peng" (obituary), *Daily Herald*, August 5, 2004。另見黃惲，〈彭令昭的生日與名字〉。**一九四七年秋天**：陸震華，〈林昭三十一年祭〉；趙銳，《祭壇上的聖女》，頁三七。

13. "Laura Askew Haygood," *Georgia Women of Achievement*. http://www.georgiawomen.org/_honorees/haygood/；作者訪蘇州大學內景海女師原址，二〇一三年六月一日。另見 "General Statement," *Laura Haygood Normal School* 。該小冊稱，海淑德生前曾提議在蘇州創立一所女塾。監理會婦女海外佈道會(Woman's Board of Foreign Missions of the Methodist Episcopal Church, South)於一八九九年決定採納其建議。女塾建成時海淑德已離世，於是監理會將校名定為「景海」以作紀念。

14. MacGillivray, *A Century of Protestant Missions*, p. 424. 楊津濤，〈古代家庭的經濟史：一兩銀子的購買力〉，二〇一五年八月八日，http://history.sina.com.cn/bk/gds/2015-08-25/1001124924.shtml. 另見洪煥椿、羅侖，《長江三角洲地區社會經濟史研究》（南京大學出版社，一九八九），頁八四。

15. Bradshaw, *China Log*, pp. 78, 103, 144.

16.孫迎慶，〈天賜莊〉。吳貽芳於一九二八年成為金陵女子大學校長。另一位婦女教育先驅是楊蔭榆。楊曾於一九二五年短期擔任北京女師大校長。另見 Bradshaw, *China Log*, p. 24；〈景海女塾〉。

17. Bradshaw, *China Log*, pp.137，144。

18. 同上，pp. 29，35，38-39。

19. *The Laura Haygood Star*, Vol.3.

20. **一九四五年底復課**：Bradshaw, *China Log*, p.130. **有了這樣的關係**：蘇州張先生電話訪談錄，二〇一四年七月十七日；彭令范，〈我的姊姊林昭〉，頁二八。

21. Bradshaw, *China Log*, p.132-33.

22. **當年有十三個女學生**：Bradshaw, *China Log*, pp.132-33. **林昭受洗**：林昭，〈致《人民日報》編輯部〉，頁一一七。

23. **就讀萃英中學**：彭令范，〈我的姊姊林昭〉，頁二八 ；陸震華，〈林昭三十一年祭〉。陸文中所提的「蘇州華美中學」有誤（並無此校）。黃惲於二〇一六年二

3. 馮英子，〈許憲民二十年祭〉；黃惲，〈許憲民的婚姻〉；蘇州張先生訪談錄，二〇一七年六月十一日；上海市公安局勞改局，〈林昭案加刑材料〉。受許金元影響，許憲民曾短暫加入過共產黨，但一九二七年「四一二」事件後脫黨。
4. 林昭墓碑以及幾乎所有的紀念文章都把林昭出生日列為一九三二年十二月十六日。但蘇州學者黃惲根據一九三〇年代蘇州報刊有關報導得出林昭正確的出生日為西元一九三二年一月二十三日，即農曆辛未（羊）年十二月十六日。見黃惲，〈彭令昭的生日〉。林昭一九五二年二月的一首詩有「二十年，一夢過，宿孽重，折夢多」一句，可支持黃的推斷。見林昭致「親愛的朋友」（倪競雄），一九五二年十月二日。彭令范則認定林昭生於一九三二年「陰曆十一月十九日」即陽曆十二月十六日。見張敏，〈林昭胞妹彭令范訪談錄〉。
5. 馮英子，〈許憲民二十年祭〉；程榮華、崔學法，〈還史事以公正〉。馮英子稱彭曾於一九二六至一九二八年留學英國。此說被許多文章引用，但顯然不實。有關近代中國追尋富強之夢的歷史敘述，見Benjamin Schwartz, *In search of wealth and power*。
6. 錢文軍，〈中國廢除不平等條約簡況〉。南京政府稱，關稅自主權恢復後，三年內關稅收入增長三倍。
7. 程榮華、崔學法，〈邳州文史〉。
8. **彭許結婚**：黃惲，〈彭令昭的生日與名字〉。**劣跡碑**：程榮華、崔學法，〈還史事以公正〉；〈彭國彥請平反冤獄〉；黃惲，〈彭國彥邳縣案真相〉。
9. **五千萬之眾的難民潮**：Lacy, *The Great Migration*, “Preface”；**戰時的彭國彥、許憲民**：彭令范，〈我父母和林昭的墓地〉；馮英子，〈許憲民二十年祭〉；陳偉斯，〈應共冤魂語〉，頁二〇；程榮華、崔學法，〈邳州文史〉。程、崔稱彭 「抗戰期間在重慶，曾任國民黨中央黨部祕書、中央銀行科長等職」。彭稱許憲民曾被拘於上海；陳稱許被拘於蘇州。
10. 陳偉斯，〈林昭之死〉，頁二 。
11. **任中央銀行專員**：彭令范，〈我父母和林昭的墓地〉；程榮華、崔學法，〈還史事以公正〉。**許憲民成為名媛**：馮英子，〈許憲民二十年祭〉；《蘇州市志》第三冊，頁一二二二，第五十四卷雜記，引自許覺民（編），《林昭，不再被遺忘》，頁十七；陳偉斯，〈應共冤魂語〉，頁十九；陳箴，〈追求與幻滅〉，頁三二。

十二月八日，一九六六年二月二十三日；林昭致母親，一九六七年十一月十六日。

34. 曾毓淮訪談錄；（蘇州）張先生電話訪談錄，二〇一六年七月十二日。二〇〇〇年代初，張以地方誌研究人員的身分到訪上海高級人民法院，看到了林昭案的材料。他還試圖查看林昭案的正檔。起初法院答應會在一、二天內從外部的檔案收藏處為他調取，而當他再次來到法院卻被告知其屬於機密檔案，禁止研究人員閱覽。另一位親眼見過林昭血書的人是記者陳偉斯。見胡傑，《尋找林昭的靈魂》中胡傑對陳的採訪。林昭的一些血書可能仍作為罪證存於其案件的正檔，但鑒於當初監獄當局不願沾手她的血書（見本書第五章），提籃橋獄方很可能已經丟棄或銷毀了大部分血書，只留下墨水謄抄本和其他墨水寫就的文稿。林昭獄中文字提到「貴第一看守所的那些王牌特務們想盡辦法苦苦搜索而掠走林昭所寫下的一切文字包括自留的底稿」。見林昭，〈致《人民日報》編輯部〉，頁六八；徐家俊訪談錄，上海，二〇一七年六月十二日。據徐家俊言，提籃橋死囚的遺物往往被視為「不吉利」而遭銷毀。彭令范在〈我的姊姊林昭〉（頁四六）中提到，林昭去世後，提籃橋監獄把一包遺物歸還給其家人，其中有碎布條，上有字跡模糊的血書，後來賣給了廢品店。另見彭令范，〈林昭案卷〉。

第一章　活在陽光下

1. 許憲民，引自陳偉斯，〈應共冤魂語〉，頁二〇；馮英子，〈許憲民二十年祭〉。蘇州學者張先生根據一九三〇年代的資料確定許憲民生於一九一二年，而非《百度》相關詞條所列的一九〇八年。罷工發生在一九二六年。其時她約十五歲。見胡佳逸，〈小巷裡畫下紅色起點——中共蘇州獨立支部的舊聞新讀〉，《蘇州日報》，二〇一五年九月三十日。
2. 〈許金元〉，《江蘇省地方誌》，http://www.jssdfz.com/book/jsrwz_rwz2/HTM/Noname0882.htm；胡佳逸，〈小巷裡畫下紅色起點〉。另見孫文鑠，〈血濺羅裙直道存〉，頁一五〇。孫稱許於一九二七年四月九日被捕，四月十三日被綁在麻袋裡用刺刀捅死。

遺言〉。

25. 有關警方驅趕、打壓祭奠者，見https://www.hrcchina.org/2017/04/blog-post_29.html；http://minzhuzhongguo.org/MainArtShow.aspx?AID=87307；http://www.rfa.org/mandarin/yataibaodao/renquanfazhi/xl1-04292017122946.html；http://www.msguancha.com/a/lanmu4/2016/0429/14319.html; http://www.rfa.org/cantonese/news/memorial-04292015110021.html；http://www.voachinese.com/a/linzhao-police-steps-up-20140430/1904344.html.

26. 中國警方近年也曾限制公眾進入某些墓地，如重慶沙坪壩的紅衛兵墓園（「文革」墓園）。該園埋葬了「文革」武鬥中喪生的八一五派組織成員。然而，除了林昭之外，沒有任何個人的墳墓成為民主活動人士的朝聖之地，也沒有任何個人的忌日在政治上被敏感化，以致招來員警對紀念者的打壓。即便是於一九八九年去世的胡耀邦——他的死引發了天安門民主運動——其忌日也未見有如此的政治敏感度，也未見警方對祭奠活動進行打壓。有關重慶墓園見Chris Buckley, "Chaos of Cultural Revolution Echoes at a Lonely Cemetery, 50 Years Later," *New York Times*, April 4, 2016。

27. 沈澤宜，〈雪地之燈〉。

28. **宗教信仰**：蘇菲·朔爾，這些人中最不為人知的一位，是納粹德國時期白玫瑰非暴力抵抗組織的成員。 她認為自己應該「對上帝負責」而反對希特勒，最終殉難。 白玫瑰深受「順從神不順從人，是應當的」這一教導的啟發。參見Hanser，*A Noble Treason*, pp. 131, 149。**它賦予潘霍華**：Marsh, Strange Glory, p. 179。**也激勵了索忍尼辛**：Pearce, *Solzhenitsyn*, p. 228.**「該撒的物當歸給該撒，神的物當歸給神」**：見馬可福音12：17。

29. Sikorski, *Jerzy Popieluszko*.

30. Troeltsch, *The Social Teaching of the Christian Churches*, vol. 1, 82. 關於潘霍華閱讀特勒爾奇的著作，見 Marsh, *Strange Glory*, 46.

31. 《林昭文集》的彙編、注釋和印刷集合了數位林昭摯友和研究者多年之力，特別是倪競雄、譚嬋雪和許宛雲。 朱毅、艾曉明和刁敏桓也為彙編《林昭文集》作出了重要貢獻。

32. 作者實地考察，二○一三年五月三十一日；俞梅蓀，〈林昭就義四十周年祭〉。

33. 關於林昭堅持用筆謄錄血書，見林昭，〈靈耦絮語〉，一九六五年九月十八日、

12. **兼用墨水和血**：關於林昭在被剝奪文具後被迫以血為墨，詳見第五章。關於林昭寫血書以示抗議，詳見第八章。林昭篇幅最長的血書〈靈耦絮語〉則源自一場誤會。她當時以為柯慶施因她而被毛澤東謀殺，所以必須以自己鮮血來償還這個心債。**刺出鮮血**：胡傑，《尋找林昭的靈魂》；彭令范，〈我的姐姐林昭（之二）〉，頁五六；彭令范，〈我的姊姊林昭〉，頁四〇。**擠出的血盛在**：林昭，〈囚室哀思〉；〈靈耦絮語〉，一九六五年六月十三日、八月二十八日、十一月七日；林昭，〈致《人民日報》編輯部〉，頁七〇，附錄之四、八；彭令范，〈我的姊姊林昭〉，頁三七。彭稱林昭一再要求家裡提供白床單。 她的家人後來發現床單是用來寫血書。
13. 林昭，〈靈耦絮語〉，一九六五年六月十三日、九月十九日。
14. 林昭致母親，一九六七年十一月十四日。
15. **「昭」字私章**：林昭，〈致《人民日報》編輯部〉（手稿）。**毛澤東指示**：〈八屆十中全會〉，《中國共產黨新聞》，http://dangshi.people.com.cn/GB/151935/176588/176596/10556200.html 。
16. 林昭，〈致《人民日報》編輯部〉，頁一、二八；林昭，〈課卷〉：〈練習一〉，一九六六年一月。
17. 林昭，〈致《人民日報》編輯部〉，頁 九、二十九 、三十一、五六。
18. 同上，頁三〇、三八；詳見本書第六章。
19. 林昭致母親，一九六七年十一月四日。
20. 詳見本書第五章。當年新華社通訊提供的譯文是：「只要一個人受到奴役，就不能說全人類都是自由的。」
21. 見“A Plea from Soviet Dissenters,” *Pittsburgh Post-Gazette*, May 27, 1969.
22. 中國人民解放軍上海市公檢法軍事管制委員會，〈刑事判決書〉。
23. **林昭在無望中**：林昭致母親，一九六七年十一月一日。**文稿收集歸檔**：上海市高級人民法院，〈上海市高級人民法院刑事判決書〉，一九八〇年八月二十二日、一九八一年十二月三十日；曾毓淮訪談錄，上海，二〇一六年五月三十一日。
24. **二十一世紀初**：林昭，〈致《人民日報》編輯部〉編輯前言；朱毅訪談錄。林昭寫給《人民日報》的第三封信在二〇〇〇年代初由甘粹和蔣文欽編輯注釋，之後在網路上登出。**當代中國僅存的自由之聲**：劉曉波，〈林昭用生命寫就的

註釋

序

1. 上海市靜安區人民檢察院，〈起訴書〉；有關大饑荒，見楊繼繩，《墓碑》，頁四六四；有關《星火》刊物，見譚蟬雪，《求索》。
2. 上海市公安局勞改局，〈林昭案加刑材料〉。
3. 林昭，〈判決後的聲明〉。除非另作說明，本書引用的所有林昭文字都來自《林昭文集》。
4. Chang and Halliday, *Mao: The Unknown Story*, p. 503. 另見Barmé, *Shades of Mao*, p. 40. 據官方統計，至一九六九年，全國已生產二十二億枚毛澤東像章。
5. 陳禹山，〈一份血寫的報告〉，載《光明日報》，一九七九年六月五日。
6. 林昭致母親，一九六七年十月二十四日。
7. 丁舒，《陽謀》，頁二〇〇～二〇六。細節見第三章末。
8. **基督政治的路線**：林昭，〈致《人民日報》編輯部〉，頁二九、三八。**這樣一份光榮**：同上，頁一一八。
9. 已知案例中，政治異見仍不離當時視為正確的意識形態立場。（《星火》是當時最重要的異見案例，詳見第四章。）那些「異端思潮」通常不越過革命的意識形態界限，在批判某些中共官員、政策或作為的同時無一不肯定共產主義信條。有關鄧拓、遇羅克、楊曦光、馮元春、張志新、屠德雍、史雲峰、李一哲的討論，見宋永毅、孫大進，《文化大革命和它的異端思潮》；Guobin Yang, *Red Guard Generation*; MacFarquhar and Schoenhals, *Mao's Last Revolution*；印紅標，〈文革後續階段的民間思潮〉。（李久蓮和鐘海源案例雖然發生在毛澤東時代之後，她們的異見也與上述同屬一類）。顧准、王申酉、胡平等在私人文字中對中共的意識形態有所質疑，但並未構成在公共領域表述的政治異見。
10. 上海市公安局勞改局，〈林昭案加刑材料〉。胡傑從上海檢察院獲取了這份二十世紀六〇年代的檔案的影本。見Pan, *Out of Mao's Shadow*, p. 73.
11. 林昭，〈致《人民日報》編輯部〉，頁一一八。

中國人民解放軍上海市公檢法軍事管制委員會，〈中國人民解放軍上海市公檢法軍事管制委員會刑事判決書一九六七年度滬中刑（一）字第16號〉。

朱毅（祭園守園人），〈陳奉孝、王國鄉、王書瑤聚憶北大五一九運動〉，2008年9月，http://beijingspring.com/bj2/2010/550/2014122201614.htm。

———，〈《林昭：靈耦絮語》校讀者說明〉，2013年6月（林昭，〈靈耦絮語〉編者前言）。

———，訪談錄，贛州，2017年6月9日。

———，〈提籃裡的囚徒〉（上、下），http://magazine.caijing.com.cn/2013-09-08/113273360.html;http://doc.qkzz.net/article/f9404fcd-d24c-4051-b98e-f9e82d356b23.htm。

曾慶豹，《紅星與十字架：中國共產黨的基督徒友人》（臺北：主流出版有限公司，2019）。

曾毓淮，訪談錄，上海，2016年5月31日。

張先生（蘇州學者，按其要求略去全名），〈關於「五分錢子彈費」等說的質疑〉（未刊稿，2014年2月）。

———，訪談錄，蘇州，2017年6月11日。

———，電話訪談錄，2014年7月17日。

———，電話訪談錄，2016年7月12日。

張玲，〈幽明心語——憶林昭〉，載許覺民編，《林昭，不再被遺忘》。

張敏，〈林昭胞妹彭令范訪談錄〉，2004年9月4日，www.chinesepen.org/Article/sxsy/200804/Article_20080429040845.shtml。

———，〈林昭就義49周年：回放林昭親友憶林昭〉，自由亞洲電臺，2017年4月28日，www.rfa.org/mandarin/zhuanlan/xinlingzhilyu/fanyouhuiyiyuyanjiu/mind-04282017152337.html。

章詒和，《最後的貴族》（香港：牛津大學出版社，2004）。

張元勳，《北大一九五七》(香港：明報出版社，2004）。

———，〈北大往事與林昭之死〉，載許覺民編，《林昭，不再被遺忘》。

———，〈廣場發刊詞〉，載牛漢、鄧九平編，《原上草：記憶中的反右派運動》。

張哲俊，〈彭恩華其人與《日本俳句史》〉，2013年6月3日，http://blog.sina.com.cn/s/blog_790520270101d8ak.html。

趙銳，《祭壇上的聖女——林昭傳》（臺北：秀威科技，2009）。

政務院，〈人民法庭組織通則〉，1950年7月14日，《人民網》，http://cpc.people.com.cn/GB/64184/64186/66655/4492599.html。

中共中央文獻研究室，《毛澤東年譜（1949-1976 第五卷》（中央文獻出版社，2013）。

———，訪談錄，上海，2015年11月15日。

羊華榮，〈回首往事〉，載許覺民編，《林昭，不再被遺忘》。

楊奎松，〈新中國「鎮壓反革命」運動研究〉，載《史學月刊》2006年第1期。

———，〈中共土改的若干問題〉，http://blog.sina.com.cn/s/blog_56e72aa30102dzau.html。

楊繼繩，〈道路．理論．制度——我對文化大革命的思考〉，載《記憶》第104期（2013年11月30日），www.boxun.com/news/gb/pubvp/2015/08/201508040834.shtml#.Vo10qrerTIU。

———，《墓碑：中國六十年代大饑荒紀實》（香港：天地圖書，2009）。

姚文元，〈評「三家村」——《燕山夜話》《三家村劄記》的反動本質〉，載《解放日報》，1966年5月10日。

———，〈評新編歷史劇《海瑞罷官》〉，載《文匯報》1965年11月10日。

葉介甫，〈傳奇牧師董健吾：改名換姓成為國共兩黨的秘密特使〉，載《中國共產黨新聞網》，http://dangshi.people.com.cn/GB/85038/12663526.html。

印紅標，《失蹤者的足跡—文化大革命期間的青年思潮》（香港：中文大學出版社，2009年）。

———，〈文革後續階段的民間思潮〉，載《二十一世紀》第117期（2010年2月號）。

尹曙生，〈毛澤東與第三次全國公安會議〉，載《炎黃春秋》2014年第5期。

尹文漢，〈中國古代刺血書經之風〉，載《宗教學研究》2016年第1期。

遇羅克，〈出身論〉，《中學文革報》（1967），載宋永毅、孫大進編，《文化大革命和它的異端思潮》（香港：田園書屋，1997）。

俞梅蓀，〈林昭就義四十周年祭：北大反右危害今猶在〉，2008年5月31日，載《參與》，www.canyu.org/n2233c11.aspx。

余英時，〈從傳統「士」到現代知識人〉，《士與中國文化》（上海：上海人民出版社，2003）。

袁淩，〈毛澤東時代的五大著名勞教營〉，2014年1月15日，www.shz100.com/portal_mobile-p_mobile_view.html?aid=4480&page=2。

———，〈上海檔案裡的「反革命」〉，載《炎黃春秋》2015年第4期。

———，〈《紅樓》雜誌中的林昭史料〉，載傅國湧編，《林昭之死——1932-1968四十年祭》。

徐家俊，訪談錄，上海，2017年6月12日。

———，《上海監獄的前世今生》（上海：上海社會科學院出版社，2015）。

———，〈上海市提籃橋監獄〉，載《上海地方誌》，www.shtong.gov.cn/node2/node70393/node70403/node72472/node72476/userobject1ai80856.html。

———，《提籃橋監獄》（北京：中國文史出版社，2011）。

〈許金元〉，《江蘇省地方誌》，www.jssdfz.com/book/jsrwz_rwz2/HTM/Noname0882.htm.

許覺民編，《林昭，不再被遺忘》（武漢：長江文藝出版社，2000）。

———編，《追尋林昭》（武漢：長江文藝出版社，2000）。

———編，《走近林昭》（香港：明報出版社，2006）。

許憲民，〈我為什麼被親生兒子毒打九次？〉，個人聲明，無日期（1975年夏），囑託馮英子之妻嚴倩莉，1999年12月10日由馮英子確認並公開。

徐言，〈翩然「紅樓」座上客竟是「廣場」幕後人：如此林昭真面目〉，載《紅樓：反右派鬥爭特刊》1957年第3期，傅國湧編，《林昭之死——1932—1968四十年祭》。

許志永，〈為了自由、公義、愛——我的法庭陳詞〉，載《中國人權》，www.hrichina.org/chs/gong-min-yan-chang/xu-zhi-yong-zai-fa-ting-shang-de-zui-hou-chen-shu。

———，〈自由中華的殉道者——讀林昭《十四萬言書》〉，2013年3月13日，www.epochtimes.com/gb/13/12/19/n4037695.htm。

薛理勇，〈老上海的監獄〉，www.baqu.org/article/15551673340/.

《炎黃春秋》2000年-2015年。

炎章、苓（林昭），〈總結成績，投入新戰鬥〉，《常州日報》1954年1月3日。

嚴祖佑，〈教授風骨——獄友孫大雨〉，2012年，www.21ccom.net/articles/rwcq/article_2012090767163.html。

———，《人曲》（上海：東方出版中心，2012）。

王若望，〈林昭之死〉，節自《王若望自傳》（香港：明報出版社，1991），www.huanghuagang.org/hhgMagazine/issue11/big5/14.htm。

王友琴，〈從受難者看反右和文革的關聯：以北京大學為例〉，2007，www.cnd.org/HXWK/author/WANG-Youqin/zk0709f-0.gb.html。

———，〈摧毀日記的革命〉，載《黃花崗雜誌》第18期（2006年3月），www.huanghuagang.org/hhgMagazine/issue18/gb/17.htm。

———，〈恐怖的「紅八月」〉，載《炎黃春秋》2010年第10期。

———，《文革受難者：關於迫害、監禁與殺戮的尋訪實錄》（香港：開放雜誌出版社，2004）。

王忠孝編，《驛車到站：紀念汪純懿》（洛杉磯：獨立出版，2007）。

魏承思，《中國知識份子的沉浮》（香港：牛津大學出版社，2004）。

魏紫丹，〈毛澤東「引蛇出洞」考〉，http://blog.boxun.com/hero/200811/weizidan2005/1_1.shtml.

〈「文革」如何發生：毛澤東從提倡海瑞到批判《海瑞罷官》的轉變〉，http://history.people.com.cn/n/2015/0522/c372327-27043416-2.html。摘自胡喬木傳記編寫組，《胡喬木傳》（北京：當代中國出版社、人民出版社，2015）。

文廟，〈林昭胞弟——文學大師彭恩華傳奇〉，www.creaders.net/m/blog/user_blog_diary.php?did=149497；http://blog.creaders.net/u/5129/201305/149752.html。

吳冷西，《憶毛主席——我親身經歷的若干重大歷史事件片斷》（北京：新華出版社，1995）。

吳鎔，〈新記者的搖籃——一位蘇南、華中新聞專科學校畢業生的回憶〉，2012年7月5日，載《人民政協網》，http://blog.sina.com.cn/s/blog_487d902d0102eh0e.html。

吳耀宗，《沒有人看見過上帝》（上海：青年協會書局，1947）。

蕭冬連等，《求索中國：文革前十年史》（北京：中共黨史出版社，2011）。

謝泳，〈《紅樓》雜誌研究〉，2008，載《愛思想》，www.aisixiang.com/data/20984.html.

———，《中國五十年代初中期的政治運動資料庫：從土地改革到公私合營，1949-1956》(Database of the Chinese Political Campaigns in the 1950s: From Land Reform to State-Private Partnership. Cambridge, MA: Fairbank Center for Chinese Studies, Harvard University, 2014).

宋永毅、孫大進編，《文化大革命和它的異端思潮》（香港：田園書屋，1997）。

蘇南新聞專科學校畢業紀念冊編委會，《蘇南新聞專科學校畢業紀念冊》，無日期（1950？），http://blog.sina.com.cn/s/blog_580296780102vpko.html。

孫文鑠，〈血濺羅裙直道存——紀念林昭同學就義卅一周年〉，載許覺民編，《林昭，不再被遺忘》。

孫言誠，〈郭沫若和秦始皇〉，載《歷史學家茶座》2009年第1輯，http://history.people.com.cn/GB/205396/17294309.html。

孫迎慶，〈天賜莊：培養淑女的景海女師〉，載《姑蘇晚報》，2009年2月8日。

譚蟬雪，《求索——蘭州大學「右派反革命集團案」記實》（香港：天馬出版社，2010）。

———，訪談錄，上海，2014年7月16日。

———，訪談錄，上海，2015年4月27日。

———，訪談錄，上海，2017年6月13日。

譚天榮，〈第二株毒草〉，載牛漢、鄧九平編，《原上草：記憶中的反右派運動》。

———，〈一個沒有情節的愛情故事—回憶林昭〉，載許覺民編，《走近林昭》。

王國鄉，〈北大民主運動紀事〉，載牛漢、鄧九平編，《原上草：記憶中的反右派運動》。

汪甯生，〈林昭印象〉，載《民間歷史》，香港中文大學中國研究服務中心，http://mjlsh.usc.cuhk.edu.hk/Book.aspx?cid=4&tid=730。

王容芬，〈我在獄中的日子〉，www.secretchina.com/news/gb/2017/03/20/817410.html.

王銳，〈周恩來與「一打三反」運動〉，載《記憶》第56期（2010年9月13日），http://prchistory.org/wp-content/uploads/2014/05/REMEMBRANCE-No-57-2010%E5%B9%B49%E6%9C%8813%E6%97%A5.pdf。

上海市高級人民法院，〈上海市高級人民法院刑事判決書，1980年8月22日，（80）滬高刑複字第435號〉。

———，〈上海市高級人民法院刑事判決書，1981年12月30日，（81）滬高刑申字第2346號〉。

上海市公安局勞改局，〈林昭案加刑材料〉，1966年（12月？）。

上海市靜安區人民檢察院，〈起訴書（64）滬靜檢訴字第四二三號〉，1964年11月4日。

〈上海灘的禁秘之地：「遠東第一監獄」提籃橋〉，2013年10月9日，載《每經網》，www.nbd.com.cn/articles/2013-10-09/778418.html?all_page=true。

沈澤宜，〈北大，五月十九日〉（未刊回憶錄，2006）。

———，《沈澤宜詩選》（廣州：花城出版社，2009）。

———，〈我向人民請罪〉，載張元勳，《北大一九五七》。

———，〈吾父，吾鄉〉（未刊回憶錄，2012）。

———，〈雪地之燈——懷念林昭〉，載《沈澤宜詩選》。

———，訪談錄，湖州，2014年7月15日。

沈志華，《思考與選擇：從知識份子會議到反右派運動（1956-1957）》（香港：中文大學出版社，2008）。

宋永毅編，《千名中國右派的處理結論和個人檔案（1）》（電子書，國史出版社，2015），www.mingjingnews.com/MIB/ebook/book.aspx?TID=1&ID=E00001463。

———，〈文革中「非正常死亡」了多少人？〉，載《動向》2011年9月號。

———編，《文化大革命：歷史真相和集體記憶》卷1-2（香港：田園書屋，2010）。

宋永毅等編，《中國反右運動資料庫》（香港中文大學中國研究服務中心，2013）。

———，《中國文化大革命文庫》（香港中文大學中國研究服務中心，2013）。

——，〈我父母和林昭的墓地〉，載《南方週末》，2013年11月29日。

——，〈在思想的煉獄中永生〉，載許覺民編，《走近林昭》。

彭令昭（林昭），〈唱一九五〇年〉，載《蘇南大眾》第3卷第1期（1951）。

——，〈我的寫稿體驗〉，載《新記者》，1950年2月26日。

——，〈我怎樣認識「思想檢查」的重要〉，載《新記者》第5卷第3期（1950年1月15日）。

——，〈小妹妹去送參軍郎〉，載《蘇南大眾》第3卷第8期（1951）。

——，〈在勞動戰線上〉，載《蘇南大眾》第3卷第1期（1951）。

錢江，〈文革前夕的《人民日報》〉，載《中國共產黨新聞網》，http://cpc.people.com.cn/BIG5/85037/85038/7394420.html。

錢理群，〈不容抹殺的思想遺產〉，載牛漢、鄧九平編，《原上草：記憶中的反右派運動》。

錢惕明、史洪、葉強、王潤，〈今日紅花發一憶林昭同志〉，載許覺民編，《林昭，不再被遺忘》。

瞿秋白，〈餓鄉紀程—新俄國遊記〉，《瞿秋白文選》，林文光編（成都：四川文藝出版社，2009）。

任鋒（林昭），〈黨，我呼喚……〉1957年5月22日。

——，〈下鄉前的幾天〉，載《新記者》第2期，1949年8月12日。

單廟法，〈中國政府在文化大革命期間對政治犯的死刑判決〉，2008年5月6日，www.boxun.com/news/gb/china/2008/05/200805061344.shtml。

——，訪談錄，上海，2016年5月31日。

——，電話訪談錄，2016年3月3日。

上海市地方誌辦公室，《上海公安志》第十二編：預審和看守，http://shtong.gov.cn/node2/node2245/node4476/node58292/index.html。

——，《上海監獄志》，www.shtong.gov.cn/node2/node2245/node73095/index.html。

——，《上海區縣誌》，www.shtong.gov.cn/node2/node4/index.html。

——，《上海審判志》第2章：反革命案件審判，www.shtong.gov.cn/node2/node2245/node81324/node81331/node81380/index.html。

———，〈蝶戀花•從汀州向長沙〉，1930年。

———，〈關於領導方法的若干問題〉，1943年6月1日，www.marxists.org/chinese/maozedong/marxist.org-chinese-mao-19430601.htm。

———，〈關於整頓三風〉，1942，載《黨的文獻》1992年第2期。

———，〈關於正確處理人民內部矛盾的問題〉，1957年2月27日。

———，〈湖南農民運動考察報告〉，1927年3月，載《毛澤東選集》第1卷。

———，《毛澤東選集》，4卷（北京:人民出版社，1991）。

———，〈事情正在起變化〉，1957年5月15日，載《毛澤東選集》第5卷。

梅齡、令昭（林昭），〈我們相親相愛就像兄弟姐妹〉，載《蘇南大眾》第3卷第1期（1951）。

穆青、郭超人、陸拂為，〈歷史的審判〉，《人民日報》1981年1月27日。

〈那些「需要被勞教」的人〉2013年11月20日，http://slide.news.sina.com.cn/j/slide_1_45272_37772.html#p=1。

倪競雄，〈沙雕美食遙寄英靈〉，載許覺民編，《林昭，不再被遺忘》。

———，訪談錄，上海，2013年6月12日。

———，訪談錄，上海，2014年5月5日。

———，訪談錄，上海，2017年6月13日。

牛漢、鄧九平編，《原上草:記憶中的反右派運動》（經濟日報出版社，1998）。

歐陽英（林昭），〈代和代〉，載《初生》第3期（1947年6月1日）。

———，〈黃昏之淚〉，載《初生》第2期（1947年5月1日）。

〈彭國彥請平反冤獄——高法院庭審旁聽記〉，黃惲節錄自1934年6月《蘇州明報》，http://blog.sina.cn/dpool/blog/s/blog_5e8246090100ki2x.html。

彭令范，〈姐姐！你是我心中永遠的痛〉，載《今日名流》，1998年第5期，http://tw.aboluowang.com/2007/0208/29631.html。

———，〈林昭案卷的來龍去脈〉，載《南方週末》，2013年11月14日。

———，〈我的姐姐林昭〉（上、下），載許覺民編，《林昭，不再被遺忘》。

———，〈我的姊姊林昭〉，載許覺民編，《走近林昭》。

劉仁文、劉澤鑫，〈刑訊逼供：冤假錯案的罪魁禍首〉，載《中國法學網》，www.iolaw.org.cn/showArticle.asp?id=3748.

劉文忠，〈奧地利——緬懷音樂家難友陸洪恩〉，www.duping.net/XHC/show.php?bbs=10&post=1182707。

———，《反文革第一人及其同案犯》（澳門：崇適文化出版拓展有限公司，2008）。

———，〈反文革第一人：上海劉文輝之死〉，www.huanghuagang.org/hhgMagazine/issue17/gb/13.htm.

———，《風雨人生路：一個殘疾苦囚新生記》（澳門：崇適文化出版拓展有限公司，2004）。

———，訪談錄，上海，2016年5月29日。

劉曉波，〈林昭用生命寫就的遺言是當代中國僅存的自由之聲〉，2004年4月4日，http://blog.boxun.com/hero/liuxb/146_1.shtml。

———，〈劉曉波文選〉，http://blog.boxun.com/hero/liuxb/.

———，〈自由靈魂的飛翔竟如此美麗〉，2005年8月21日，載《博訊》，www.peacehall.com/news/gb/pubvp/2005/08/200508212232.shtml。

李維民，〈1955年肅反擴大化的教訓〉，載《炎黃春秋》2011年第2期。

李夏恩，〈海瑞墓：一位明代清官在毛澤東時代的遭遇〉，載《共識網》，2016年4月5日，www.21ccom.net/html/2016/xiandai_0405/2983.html。

李一哲，〈關於社會主義的民主與法制〉，載宋永毅、孫大進編，《文化大革命和它的異端思潮》（香港：田園書屋，1997）。

李志綏，《毛澤東私人醫生回憶錄》（臺北：時報文化，1994）。

魯迅，〈藥〉，載《新青年》第6卷第5號（1919年5月）。

———，〈自序〉，《吶喊》（1922）。

陸震華，〈林昭三十一年祭〉，載許覺民編，《林昭，不再被遺忘》。

馬靜元、冷辛，〈林昭是「廣場」的幕後謀士〉，《紅樓：反右派鬥爭特刊》，1957年7月8日，載傅國湧編，《林昭之死——1932-1968四十年祭》。

毛澤東，〈大量吸收知識份子〉，載《毛澤東選集》第2卷。

———，〈秋聲辭 並序〉，〈致《人民日報》編輯部信（之三）〉，附錄之二。

———，〈囚室哀思〉，〈致《人民日報》編輯部信（之三）〉，附錄之一。

———，〈去年三八〉，載《新記者》第15期（1950年3月13日）。

———，〈上訴書致聯合國〉，1966年5月11-14日。

———，〈石獅〉，載《紅樓》（1957年第三期）。

———，〈十月三十一日血書聲明〉，1967年10月31日。

———，〈斯大林鼓舞我們永遠前進〉，《常州民報》1953年3月15日。

———，〈歲朝之戰〉，1967年2月9日。

———，〈坦克〉，載《紅樓》創刊號（1957年1月）。

———，〈未名湖畔——競技者語〉，1966年12月14-15日。

———，〈心靈的戰歌！——我呼籲人類〉，1967年11月23日。

———，〈血書家信——致母親〉，1967年10月-1968年1月。

———，〈血詩題衣並跋〉，〈致《人民日報》編輯部信（之三）〉，附錄之四。

———，〈血衣題跋（血書）〉，1965年7月6日，〈致《人民日報》編輯部信（之三）〉，附錄之八。

———，〈一個優秀的少年兒童隊員〉，《常州民報》1953年6月1日。

———，〈戰場日記〉1967年2月。

———，〈這是什麼歌〉，1957年5月20日。

———，〈種籽一革命先烈李大釗殉難卅周年祭〉，1957年4月26日，載《紅樓》1957年第3期。

———，〈自誄〉，〈致《人民日報》編輯部信（之三）〉，附錄之三。

———，〈致《人民日報》編輯部信（之三）〉，1965年。

林昭致陸震華（金聲），1949年8月-1951年11月。

林昭致倪競雄（沈棣），1950年11月-1952年12月。

林昭、萱如，〈望穿眼睛到今朝——記一個農民的控訴〉，載《文藝新地》1950年8月6日。

林木，〈又一位右派老人棄世了——林昭贈羊華榮詩三首〉，載《動向雜誌》2014年8月，http://2newcenturynet.blogspot.com/2014/08/blog-post_55.html.

林昭，〈悲憤詩〉，1958年底寄羊華榮。除另作說明，所有林昭文字皆出自《林昭文集》。

———，〈燦爛的一天〉，載《新記者》第24期（1950年4月29日）。

———，〈第一個音〉，1966年12月15-16日。

———，〈調換粥米的「喜劇」〉，1967年2月12日。

———，〈父親的血〉，1967年11月23-30日，血書。12月1-14日筆墨謄改既畢。

———，〈個人思想歷程的回顧與檢查〉，1961年10月14日交上海第二看守所。

———，〈海鷗—不自由毋寧死〉，1958年-1959年。

———，〈祭靈耦文（血書題衣）〉，〈致《人民日報》編輯部信（之三）〉，附錄之五。

———，〈寄羊華榮三首〉，1958年，羊華榮加注，http://blog.boxun.com/hero/200801/youpaishiji/33_1.shtml.

———，〈即事抗議〉（1-17），1967年10月-11月。

———，〈絕命書〉，無寫作日期（1958年？）。

———，〈課卷（文藝通訊）〉，1966年。

———，Lin Zhao Papers（林昭手稿）. Stanford, CA: Hoover Institution, Stanford University.

———，《林昭文集》，倪競雄等編（上海：獨立刊印，2013年）。

———，〈靈耦絮語〉，朱毅編校、艾曉明審訂（獄中手稿，1965年-1966年）。

———，〈判決後的聲明（血書）〉，〈致《人民日報》編輯部信（之三）〉，附錄之七。

———，〈普洛米修士受難的一日〉，1959年。

———，〈「起訴書」跋語（血書）〉，〈致《人民日報》編輯部信（之三）〉，附錄之六。

———，〈起訴書〉（加注），〈致《人民日報》編輯部信（之三）〉，附錄之六。

黃河清，〈話說林昭〉（網路出版，2008），www.peacehall.com/news/gb/lianzai/2008/12/200812220352.shtml.

黃惲，〈彭國彥邳縣案真相〉，2010年6月27日，http://blog.sina.com.cn/s/blog_5e8246090100jqa6.html.

———，〈彭令昭的生日〉，2013年10月14日，http://blog.sina.cn/dpool/blog/s/blog_5e8246090101ckxj.html.

———，〈彭令昭的生日與名字〉，2011年4月30日，http://blog.sina.com.cn/s/blog_5e8246090100r5bt.html.

———，〈許憲民的婚姻〉，2009年10月13日，http://blog.sina.com.cn/s/blog_5e8246090100fjau.html.

華中、蘇南新專校友編，《校友通訊》第49期，2004年6月。

季羨林，《夢縈未名湖》，傅光明、徐建華編（武漢:長江文藝出版社，2006）。

江菲，〈尋找林昭〉，《中國青年報》2004年8月11日。

江濤，〈指揮家陸洪恩的一生〉，載《開放網》，2009年8月1日，open.com.hk/old_version/0908p79.html.

捷夫，〈「南斯拉夫共產主義者聯盟綱領（草案）」批判〉（上、下），載《文史哲》1958年第10-11期。

金鐘，〈最新版文革死亡人數〉，載《開放雜誌》2012年10月7日。

〈景海女師，民國女校的世紀情願〉，https://www.suda.edu.cn/suda_news/sdsy/201906/b7e2dafd-b7de-4888-ba48-50fdc12a0aa6.html。

老木匠，〈遊蕩在老上海〉，載《民間歷史》，香港中文大學中國研究服務中心，http://mjlsh.usc.cuhk.edu.hk/Book.aspx?cid=4&tid=324.

廖亦武，《中國底層訪談錄》（2001），www.bannedbook.org/download/downfile.php?id=2140。

李克，〈北京三自會〉，載《縱覽中國》2012年2月。

李茂章，〈流芳千古——悼彭令昭同志〉，載許覺民編，《林昭，不再被遺忘》。

連曦，《浴火得救——現代中國民間基督教的興起》（香港：中文大學出版社，2011）。

丁子霖，〈深深懷念三個人——「六四」十二周年祭〉，載《中國人權》，2001年4月8日。

房文齋，〈我為林昭拍了張照片〉，載《南方週末》2009年3月5日。

———，《昨夜西風凋碧樹：中國人民大學反右運動親歷記》（臺北：新銳文創，2012）。

封佩玲，〈文革中的荒唐事〉，載《炎黃春秋》，2004年第11期。

馮錫鋼，〈我含熱淚抑悲愁：讀陶鑄的三首七律〉，載《同舟共進》2011年第11期，www.xzbu.com/1/view-270943.htm。

馮英子，〈許憲民二十年祭〉，節選自馮英子，《風雨故人來》（濟南：山東畫報出版社，1998），www.aisixiang.com/data/9647.html。

傅國湧編，《林昭之死——1932—1968四十年祭》（香港：開放出版社，2008）。

甘粹，《北大魂：林昭與「六四」》（臺北：秀威資訊，2000）。

———，〈林昭情人的口述：兩個右派份子從相識到相愛〉，載《鳳凰週刊》2010年1月25日。

———，訪談錄，北京，2013年6月2日。

高華，《紅太陽是怎樣升起的：延安整風運動的來龍去脈》（香港：中文大學出版社，2000）。

高翔（林昭），〈不怕壓制堅持批評〉，載《常州民報》1953年2月11日。

龔雲，〈延安時期党與知識份子的關係〉，載《求是》2015年9月9日。

郭宇寬，〈尋找王佩英〉，載《炎黃春秋》2010年第5期。

和鳳鳴，〈1957年錯劃了多少萬右派分子？〉，2016年2月4日，載《民間歷史》，香港中文大學中國研究服務中心，http://mjlsh.usc.cuhk.edu.hk/Book.aspx?cid=4&tid=3392.

胡佳逸，〈小巷裡畫下紅色起點——中共蘇州獨立支部的舊聞新讀〉，《蘇州日報》2015年9月30日。

胡傑，《星火》（南京：獨立製作，2013）。

———，《尋找林昭的靈魂》（南京：獨立製作，2004；dGenerate Films, 2006）。

陳君遠，〈消失的基督教會燈市口堂〉，2012。http://blog.sina.com.cn/s/blog_4aba1d6f010178en.html.

陳丕顯，《在「一月風暴」的中心：陳丕顯回憶錄》（上海：上海人民出版社，2005）。

陳少京，〈張志新的生前死後〉，2000，《中國死刑觀察》，www.chinamonitor.org/article/memory/zzxsqsh.htm.

陳叔方，〈林昭二三事〉，載許覺民編，《林昭，不再被遺忘》。

陳偉斯，〈林昭之死〉，載許覺民編，《林昭，不再被遺忘》。原載《民主與法制》第三期（1981年3月）。

———，〈應共冤魂語，投書寄冤岩—林昭三十年祭〉，載許覺民編，《林昭，不再被遺忘》。

陳陽，〈林昭、汪純懿、俞以勒以及中國教會〉，2010年2月5日，http://blog.chenyang.net/?p=711。

陳禹山，〈一份血寫的報告〉，《光明日報》1979年6月5日。

陳箴，〈追求與幻滅——記林昭及其父母的悲劇〉，載許覺民編，《林昭，不再被遺忘》。

程榮華、崔學法，〈還史事以公正—民國邳縣縣長彭國彥「劣跡碑」考辨〉，《邳州文史》，2013. http://ishare.iask.sina.com.cn/f/23142388.html。

程天午，〈在獄中的恩典生活—紀念汪純懿姐妹〉，載王忠孝編，《驛車到站：紀念汪純懿》（洛杉磯:獨立出版，2007）。

崔敏，〈為禍慘烈的「公安六條」〉，《炎黃春秋》2012年第12期。

崔衛平，〈愛這個世界—2010年林昭紀念獎獲獎感言〉，《縱覽中國》，http://www.chinainperspective.com/ArtShow.aspx?AID=11891。

丁抒，《陽謀:反右派運動始末》（香港:開放雜誌社，2006）。

———，〈文革中的「清理階級隊伍」運動——三千萬人被鬥，五十萬人死亡〉，載《博訊：歷史資料》，https://blog.boxun.com/hero/wenge/91_1.shtml。

———編，《五十年後重評「反右」：中國當代知識份子的命運》（香港：田園書屋，2007）。

———. "Cultural Revolution Radicalism: Variations on a Stalinist Theme." In *New Perspectives on the Cultural Revolution*, edited by William A. Joseph, Christine P. W. Wong, and David Zweig. Cambridge, Mass.: Council on East Asian Studies, Harvard University, 1991.

Weber, Max. *The Religion of China: Confucianism and Taoism*. Translated by Hans H. Gerth. Glencoe, IL: The Free Press, 1951.

West, Philip. *Yenching University and Sino-Western Relations*, 1916–1952. Cambridge, MA: Harvard University Press, 1976.

Wickeri, Philip L. *Reconstructing Christianity in China: K. H. Ting and the Chinese Church*. Maryknoll, NY: Orbis Books, 2007.

Yang, Guobin. *The Red Guard Generation and Political Activism in China*. New York: Columbia University Press, 2016.

Yao, Kevin Xiyi. *The Fundamentalist Movement among Protestant Missionaries in China*, 1920-1937. Lanham, Md.: University Press of America, 2003.

中文部分

艾曉明，〈林昭遺稿研究〉，2014年2月，《東方歷史評論》，http://mp.weixin.qq.com/s?__biz=MjM5OTA5MzAwMQ==&mid=200068795&idx=1&sn=ce9064cf74df3a351af221f782fa1aeb&scene=1#rd.

———，〈「因為我心中還有個林昭」——訪林昭摯友/難友甘粹〉，2014，http://aixiaomingstudio.blogspot.com/2014/10/blog-post_42.html.

白樺，〈從秋瑾到林昭〉，載《文學報》，2009年11月19日。

〈北京市人民檢察院分院對北京大學陳奉孝等人的起訴書，京檢（58）分反起字第454號，1958年5月17日〉，載宋永毅編，《千名中國右派的處理結論和個人檔案(1)》。

陳奉孝，〈我所知道的北大整風反右運動〉，1998，http://blog.sina.com.cn/s/blog_4e7a94730101lpy3.html.

———，〈興凱湖紀事〉，2004。http://blog.sina.com.cn/s/blog_a67a0feb0102vo74.html.

Nietzsche, Friedrich. *Thus Spake Zarathustra: A Book for All and None*. 1887. North Charlestown, SC: CreateSpace, 2012.

Pan, Philip P. *Out of Mao's Shadow: The Struggle for the Soul of a New China*. Simon and Schuster, 2009.

Pearce, Joseph. *Solzhenitsyn: A Soul in Exile*. Rev. ed. San Francisco: Ignatius Press, 2011.

Rummel, R. J. *China's Bloody Century: Genocide and Mass Murder since 1900*. New Brunswick, NJ: Transaction Publishers, 1991.

Schneider, Laurence A. *A Madman of Ch'u: the Chinese Myth of Loyalty and Dissent*. Berkeley: University of California Press, 1980.

Schwarcz, Vera. *The Chinese Enlightenment: Intellectuals and the Legacy of the May Fourth Movement of 1919*. Berkeley, Calif.: University of California Press, 1990.

Sikorski, Grazyna. *Jerzy Popieluszko: Victim of Communism*. Kindle Edition. Catholic Truth Society, 2017.

Snow, Edgar. *Red Star Over China* (1938). Rev. and enl. ed. New York: Grove Press, 1968.

Spence, Jonathan D. *The Gate of Heavenly Peace: The Chinese and Their Revolution, 1895-1980*. New York, N.Y.: Penguin Books, 1981.

———. *The Search for Modern China*. 2nd ed. New York and London: W. W. Norton, 1999.

Stuart, John Leighton. *Fifty Years in China: The Memoirs of John Leighton Stuart, Missionary and Ambassador*. New York: Random House, 1954.

Troeltsch, Ernst. *The Social Teaching of the Christian Churches*. 1931. 2 vols. Translated by Olive Wyon. Reprint. Louisville, KY: Westminster/John Knox Press, 1992.

Twitchett, Dennis, and John K. Fairbank, eds. *The Cambridge History of China*. Vol. 15: The People's Republic of China, Part 2: Revolutions within the Chinese Revolution, 1966–1982. Cambridge, UK: Cambridge University Press, 1991.

Unger, Jonathan. "Whither China? Yang Xiguang, Red Capitalists, and the Social Turmoil of the Cultural Revolution." *Modern China* 17:1 (1991): 3–37.

Walder, Andrew G. *China Under Mao: A Revolution Derailed*. Cambridge, MA: Harvard University Press, 2015.

The Laura Haygood Star 景海星. Vol. 3. Shanghai: American Presbyterian Mission Press, 1922.

Lei, Daphne P. "The Bloodstained Text in Translation: Tattooing, Bodily Writing, and Performance of Chinese Virtue." *Anthropological Quarterly* 82, 1 (Winter 2009).

Lian Xi. *The Conversion of Missionaries: Liberalism in American Protestant Missions in China, 1907-1932*. University Park: Pennsylvania State University Press, 1997.

———. *Redeemed by Fire: The Rise of Popular Christianity in Modern China*. New Haven and London: Yale University Press, 2010.

Liu Xiaobo. *No Enemies, No Hatred: Selected Essays and Poems*. Edited by Perry Link, Tienchi Martin-Liao, and Liu Xia. Cambridge, Mass.: Harvard University Press, 2012.

MacFarquhar, Roderick. *The Origins of the Cultural Revolution*. Vols. 1–3. New York: Columbia University Press, 1974, 1983, 1999.

MacFarquhar, Roderick, and John K. Fairbank, eds. *The Cambridge History of China*, Vol. 14: *The People's Republic, Part 1: The Emergence of Revolutionary China*, 1949–1965. New York: Cambridge University Press, 1987.

MacFarquhar, Roderick, and Michael Schoenhals. *Mao's Last Revolution*. Cambridge, MA: Harvard University Press, 2006.

MacGillivray, Donald. *A Century of Protestant Missions in China (1807–1907): Being the Centenary Conference Historical Volume*. Shanghai: American Presbyterian Mission Press, 1907.

Mao Zedong, *Mao Zedong Poems*. Beijing: Foreign Language Press, 1998.

Marsh, Charles. *Strange Glory: A Life of Dietrich Bonhoeffer*. New York: Alfred A. Knopf, 2014.

Mazur, Mary G. *Wu Han, Historian: Son of China's Times*. Lexington Books, 2009.

Methodist Episcopal Church, South. *Minutes, Fourth Session, East China Annual Conference of the Methodist Church*. Soochow, January 1-4, 1948. Archives of the General Commission on Archives and History for the United Methodist Church, Madison, NJ.

Miller, Nick. *The Nonconformists: Culture, Politics, and Nationalism in a Serbian Intellectual Circle, 1944–1991*. Central European University Press, 2008.

Djilas, Milovan. *The New Class: An Analysis of the Communist System*. London: Thames and Hudson, 1957.

Foucault, Michel. *Discipline and Punish: The Birth of the Prison*. New York: Pantheon Books, 1977.

———. *Madness and Civilization: A History of Insanity in the Age of Reason*. New York: Vintage, 1988.

Goldman, Merle. *China's Intellectuals: Advise and Dissent*. Cambridge, MA: Harvard University Press, 1988.

———. *Literary Dissent in Communist China*. Cambridge, Mass.: Harvard University Press, 1967.

Goldman, Merle, Timothy Cheek, and Carol Lee Hamrin, eds. *China's Intellectuals and the State: In Search of a New Relationship*. Cambridge, MA: Harvard University Press, 1987.

Grieder, Jerome B. *Intellectuals and the State in Modern China: A Narrative History*. New York: Free Press, 1981.

Hanser, Richard. *A Noble Treason: The Story of Sophie Scholl and the White Rose Revolt against Hitler*. San Francisco: Ignatius Press, 2012.

Hoffer, Eric. *The True Believer: Thoughts on the Nature of Mass Movements*. New York: Harper & Row, 1951.

Honig, Emily. "Christianity, Feminism, and Communism: The Life and Times of Deng Yuzhi." In *Christianity in China: From the Eighteenth Century to the Present*, edited by Daniel H. Bays.

Joseph, William A., Christine P. W. Wong, and David Zweig, eds. *New Perspectives on the Cultural Revolution*. Cambridge, MA: STETCouncil on East Asian Studies, Harvard University, 1991.

Kiang, Wen-han. "Secularization of Christian Colleges in China." *Chinese Recorder* 68, 5 (May 1937).

Kiely, Jan. *The Compelling Ideal: Thought Reform and the Prison in China*, 1901–1956. New Haven and London: Yale University Press, 2014.

Lacy, G. Carleton. *The Great Migration and the Church in West China: Reports of a Survey Made under the Auspices of the Nanking Theological Seminary and the National Christian Council of China*. Shanghai: Thomas Chu & Sons, 1941.

Laura Haygood Normal School 景海女子師範·幼稚師範學校新章程（雙語小冊）. Suzhou, 1917.

參考文獻

英文部分

Baldwin, James. *Thirty More Famous Stories Retold*. New York: American Book Company, 1905.

Barmé, Geremie. *Shades of Mao: The Posthumous Cult of the Great Leader*. Armonk, NY: M.E. Sharpe, 1996.

Bays, Daniel H., ed. *Christianity in China: From the Eighteenth Century to the Present*. Stanford, CA: Stanford University Press, 1996.

Bays, Daniel H., and Ellen Widmer, eds. *China's Christian Colleges: Cross-Cultural Connections*, 1900–1950. Stanford, CA: Stanford University Press, 2009.

Birch, Cyril. *Anthology of Chinese Literature: From Early Times to the Fourteenth Century*. New York: Grove Press, 1994.

Bonhoeffer, Dietrich. *Letters and Papers from Prison*. Edited by Eberhard Bethge. Translated by Reginald H. Fuller. New York: MacMillan, 1953.

Bradshaw, Annie Eloise. *China Log*. Self-published book, 1965.

Brinton, Crane. *The Anatomy of Revolution*. New York: Vintage, 1965.

Brown, Oswald Eugene, and Anna Muse Brown. *Life and Letters of Laura Askew*. Haygood. Nashville, TN: M. E. Church, South, 1904.

Chang, Yung, and Jon Halliday. *Mao: The Unknown Story*. New York: Anchor Books, 2006.

Cheng, Nien. *Life and Death in Shanghai*. New York: Grove Press, 1986.

Courtois, Stéphane, et al. *The Black Book of Communism: Crimes, Terror, Repression*. Translated by Jonathan Murphy and Mark Kramer. Cambridge, MA: Harvard University Press, 1999.

Dikötter, Frank. *Crime, Punishment, and the Prison in Modern China*, 1895–1949. New York: Columbia University Press, 2002.

Dittmer, Lowell. *China's Continuous Revolution: The Post-Liberation Epoch, 1949–1981*. Berkeley: University of California Press, 1987.

血書：林昭的信仰、抗爭與殉道之旅／連曦著 . -- 初版 .
-- 新北市：臺灣商務印書館股份有限公司 , 2021.08
416 面；17×23 公分 --（歷史）
ISBN 978-957-05-3334-7（平裝）

1. 林昭 2. 傳記 3. 中國

782.887 110008730

歷史・中國史

血書

林昭的信仰、抗爭與殉道之旅

作　　者 — 連曦
譯　　者 — 賈森、連曦
發 行 人 — 王春申
審書顧問 — 林桶法、陳建守
總 編 輯 — 張曉蕊
責任編輯 — 徐鉞、陳怡潔
特約編輯 — 葛晶瑩
封面設計 — 盧卡斯
內文排版 — 綠貝殼資訊有限公司

行銷組長 — 張家舜
業務組長 — 何思頓
出版發行 — 臺灣商務印書館股份有限公司
231023 新北市新店區民權路 108-3 號 5 樓（同門市地址）
電話：(02)8667-3712　傳真：(02)8667-3709
讀者服務專線：0800056193
郵撥：0000165-1
E-mail：ecptw@cptw.com.tw
網路書店網址：www.cptw.com.tw
Facebook：facebook.com.tw/ecptw

局版北市業字第 993 號
初版一刷：2021 年 8 月
印刷廠：鴻霖印刷傳媒股份有限公司
定價：新台幣 480 元
法律顧問 — 何一芃律師事務所